高等职业教育工程造价专业系列教材

建筑工程资料管理

丛书主编　胡六星
主　　编　刘宏敏　李翠华
副 主 编　张　昊　余巍伟
参　　编　单明荟　李　珩　黄怡鋆
主　　审　黄煜煜

机 械 工 业 出 版 社

本书根据《建筑工程文件归档整理规范》（GB/T 50328—2001）和《建筑工程施工质量验收统一标准》（GB 50300—2013）等最新规范组织编写。全书共分7个单元。单元1为建设工程资料管理概述；单元2为工程准备阶段资料整理；单元3为监理资料整理；单元4为施工资料整理；单元5为竣工验收资料整理；单元6为建筑工程资料管理软件及应用；单元7为建筑工程施工资料编制实例。

本书可作为高职高专土建类各专业的通用教材，也可作为在职职工的岗前培训教材，还可作为建筑企业、工程监理单位工程技术人员资格考试的参考用书。

为方便教学，本书配有电子课件，凡使用本书作为教材的教师可登录机工教育服务网 www.cmpedu.com 注册下载。咨询邮箱：cmpgaozhi@sina.com。咨询电话：010-88379375。

图书在版编目（CIP）数据

建筑工程资料管理/刘宏敏，李翠华主编. —北京：机械工业出版社，2014.2（2022.1 重印）
ISBN 978-7-111-44817-4

Ⅰ. ①建… Ⅱ. ①刘… ②李… Ⅲ. ①建筑工程—技术档案—档案管理 Ⅳ. ①G275.3

中国版本图书馆 CIP 数据核字（2013）第 273261 号

机械工业出版社（北京市百万庄大街22号 邮政编码100037）
策划编辑：李 莉 责任编辑：李 莉 常金锋
版式设计：常天培 责任校对：王 欣
封面设计：赵颖喆 责任印制：郜 敏

北京富资园科技发展有限公司印刷

2022年1月第1版第9次印刷
184mm×260mm・13.75印张・335千字
标准书号：ISBN 978-7-111-44817-4
定价：39.00元

电话服务	网络服务
客服电话：010-88361066	机 工 官 网：www.cmpbook.com
010-88379833	机 工 官 博：weibo.com/cmp1952
010-68326294	金 书 网：www.golden-book.com
封底无防伪标均为盗版	机工教育服务网：www.cmpedu.com

高等职业教育工程造价专业系列教材

编审委员会

出版说明

近几年，随着国家加大基础设施建设、大力推进城镇化建设等政策的实施，建设行业急需一大批高端技术技能型人才，这也促进了高职土建类专业的快速发展，2010年，全国开设工程造价专业的院校已经超过了500所，年招生量超过6万人。为了适应新形势对高等职业教育教材的要求，我社于2010年对工程造价专业进行了有针对性的调研工作，分别于2010年5月和2011年10月召开了由湖南城建职业技术学院、内蒙古建筑职业技术学院、宁夏建设职业技术学院、辽宁城市建设职业技术学院等建筑类职业院校，以及日照职业技术学院、金华职业技术学院、湖北水利水电职业技术学院、山东职业技术学院等综合类职业院校共同参与的高等职业教育工程造价专业规划教材建设研讨会，会议对工程造价的教学特点和教材建设进行了深入探讨，规划了工程造价专业的系列教材。为确保本套教材的编写质量，会议专门成立了教材编审委员会，并参照教育部颁布的“高等职业学校工程造价专业教学标准（试行）”的相关要求和指导思想，对教材内容的衔接、整体结构的设计、编写的模式等方面进行统一要求和系统设计，力求为全国开设工程造价专业的院校提供符合“以能力培养为主线，以工作过程为导向，项目载体、任务驱动”要求的优质教材。

我们期待本套规划教材的出版，能为促进我国高等职业教育工程造价专业的优质教学资源的建设、共享和应用，尽到作为教材出版机构的社会职责。同时也欢迎广大教材使用院校的老师积极反馈意见和建议，以便我们进一步修改再版，满足更多院校的教学要求，提升教学服务水平。

机械工业出版社

前　言

《建筑工程资料管理》是机械工业出版社组织编写的“高等职业教育工程造价专业系列教材”之一。随着工程建设的飞速发展及管理工作逐渐走向规范，工程资料管理工作已成为工程建设过程中不可缺少的一项关键工作，而各建设单位、施工单位、监理单位以及其他各相关单位却极其缺少高素质的建筑工程资料管理人员。为了满足高职高专院校培养社会需要的专门人才的需要，机械工业出版社组织编写了《建筑工程资料管理》这本教材。

本书根据《建筑工程文件归档整理规范》（GB/T 50328—2001）和《建筑工程施工质量验收统一标准》（GB 50300—2013）等最新规范组织编写。全书紧紧围绕资料整理这个任务展开，同时结合工程实例全面阐述建筑工程资料整理的要点和注意事项。教材注重能力的培养，培养学生具备一个合格资料员的基本素质和能力。

本书由湖北水利水电职业技术学院刘宏敏和李翠华主编，南昌大学科学技术学院张昊和余巍伟任副主编。辽宁城市建设职业技术学院单明荟、湖北水利水电职业技术学院李珩、武汉大学电气学院黄怡鋆参与编写。湖北水利水电职业技术学院黄煜煜担任主审。单元 1、单元 4 由刘宏敏、李珩编写；单元 2 由黄怡鋆编写；单元 3 由张昊、余巍伟编写；单元 5 由单明荟编写；单元 6 由李翠华编写；单元 7 由刘宏敏编写。全书由刘宏敏统稿。

本书的出版得到机械工业出版社的大力帮助和支持，特此感谢。同时，在编写过程中参阅了一些书籍，在此谨向原作者表示衷心的感谢。

由于编者水平有限，时间紧迫，本书中存在的一些疏漏和错误之处，恳请广大读者给予批评指正，在此表示诚挚的感谢。

为方便教学，本书配有电子课件，凡使用本书作为教材的教师可登录机械工业出版社教育服务网 www.cmpedu.com 注册下载。咨询邮箱：cmpgaozhi@sina.com。咨询电话：010-88379375。

编　者

目　　录

前言

单元 1　建设工程资料管理概述 // 1

课题 1　概述 // 1

课题 2　工程资料的管理职责 // 2

课题 3　资料员的基本要求和工作职责 // 4

课题 4　工程资料的归档范围与质量要求 // 6

课题 5　工程资料的组卷 // 15

课题 6　工程资料的验收与移交 // 20

单元小结 // 21

同步测试 // 22

单元 2　工程准备阶段资料整理 // 23

课题 1　决策立项阶段文件 // 23

课题 2　建设用地、征地、拆迁文件资料 // 25

课题 3　勘察、测绘、设计文件资料 // 27

课题 4　招投标文件 // 29

课题 5　开工审批文件 // 33

课题 6　工程质量监督手续 // 33

课题 7　财务文件 // 34

单元小结 // 35

同步测试 // 36

单元 3　监理资料整理 // 37

课题 1　监理管理资料 // 37

课题 2　进度控制资料 // 47

课题 3　质量控制资料 // 49

课题 4　投资控制资料 // 59

课题 5　合同管理资料 // 61

单元小结 // 64

同步测试 // 64

单元 4　施工资料整理 // 66

课题 1　工程施工管理资料的整理 // 66

课题 2　工程质量控制资料的内容 // 76

课题 3　工程质量控制资料填写及整理要求 // 83

课题 4　工程质量验收资料的整理 // 114

课题 5　工程安全和功能检验资料的整理 // 123

单元小结 // 127

同步测试 // 127

单元 5　竣工验收资料整理 // 129

课题 1　工程竣工总结 // 129

课题 2　工程竣工验收资料 // 130

课题 3　竣工决算书 // 134

单元小结 // 136

同步测试 // 137

单元 6　建筑工程资料管理软件及应用 // 139

课题 1　了解建筑工程资料管理软件 // 139

课题 2　筑业建筑工程资料管理软件 // 140

课题 3　品茗施工资料制作与管理软件 // 149

单元小结 // 156

同步测试 // 156

单元 7　建筑工程施工资料编制实例（目录部分）// 157

建筑工程施工资料　第一册 // 158

建筑工程施工资料　第二册 // 168

建筑工程施工资料　第三册 // 186

建筑工程施工资料　第四册 // 195

建筑工程施工资料　第五册 // 198

建筑工程施工资料　第六册 // 204

建筑工程施工资料　第七册 // 205

建筑工程施工资料　第八册 // 208

参考文献 // 210

单元 1

建设工程资料管理概述

知识目标

- 了解建设工程资料的基本概念及主要内容。
- 理解工程资料的管理职责。
- 掌握工程资料的归档范围与质量要求。

能力目标

通过本单元的教学，使学生初步把握工程资料的管理职责，逐步培养学生对于工程资料的归档范围与质量要求的掌握能力。

课题1 概　　述

1.1.1 建设工程资料的基本概念

建设工程资料是工程建设从项目的提出、筹备、勘测、设计、施工到竣工投产等过程中形成的文件材料、图纸、图表、计算材料、声像材料等各种形式的信息总和，简称为工程资料。其主要包括工程准备阶段资料、监理资料、施工资料和竣工验收资料。

建设工程资料，是建设工程合法身份与合格质量的证明文件，是工程竣工交付使用的必备文件，也是对工程进行检查、验收、维修、改建和扩建的原始依据。在我国，国家立法和验收标准都对工程资料提出了明确的要求，《中华人民共和国建筑法》、《建设工程质量管理条例》、《建筑工程施工质量验收统一标准》（GB 50300—2013）、《建设工程文件归档整理规范》（GB/T 50328—2001）、《建设工程资料管理规程》（JGJ/T 185—2009）等，均把工程资料放在重要的位置。

正如工程实体建设是参与建设各方的共同责任一样，工程资料的形成也同样是参与建设各方的共同责任。工程资料不仅由施工单位提供，参与工程的建设、勘测、设计单位，承担监理任务的监理或咨询单位等，都负有收集、整理、签署、核查工程资料的责任。

为了保证工程的安全和使用功能，必须重视工程资料的真实性、可靠性。因此，应当规范工程资料的管理，将工程资料视为工程质量验收的重要依据，甚至是工程质量的组成部分。

1.1.2　工程资料的主要内容

（1）工程准备阶段资料　是指工程在立项、审批、征地、勘察、设计、招投标、开工审批及工程概预算等工程准备阶段形成的资料，由建设单位提供。

（2）监理资料　是指监理单位在工程设计、施工等监理过程中形成的资料，主要包括监理管理资料、监理工作记录、竣工验收资料和其他资料等。监理资料由监理单位负责完成，工程竣工后，监理单位应按规定将监理资料移交给建设单位。

（3）施工资料　是指施工单位在工程具体施工过程中形成的资料，应由施工单位负责完成，主要包括单位工程整体管理与验收资料、施工管理资料、施工技术资料、施工测量记录、施工物资资料、施工记录、施工试验记录、施工质量验收记录等。工程竣工后，施工单位应按规定将施工资料移交给建设单位。

（4）竣工验收资料　是指在工程项目竣工验收活动中形成的资料，包括工程验收总结、竣工验收记录、财务文件和声像、缩微、电子档案等。

课题 2　工程资料的管理职责

根据国家规定，参与工程的建设、勘察、设计、监理和施工等单位均负有工程资料管理的责任，这些管理职责对参与建设的各方来说，有些是相同的、一致的，将这些参建各方所共有的职责称为通用职责，有些是参与建设的某一方所特有的职责。参建各方应当认真履行通用职责和各自特有的职责。

1.2.1　通用职责

通用职责也称基本职责，主要有以下五条：

1）工程资料的形成应符合国家相关的法律、法规、技术规范、质量验收标准、工程合同和设计文件等的规定。

2）工程各参建单位应将工程资料的形成和积累纳入工程建设管理的各个环节和全过程中。建设、监理、施工单位应各自组织本单位工程资料的整体管理工作，并应明确相关人员的职责。

3）工程资料应随工程进度同步收集、整理并按规定进行移交。资料组卷与资料份数应符合规定。

4）工程资料应实行分级管理，由建设、监理、施工单位主管（技术）负责人组织本单位工程资料的全过程管理工作。建设过程中工程资料的收集、整理和审核工作应有专人负责，并按规定取得相应的岗位资格。

5）工程各参建单位应确保各自所形成的资料真实、有效、完整和齐全。对工程资料进行涂改、伪造、随意抽撤或损毁、丢失等，应按有关规定对相关责任人予以处罚，情节严重的，应依法追究法律责任。

重要工程资料应保持其页码、内容的连续性，不准随意撕扯、抽撤或更换。资料的原始记录均应为真实的原始现场记录，不准再次抄录。当工程资料中有需要修改的内容时，应采取“杠改”的方式修改，“杠改”部分要清晰可辨，并注明更改原因，在修改位置旁由修改人本人签名承担责任。

1.2.2　各单位职责

1．建设单位职责

1）应负责工程准备及验收阶段资料的管理工作，并设专人对这些资料进行收集、整理和归档。

2）在工程招标及与参建各方签订合同或协议时，应对工程资料和工程档案的编制责任、套数、费用、质量和移交期限等提出明确要求。

3）必须向参与工程建设的勘察、设计、施工、监理等单位提供与建设工程有关的资料。

4）由建设单位采购的建筑材料、构配件和设备，建设单位应保证建筑材料、构配件和设备符合设计文件和合同要求，并保证相关物资文件的完整、真实和有效。

5）应负责监督和检查各参建单位工程资料的形成、积累和立卷工作，也可委托监理单位检查工程资料的形成、积累和立卷工作。

6）对需由建设单位签认的工程资料应签署意见。

7）应收集和汇总勘察、设计、监理和施工等单位立卷归档的工程档案。

8）应负责组织竣工图的绘制工作，也可委托施工单位、监理单位或设计单位进行。

9）列入城建档案馆接收范围的工程档案，建设单位应在组织工程竣工验收前，提请城建档案馆对工程档案进行预验收，未取得《建设工程竣工档案预验收意见》的不得组织工程竣工验收。

10）建设单位应在工程竣工验收后3个月内将工程档案移交城建档案馆。

2．勘察、设计单位职责

1）应按合同和规范要求提供勘察、设计文件，包括工程洽商和变更。

2）对需由勘察、设计单位签认的工程资料，应及时签署意见。

3）应按照有关规定对工程竣工验收出具工程质量检查报告。

3．监理单位职责

1）应负责监理资料的管理工作，并设专人对监理资料进行收集、整理和归档。

2）应按照合同约定，在勘察、设计阶段，对勘察、设计文件的形成、积累、组卷和归档进行监督、检查；在施工阶段，应对施工资料的形成、积累、组卷和归档进行监督、检查，使施工资料的完整性、准确性符合有关规定。

3）对需由监理单位出具或签认的工程资料，应及时进行签署。

4）列入城建档案馆接收范围的监理资料，监理单位应在工程竣工验收后两个月内移交建设单位。

4．施工单位职责

1）应负责施工资料的管理工作，实行技术负责人负责制，逐级建立、健全施工资料管理岗位责任制。

2）应负责汇总各分包单位编制的施工资料，分包单位应负责其分包范围内施工资料的收集和整理，并对施工资料的真实性、完整性和有效性负责。

3）应在工程竣工验收前，完成工程施工资料的整理、汇总。

4）应负责编制施工资料，一般不少于2套，一套自行保存，一套移交建设单位。

5．城建档案馆职责

城建档案馆是长期保存工程资料的专业机构。它不属于参与工程建设的一方主体，但是担负对工程资料重要的管理职责，具体如下：

1）应负责接收、收集、保管和利用城建档案的日常管理工作。

2）应负责对城建档案的编制、整理、归档工作进行监督、检查、指导，对国家重点、大型工程项目的工程档案编制、整理、归档工作应指派专业人员进行指导。

3）在工程竣工验收前，应对列入城建档案馆接收范围的工程档案进行预验收，并出具《建设工程竣工档案预验收意见》。

课题3　资料员的基本要求和工作职责

1.3.1　资料员的基本要求

资料员是施工企业六大员（施工员、质检员、预算员、安全员、材料员、资料员）之一。一个建设工程的质量具体反映在建筑物的实体质量上，即所谓硬件；另外还反映在该项工程技术资料的质量上，即所谓软件。工程资料的形成主是靠资料员的收集、整理、编制，因此，资料员在施工过程中担负着十分重要的责任。

要当好资料员除了本身有认真、负责的工作态度外，还必须了解建设工程项目的工程概况，熟悉本工程的施工图，施工基础知识，施工技术规范，施工质量验收规范，建筑材料的技术性能、质量要求及使用方法，有关政策、法规和地方性法规、条文等；还要了解施工管理的全过程，了解每项资料在什么时候产生。

1.3.2　资料员的工作职责

1．熟练掌握档案资料工作的有关业务知识

1）熟悉国家、地区、上级单位有关档案、资料管理的法规、条例、规定等。

2）资料的收集、整理、归档。

3）报送建设单位归档资料。

4）施工单位归档资料。

5）报送城建档案馆归档资料。

2．资料收集过程中应遵守的三项原则

1）参与的原则。工程资料管理必须纳入项目管理的程序中，资料员应参加生产协调会、项目管理人员工作会等，及时掌握施工管理信息，便于对资料的管理监控。

2）同步的原则。工程资料的收集必须与实际施工进度同步。

3）否定的原则。对分包单位必须提供的施工技术资料应严格把关，对所提供的资料不符合规定要求的不予结算工程款。

3．资料的保管

1）分类整理。按质量验收记录、工程质量控制资料核查记录、施工技术管理资料、工程安全和功能检查资料核查及主要功能抽查记录等划分，同类资料按产生时间的先后排列。

2）固定存放。根据实际条件，配备必要的存放资料的箱柜存放资料，并注意防火、防蛀、防霉。

3）借阅有手续。资料的借阅必须建立一定的借阅制度，并按制度办理借阅手续。

4）按规定移交、归档。项目通过竣工验收后，按时移交给公司、建设单位和城建档案部门。

1.3.3　资料员的工作内容

资料员的工作内容按不同阶段划分，可分为施工前期阶段、施工阶段、竣工验收阶段。

1．施工前期阶段

1）熟悉建设项目的有关资料和施工图。

2）协助编制施工组织设计（施工技术方案），并填写施工组织设计（技术方案）报审表，提交现场监理机构审批。

3）报开工报告，填报工程开工报审表，填写开工通知单。

4）协助编制各工种的技术交底材料。

5）协助制订各种规章制度。

2．施工阶段

1）及时搜集整理进场的工程材料、构配件、成品、半成品和设备的质量保证资料（出厂质量证明书、生产许可证、准用证、交易证），填报工程材料、构配件、设备报审表，由监理工程师审批。

2）与施工进度同步，做好隐蔽工程验收记录及检验批质量验收记录的报审工作。

3）及时整理施工试验记录和测试记录。

4）阶段性地协助整理施工日记。

3．竣工验收阶段

1）工程竣工资料的组卷。

①单位（子单位）工程质量验收资料。

②单位（子单位）工程质量控制资料核查记录。

③单位（子单位）工程安全与功能检验资料核查及主要功能抽查资料。

④单位（子单位）工程施工技术管理资料。

2）归档资料（提交城建档案馆）。

①施工技术准备文件，包括图纸会审记录、控制网设置资料、工程定位测量资料、基槽

开挖线测量资料。

② 工程图纸变更记录，包括图纸会审记录、设计变更记录、工程洽谈记录等。

③ 地基处理记录，包括地基钎探记录和钎探平面布置点、验槽记录和地基处理记录、桩基施工记录、试桩记录等。

④ 施工材料预制构件质量证明文件及复试试验报告。

⑤ 施工试验记录，包括土壤试验记录、砂浆和混凝土抗压强度试验报告、商品混凝土出厂合格证和复试报告、钢筋接头焊接报告等。

⑥ 施工记录，包括工程定位测量记录、沉降观测记录、现场施工预应力记录、工程竣工测量、新型建筑材料、施工新技术等。

⑦ 隐蔽工程检查记录，包括基础与主体结构钢筋工程、钢结构工程、防水工程、高程测量记录等。

⑧ 工程质量事故处理记录。

课题 4　工程资料的归档范围与质量要求

1.4.1　工程资料的归档

工程资料的归档是指工程资料形成单位完成其工作任务后，将形成的资料整理立卷，按规定移交档案管理机构。归档包括两方面的含义：一是建设、勘察、设计、施工、监理等单位将本单位在工程建设过程中形成的资料向本单位档案管理机构移交；二是勘察、设计、施工、监理等单位将本单位在工程建设过程中形成的资料向建设单位档案管理机构移交。

归档应符合下列规定：

1）归档资料必须完整、准确、系统，能够反映工程建设的全过程。归档的资料必须经过分类整理，并应组成符合要求的案卷。建设工程文件归档范围和保管期限见表 1-1。

2）根据工程建设的程序和特点，归档可以分阶段进行，也可以在单位或分部工程通过竣工验收后进行。一般规定勘察、设计单位应当在任务完成时，施工、监理单位应当在工程竣工验收前，将各自形成的有关工程档案向建设单位归档。

3）勘察、设计、施工单位在收齐工程文件并整理立卷后，建设单位、监理单位应根据城建管理机构的要求对档案文件的完整、准确、系统情况和案卷质量进行审查，审查合格后向建设单位移交。

4）工程档案一般不少于两套，一套由建设单位保管，一套（原件）移交当地城建档案馆。

5）勘察、设计、施工、监理等单位向建设单位移交档案时，应编制移交清单，双方签字、盖章后方可交接。

6）凡设计、施工及监理单位需要向本单位归档的文件，应按国家有关规定和表 1-1 的要求单独立卷归档。

表 1-1　建设工程文件归档范围和保管期限表

序　号	归 档 文 件	保存单位和保管期限				
		建设单位	施工单位	设计单位	监理单位	城建档案馆
工程准备阶段文件						
一	立项文件					
1	项目建议书	永久				√
2	项目建议书审批意见及前期工作通知书	永久				√
3	可行性研究报告及附件	永久				√
4	可行性研究报告审批意见	永久				√
5	与立项有关的会议纪要、领导讲话	永久				√
6	专家建议文件	永久				√
7	调查资料及项目评估研究材料	长期				√
二	建设用地、征地、拆迁文件					
1	选址申请及选址规划意见通知书	永久				√
2	用地申请报告及县级以上人民政府城乡建设用地批准书	永久				√
3	拆迁安置意见、协议、方案等	长期				√
4	建设用地规划许可证及其附件	永久				√
5	划拨建设用地文件	永久				√
6	国有土地使用证	永久				√
三	勘察、测绘、设计文件					
1	工程地质勘察报告	永久		永久		√
2	水文地质勘察报告、自然条件，地震调查	永久		永久		√
3	建设用地钉桩通知单（书）	永久				√
4	地形测量和拨地测量成果报告	永久		永久		√
5	申报的规划设计条件和规划设计条件通知书	永久		长期		√
6	初步设计图纸和说明	长期		长期		
7	技术设计图纸和说明	长期		长期		
8	审定设计方案通知书及审查意见	长期		长期		√
9	有关行政主管部门（人防、环保、消防、交通、园林、市政、文物、通信、保密、河湖、教育、白蚁防治、卫生等）批准文件或取得的有关协议	永久				√
10	施工图及其说明	长期		长期		
11	设计计算书	长期		长期		
12	政府有关部门对施工图设计文件的审批意见	永久		长期		√
四	招投标文件					
1	勘察设计招投标文件	长期				
2	勘察设计承包合同	长期		长期		√
3	施工招投标文件	长期				

（续）

序　号	归 档 文 件	保存单位和保管期限				
		建设单位	施工单位	设计单位	监理单位	城建档案馆
4	施工承包合同	长期	长期			√
5	工程监理招投标文件	长期				
6	监理委托合同	长期		长期		√
五	开工审批文件					
1	建设项目列入年度计划的申报文件	永久				√
2	建设项目列入年度的批复文件或年度计划项目表	永久				√
3	规划审批申报表及报送的文件和图纸	永久				
4	建设工程规划许可证及其附件	永久				√
5	建设工程开工审查表	永久				
6	建设工程施工许可证	永久				√
7	投资许可证、审计证明、缴纳绿化建设费等证明	长期				√
8	工程质量监督手续	长期				√
六	财务文件					
1	工程投资估算材料	短期				
2	工程设计概算材料	短期				
3	施工图预算材料	短期				
4	施工预算	短期				
七	建设、施工、监理机构及负责人					
1	工程项目管理机构（项目经理部）及负责人名单	长期				√
2	工程监理单位（项目监理部）及负责人名单	长期			长期	√
3	工程项目施工管理机构（施工项目经理部）及负责人名单	长期	长期			√
	监 理 文 件					
1	监理规划					
（1）	监理规划	长期			短期	√
（2）	监理实施细则	长期			短期	√
（3）	监理部总控制计划等	长期			短期	
2	监理月报中的有关质量问题	长期			长期	√
3	监理会议纪要中的有关质量问题	长期			长期	√
4	进度控制					
（1）	工程开工/复工审批表	长期			长期	√
（2）	工程开工/复工暂停令	长期			长期	√
5	质量控制					
（1）	不合格项目通知	长期			长期	√
（2）	质量事故报告及处理意见	长期			长期	√

（续）

序　号	归 档 文 件	保存单位和保管期限				
		建设单位	施工单位	设计单位	监理单位	城建档案馆
6	造价控制					
（1）	预付款报审与支付	短期				
（2）	月付款报审与支付	短期				
（3）	设计变更、洽商费用报审与签认	长期				
（4）	工程竣工决算审核意见书	长期				√
7	分包资质					
（1）	分包单位资质材料	长期				
（2）	供货单位资质材料	长期				
（3）	试验等单位资质材料	长期				
8	监理通知					
（1）	有关进度控制的监理通知	长期			长期	
（2）	有关质量控制的监理通知	长期			长期	
（3）	有关造价控制的监理通知	长期			长期	
9	合同与其他事项管理					
（1）	工程延期报告及审批	永久			长期	√
（2）	费用索赔报告及审批	长期			长期	
（3）	合同争议、违约报告及处理意见	永久			长期	√
（4）	合同变更材料	长期			长期	√
10	监理工作总结					
（1）	专题总结	长期			短期	
（2）	月报总结	长期			短期	
（3）	工程竣工总结	长期			长期	√
（4）	质量评价意见报告	长期			长期	√
施 工 文 件						
—	建设安装工程					
（—）	土建（建筑与结构）工程					
1	施工技术准备文件					
（1）	施工组织设计	长期				
（2）	技术交底	长期	长期			
（3）	图纸会审记录	长期	长期	长期		√
（4）	施工预算的编制和审查	短期	短期			
（5）	施工日志	短期	短期			
2	施工现场准备					
（1）	控制网设置资料	长期	长期			√

（续）

序　　号	归 档 文 件	保存单位和保管期限				
		建设单位	施工单位	设计单位	监理单位	城建档案馆
（2）	工程定位测量资料	长期	长期			√
（3）	基槽开挖线测量资料	长期	长期			√
（4）	施工安全措施	短期	短期			
（5）	施工环保措施	短期	短期			
3	地基处理记录					
（1）	地基钎探记录和钎探平面布点图	永久	长期			√
（2）	验槽记录和地基处理记录	永久	长期			√
（3）	桩基施工记录	永久	长期			√
（4）	试桩记录	长期	长期			√
4	工程图纸变更记录					
（1）	设计会议会审记录	永久	长期	长期		√
（2）	设计变更记录	永久	长期	长期		√
（3）	工程洽商记录	永久	长期	长期		√
5	施工材料、预制构件质量证明文件及复试试验报告					
（1）	砂、石、砖、水泥、钢筋、防水材料、隔热保温、防腐材料、轻集料试验汇总表	长期				√
（2）	砂、石、砖、水泥、钢筋、防水材料、隔热保温、防腐材料、轻集料出厂证明文件	长期				√
（3）	砂、石、砖、水泥、钢筋、防水材料、轻集料、焊条、沥青复试试验报告	长期				√
（4）	预制构件（钢筋、混凝土）出厂合格证、试验记录	长期				√
（5）	工程物资选样送审表	短期				
（6）	进场物资批次汇总表	短期				
（7）	工程物资进场报验表	短期				
6	施工试验记录					
（1）	土壤（素土、灰土）干密度试验报告	长期				√
（2）	土壤（素土、灰土）击实试验报告	长期				√
（3）	砂浆配合比通知单	长期				
（4）	砂浆（试块）抗压强度试验报告	长期				√
（5）	混凝土配合比通知单	长期				
（6）	混凝土（试块）抗压强度试验报告	长期				√
（7）	混凝土抗渗试验报告	长期				√
（8）	商品混凝土出厂合格证、复试报告	长期				√
（9）	钢筋接头（焊接）试验报告	长期				√
（10）	防水工程试水检查记录	长期				

（续）

序　　号	归 档 文 件	保存单位和保管期限				
		建设单位	施工单位	设计单位	监理单位	城建档案馆
（11）	楼地面、屋面坡度检查记录	长期				
（12）	土壤、砂浆、混凝土、钢筋连接、混凝土抗渗试验报告汇总表	长期				√
7	隐蔽工程检查记录					
（1）	基础和主体结构钢筋工程	长期	长期			√
（2）	钢结构工程	长期	长期			√
（3）	防水工程	长期	长期			√
（4）	高程控制	长期	长期			
8	施工记录					
（1）	工程定位测量检查记录	永久	长期			√
（2）	预检工程检查记录	短期				
（3）	冬期施工混凝土搅拌测温记录	短期				
（4）	冬期施工混凝土养护测温记录	短期				
（5）	烟道、垃圾道检查记录	短期				
（6）	沉降观测记录	长期				√
（7）	结构吊装记录	长期				
（8）	现场施工预应力记录	长期				√
（9）	工程竣工测量	长期	长期			√
（10）	新型建筑材料	长期	长期			√
（11）	施工新技术	长期	长期			√
9	工程质量事故处理记录	永久				√
10	工程质量检验记录					
（1）	检验批质量验收记录	长期	长期		长期	
（2）	分项工程质量验收记录	长期	长期		长期	
（3）	基础、主体工程验收记录	永久	长期		长期	√
（4）	幕墙工程验收记录	永久	长期		长期	√
（5）	分部（子分部）工程质量验收记录	永久	长期		长期	√
（二）	电气、给排水、消防、采暖、通风、空调、燃气、建筑智能化、电梯工程					
1	一般施工记录					
（1）	施工组织设计	长期	长期			
（2）	技术交底	短期				
（3）	施工日志	短期				
2	图纸变更记录					
（1）	图纸会审	永久	长期			√

（续）

序号	归档文件	保存单位和保管期限				
		建设单位	施工单位	设计单位	监理单位	城建档案馆
（2）	设计变更	永久	长期			√
（3）	工程洽商	永久	长期			√
3	设备、产品质量检查、安装记录					
（1）	设备、产品质量合格证、质量保证书	长期	长期			√
（2）	设备装箱单、商检证明和说明书、开箱报告	长期				
（3）	设备安装记录	长期				√
（4）	设备试运行记录	长期				√
（5）	设备明细表	长期	长期			√
4	预检记录	短期				
5	隐蔽工程检查记录	长期	长期			
6	施工试验记录					
（1）	电气接地电阻、绝缘电阻、综合布线、有线电视末端等测试记录	长期				√
（2）	楼宇自控、监视、安装、视听、电话等系统调试记录	长期				√
（3）	变配电设备安装、检查、通电、满负荷测试记录	长期				√
（4）	给排水、消防、采暖、通风、空调、燃气等管道强度、严密性、灌水、通风、吹洗、漏风、试压、通球、阀门等试验记录	长期				√
（5）	电梯照明、动力、给排水、消防、采暖、通风、空调、燃气等系统调试、试运行记录	长期				√
（6）	电梯接地电阻、绝缘电阻测试记录；空载、半载、满载、超载试运行记录；平衡、运速、噪声调整试验报告	长期				√
7	质量事故处理记录	永久	长期			√
8	工程质量检验记录					
（1）	检验批质量验收记录	长期	长期		长期	
（2）	分项工程质量验收记录	长期	长期		长期	
（3）	分部（子分部）工程质量验收记录	永久	长期		长期	√
（三）	室外工程					
1	室外安装（给水、雨水、污水、热力、燃气、电讯、电力、照明、电视、消防等）施工文件	长期				√
2	室外建筑环境（建筑小品、水景、道路、园林绿化等）施工文件	长期				√
二	市政基础设施工程					

（续）

序　　号	归 档 文 件	保存单位和保管期限				
		建设单位	施工单位	设计单位	监理单位	城建档案馆
竣　工　图						
一	建筑安装工程竣工图					
（一）	综合竣工图					
1	综合图					
（1）	总平面布置图（包括建筑、建筑小品、水景、照明、道路、绿化等）	永久	长期			√
（2）	竖向布置图	永久	长期			√
（3）	室外给水、排水、热力、燃气等管网综合图	永久	长期			√
（4）	电气（包括电力、电讯、电视系统等）综合图	永久	长期			√
（5）	设计总说明书	永久	长期			√
2	室外专业图					
（1）	室外给水	永久	长期			√
（2）	室外雨水	永久	长期			√
（3）	室外污水	永久	长期			√
（4）	室外热力	永久	长期			√
（5）	室外燃气	永久	长期			√
（6）	室外电讯	永久	长期			√
（7）	室外电力	永久	长期			√
（8）	室外电视	永久	长期			√
（9）	室外建筑小品	永久	长期			√
（10）	室外消防	永久	长期			√
（11）	室外照明	永久	长期			√
（12）	室外水景	永久	长期			√
（13）	室外道路	永久	长期			√
（14）	室外绿化	永久	长期			√
（二）	专业竣工图					
1	建筑竣工图	永久	长期			√
2	结构竣工图	永久	长期			√
3	装修（装饰）工程竣工图	永久	长期			√
4	电气工程（智能化工程）竣工图	永久	长期			√
5	给排水工程（消防工程）竣工图	永久	长期			√
6	采暖、通风、空调工程竣工图	永久	长期			√
7	燃气工程竣工图	永久	长期			√
二	市政基础设施工程竣工图					

（续）

序　号	归 档 文 件	保存单位和保管期限				
		建设单位	施工单位	设计单位	监理单位	城建档案馆
竣工验收文件						
一	工程竣工总结					
1	工程概况表	永久				√
2	工程竣工总结	永久				√
二	竣工验收记录					
（一）	建筑安装工程					
1	单位（子单位）工程质量验收记录	永久	长期			√
2	竣工验收证明书	永久	长期			√
3	竣工验收报告	永久	长期			√
4	竣工验收备案表（包括各专项验收认可文件）	永久				√.
5	工程质量保修书	永久	长期			√
（二）	市政基础设施工程					
三	财务文件					
1	决算文件	永久				√
2	交付使用财产总表和财产明细表	永久	长期			√
四	声像、缩微、电子档案					
1	声像档案					
（1）	工程照片	永久				√
（2）	录音、录像材料	永久				√
2	缩微晶	永久				√
3	电子档案					
（1）	光盘	永久				√
（2）	磁盘	永久				√

1.4.2　工程资料的质量要求

1）工程资料应使用原件。因各种原因不能使用原件的，应在复印件上加盖单位公章，注明原件存放处，并有经办人签字及时间。

2）工程资料应真实反映工程的实际情况，资料的内容必须真实、准确，与工程实际相符合。

3）工程资料的内容必须符合国家有关的技术规范和标准。

4）工程文件资料应字迹清楚，图样清晰，图表整洁，签字盖章手续完备。签字必须使用档案规定用笔，可采用碳素墨水、蓝黑墨水等耐久性强的书写材料，不得使用铅笔、圆珠笔、红色墨水、纯蓝墨水、复写纸等易褪色的书写材料。工程资料的照片及声像档案应图像清晰、声音清楚、文字说明或内容准确。

5）工程文件中文字材料幅面尺寸规格宜为 A4 幅面（297mm×210mm）。图纸宜采用国家标准图幅。

6）工程文件的纸张应采用能够长期保存的耐久性强、韧性大的纸张。图纸一般采用蓝晒图，竣工图应是新蓝图。计算机出图必须清晰，不得使用复印件。

7）所有竣工图均应加盖竣工图章。

8）竣工图章的基本内容应包括“竣工图”字样、施工单位、编制人、审核人、技术负责人、编制日期、监理单位、现场监理、总监。竣工图章尺寸为 50mm×80mm。竣工图章应使用不易褪色的红印泥，应盖在图标栏上方空白处。竣工图章式样如图 1-1 所示。

9）利用施工图改绘竣工图，必须标明变更修改依据。凡施工图结构、工艺、平面布置等有重大改变，或变更部分超过图面 1/3 的，应当重新绘制竣工图。

10）不同幅面工程图纸应按《技术制图　复制图的折叠方法》（GB/T 10609.3—2009）统一折叠成 A4 幅面（297mm×210mm），图标栏露在外面。

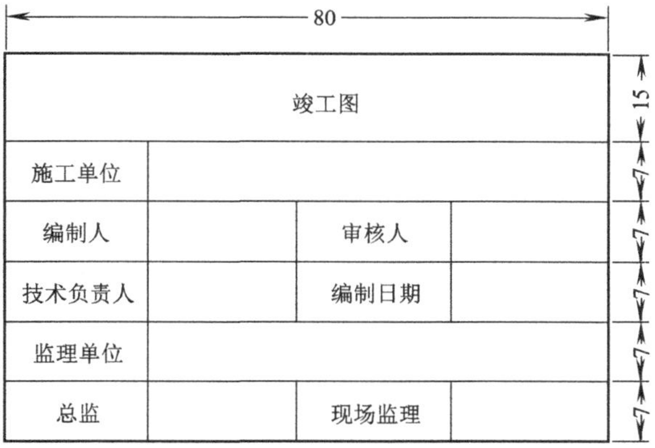

图 1-1　竣工图章式样

课题 5　工程资料的组卷

1.5.1　工程资料组卷的基本原则

组卷又称立卷，是指按一定的原则和方法，将有保存价值的资料进行系统整理、编制目录、详细核对以后装订成宗卷。

组卷应遵循工程资料的自然形成规律，保持卷内文件资料的有机联系，便于档案的保管和利用。

1）建设项目应按单位工程组卷。

2）工程资料应按照不同的收集、整理单位及资料类别，按工程准备及竣工验收阶段资料、监理资料、施工资料和竣工图分别进行组卷。

3）卷内资料排列顺序要依照卷内的资料构成而定，一般顺序为封面、目录、资料部分、备考表和封底。组成的案卷力求美观整洁。

4）卷内若存在多种工程资料时，同类资料按日期顺序排列，不同资料之间的排列顺序应按资料编号顺序排列。

5）案卷不宜过厚，一般不超过 40mm。

6）案卷内不应有重份资料，不同载体的资料一般应分别组卷。

7）文字资料按事项、专业顺序排列。同一事项的请示与批复、同一文件的印本与定稿、主体与附件不能分开，并按批复在前、请示在后，印本在前、定稿在后，主体在前、附件在后的顺序排列。图纸按专业排列，同专业图纸按图号顺序排列。

8）既有文字资料又有图纸的案卷，文字资料排前，图纸排后。

1.5.2 工程资料组卷的方法

1）工程准备及验收阶段资料的组卷可按建设程序、专业、形成单位等组卷。

2）监理资料和施工资料的组卷可按单位工程、分部工程、专业、阶段等组卷。

3）竣工图的组卷可按单位工程、专业等组卷。

1.5.3 宗卷页码的编写

1）编写页码应以独立卷为单位，卷内文件均以有书写内容的页面编写页号。

2）每卷单独编号，页号从“1”开始。

3）页号编写位置：单面书写的文件在右下角；双面书写的文件，正面在右下角，背面在左下角。

4）图纸折叠后无论何种形式，页号一律编写在右下角。

5）成套图纸或印刷成册的科技文件资料，自成一卷的，原目录可代替卷内目录，不必重新编写页码。

6）案卷封面、卷内目录、卷内备考表不编写页号。

1.5.4 宗卷目录的编制

1）宗卷目录式样宜符合图 1-2 的要求。

2）序号：按卷内资料排列先后用阿拉伯数字从 1 依次标注。

3）文件编号：填写工程文件资料原有的文号或图号。

4）责任者：填写文件的直接形成单位和个人。有多个责任者时，选择两个主要责任者，其余用“等”代替。

5）文件题名：填写文字资料和图纸名称，无标题的资料应根据内容拟写标题。

6）日期：填写资料形成的日期。

7）页次：填写资料在卷内所排的起始页号。

8）卷内目录排列在卷内文件资料首页之前。

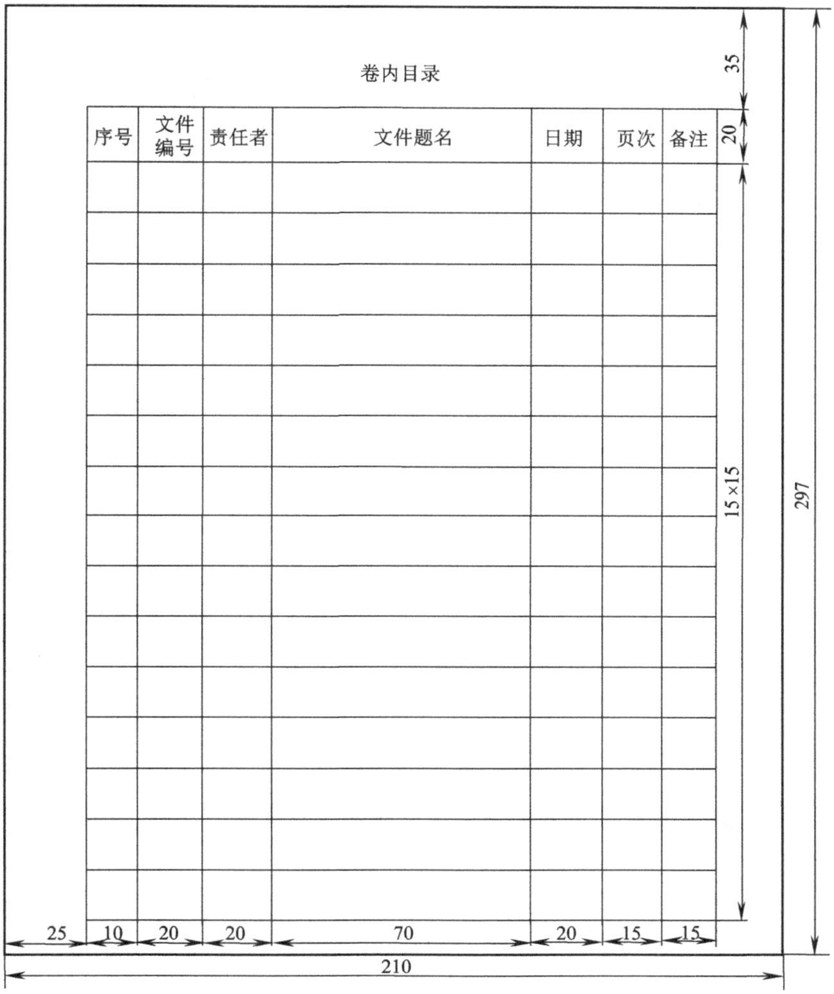

图 1-2　宗卷目录式样

1.5.5　宗卷备考表的编制

1）卷内备考表的式样宜符合图 1-3 的要求。

2）卷内备考表主要标明卷内文件的总页数、各类文件页数、照片张数，以及立卷单位对案卷情况的说明。

3）立卷单位的立卷人、审核人应签字。

4）案卷备考表的说明，主要说明卷内文件复印件情况、页码错误情况、文件的更换情况等，没有需要说明的事项可不必填写。

5）卷内备考表排列在卷内文件的尾页之后。

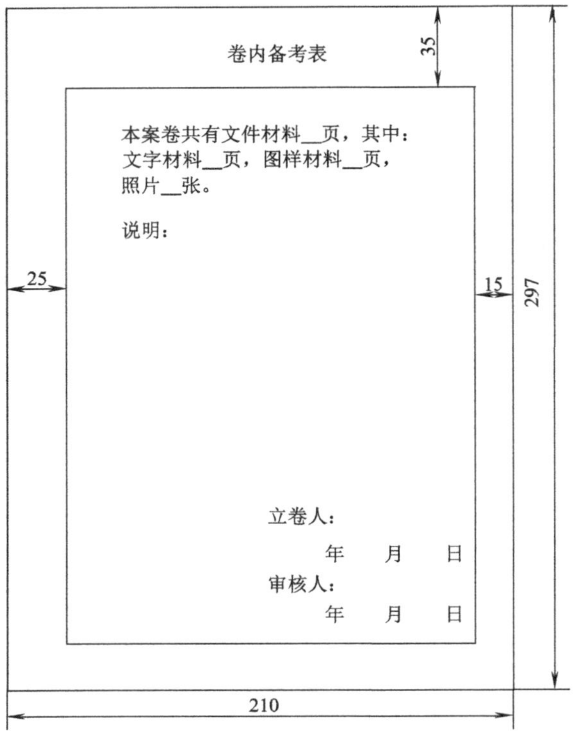

图 1-3 卷内备考表式样

1.5.6 宗卷封面的编制

1）案卷封面印刷在卷盒、卷夹的正表面，也可采用内封面形式。案卷封面的式样宜符合图 1-4 的要求。

2）案卷封面的内容应包括：名称、案卷题名、编制单位、编制日期、密级、保管期限等。

3）档号：应由分类号、项目号和案卷号组成，由档案保管单位填写。

4）档案馆代号：应填写国家给定的本档案馆的编号，由档案馆填写。

5）案卷题名：应简明、准确地提示卷内文件的内容。案卷题名应包括工程名称、专业名称、卷内文件的内容。

6）编制单位：应填写本卷档案的编制单位并加盖公章。

7）编制日期：应填写案卷内全部文件形成的起止日期。

8）保管期限：由档案保管单位按照保管期限的有关规定填写。分为永久、长期、短期三种期限。永久是指工程档案需永久保存；长期是指工程档案的保存期限等于该工程的使用寿命；短期是指工程档案保存 20 年以下。同一案卷内有不同保管期限的文件，该案卷保管期限应从长。

9）密级：由档案保管单位按照本单位的保密规定或有关规定填写，分为绝密、机密、秘密三种。同一案卷内有不同密级的文件，应以高密级为本卷密级。

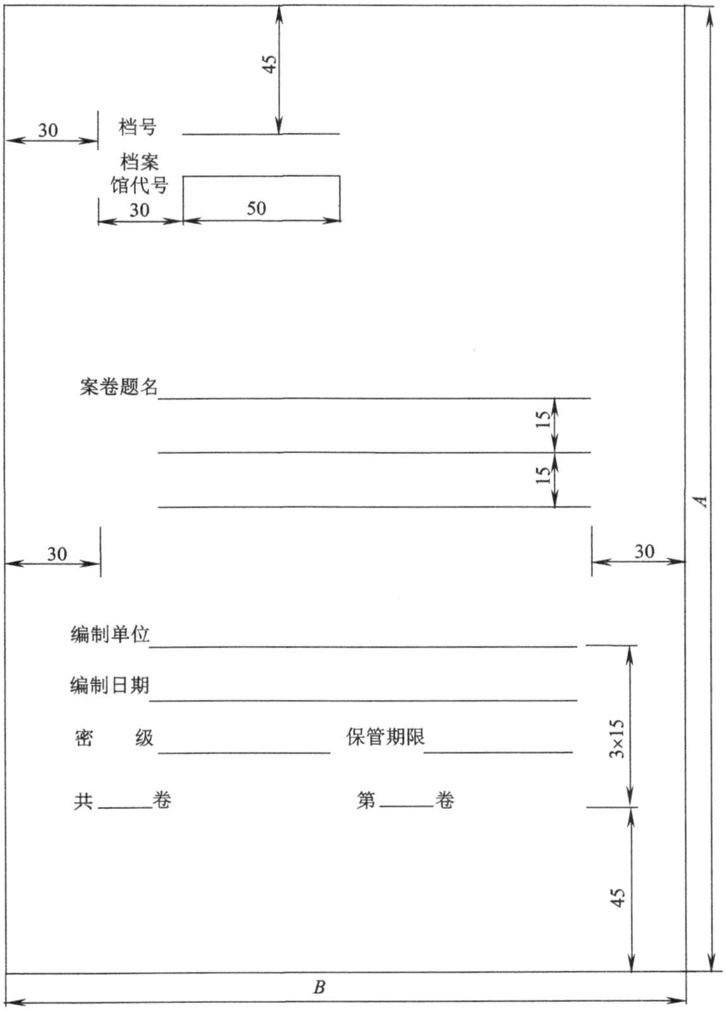

图 1-4 案卷封面的式样

注：卷盒、卷夹封面：$A \times B$=310mm×220mm；案卷封面：$A \times B$=297mm×210mm。

说明：城建档案馆的分类号依据建设部《城市建设分类大纲》（建办档[1993]103 号）编写，一般为大类号加属类号。档号按《城市建设档案著录规范》（GB/T 50323—2001）编写。

1.5.7 宗卷的装订

1．卷宗规格

卷内资料、封面、目录、卷内备考表统一采用 A4 幅面（297mm×210mm）的尺寸，图纸分别采用 A0（841mm×1189mm）、A1（594mm×841mm）、A2（420mm×594mm）、A3（297mm×420mm）、A4（297mm×210mm）幅面。小于 A4 幅面的资料要用 A4 白纸衬托。

2. 卷宗的装具

案卷装具一般采用卷盒、卷夹两种形式。卷盒的外表尺寸为 310mm×220mm，厚度分别为 20mm、30mm、40mm、50mm。卷夹的外表尺寸为 310mm×220mm，厚度一般为 20～30mm。卷盒、卷夹应采用无酸纸制作。

3. 图纸折叠的方法

图纸折叠前要按裁图线裁剪整齐，图纸幅面要符合规定；图纸向内折叠，成手风琴风箱式；折叠后的幅面尺寸应以 4 号图纸基本尺寸为准；图章及竣工图章应露在外面。

4. 卷宗装订

1）案卷可采用装订与不装订两种形式。文字资料必须装订，图纸资料可以散装存放。

2）装订应采用线绳三孔左侧装订，要整齐、牢固，便于保管和利用。

3）装订时必须剔除金属物。装订线一侧根据卷宗厚度加垫草板纸。

4）装订时，须将封面、目录、备考表、封底与卷宗一起装订。图纸散装在卷盒内时，要将卷宗封面、目录、备考表用线绳在左上角装订在一起。

课题 6　工程资料的验收与移交

1.6.1　工程资料的验收

工程竣工验收前，参建各方单位的主管（技术）负责人，应对本单位形成的工程资料进行竣工审查；建设单位应按照国家验收规范有关规定的要求，对参建各方汇总的资料进行验收，使其完整、准确。

列入城建档案馆（室）接收范围的工程档案，建设单位在组织工程竣工验收前，应提请城建档案管理机构对工程档案进行预验收。建设单位未取得城建档案管理机构出具的认可文件，不得组织工程竣工验收。

验收主要包括以下内容：

1）工程资料是否齐全、系统、完整。

2）工程资料的内容是否真实、准确地反映工程建设活动和工程实际状况。

3）工程资料是否已整理立卷，并符合相关规范的规定。

4）竣工图绘制方法、图式及规格等是否符合专业技术要求，图面整洁，加盖竣工图章等。

5）文件的形成、来源是否符合实际，单位或个人的签章手续完备情况等。

6）文件材质、幅面、书写、绘图、用墨、托裱等是否符合要求。

1.6.2　工程资料的移交

1）施工、监理等工程参建单位应将工程资料按合同或协议在约定的时间，按规定的套数移交给建设单位，并填写移交目录，双方签字、盖章后按规定办理移交手续。

2）列入城建档案馆接收范围的工程档案，建设单位在工程竣工验收后 3 个月内必须向城建档案馆移交一套符合规定的工程档案资料，并按规定办理移交手续。若推迟报送日期，应在规定报送时间内向城建档案馆申请延期报送，并说明延期报送的原因，经同意后方可办理延期报送手续。停建、缓建工程的档案，暂由建设单位保管。改建、扩建和维修工程，建设单位应当组织设计、施工单位根据实际情况修改、补充和完善原工程资料。对改变的部位，应当重新编制工程档案，并在工程验收后 3 个月内向城建档案馆移交。建设单位向城建档案馆移交工程档案时，应办理移交手续，填写移交目录，双方签字、盖章后交接。

单元小结

- 建设工程资料管理概述
  - 概述
    - 建设工程资料的基本概念
    - 工程资料的主要内容
  - 工程资料的管理职责
    - 通用职责
    - 各单位职责
  - 资料员的基本要求和工作职责
    - 资料员的基本要求
    - 资料员的工作职责
    - 资料员的工作内容
  - 工程资料的归档范围与质量要求
    - 工程资料的归档
    - 工程资料的质量要求
  - 工程资料的组卷
    - 工程资料组卷的基本原则
    - 工程资料组卷的方法
    - 宗卷页码的编写
    - 宗卷目录的编制
    - 宗卷备考表的编制
    - 宗卷封面的编制
    - 宗卷的装订
  - 工程资料的验收与移交
    - 工程资料的验收
    - 工程资料的移交

同步测试

一、单项选择题

1．建设工程资料是工程建设从项目的提出、筹备、勘测、设计、施工到竣工投产等过程中形成的文件材料、图纸、图表、计算材料、声像材料等各种形式的信息总和，简称为（　　）。

A．工程文件　　B．工程信息　　C．文件资料　　D．工程资料

2．建设单位应在工程竣工验收后（　　）个月内将工程档案移交城建档案馆。

A．1　　B．2　　C．3　　D．4

3．列入城建档案馆接收范围的工程档案，建设单位应在组织工程竣工验收（　　），提请城建档案馆对工程档案进行预验收，未取得《建设工程竣工档案预验收意见》的，不得组织工程竣工验收。

A．前　　B．中　　C．后　　D．随时

4．归档包括两方面含义：一是建设、勘察、设计、施工、监理等单位将本单位在工程建设过程中形成的资料向本单位档案管理机构移交；二是勘察、设计、施工、监理等单位将本单位在工程建设过程中形成的资料向（　　）档案管理机构移交。

A．建设单位　　B．设计单位　　C．监理单位　　D．施工单位

5．工程档案一般不少于两套，一套由建设单位保管，一套（原件）移交（　　）。

A．建设单位　　B．设计单位　　C．当地城建档案馆　　D．施工单位

6．工程文件中文字材料幅面尺寸规格宜为（　　）幅面，图纸宜采用国家标准图幅。

A．A1　　B．A2　　C．A3　　D．A4

7．案卷不宜过厚，一般不超过（　　）mm。

A．10　　B．20　　C．30　　D．40

8．保管期限：由档案保管单位按照保管期限的有关规定填写，分为永久、长期、短期三种期限。永久是指工程档案需永久保存；长期是指工程档案的保存期限等于该工程的使用寿命；短期是指工程档案保存（　　）年以下。同一案卷内有不同保管期限的文件，该案卷保管期限应从长。

A．10　　B．20　　C．30　　D．40

9．密级由档案保管单位按照本单位的保密规定或有关规定填写，分为绝密、机密、秘密三种。同一案卷内有不同密级的文件，应以（　　）密级为本卷密级。

A．最高　　B．最低　　C．任意　　D．绝密

二、论述题

1．试论述怎样才能成为一名合格的资料员。

2．简述工程资料管理的内容。

单元 2

工程准备阶段资料整理

知识目标

- 了解决策立项阶段文件。
- 理解建筑用地、征地、拆迁、勘探、测绘、设计文件资料。
- 掌握招投标文件、开工审批文件、财务文件的资料整理。

能力目标

通过本单元的教学，使学生初步具有招投标文件、开工审批文件、财务文件的资料整理的技能，逐步培养学生的工程准备阶段资料整理的能力。

课题 1　决策立项阶段文件

工程准备阶段资料是指在工程开工以前，在立项、审批、征地、勘察、测绘、设计、招投标等阶段形成的文件。

立项阶段是基本建设项目最初的决策阶段，主要是完成建设项目正式立项的一系列工作。建设项目立项阶段分为项目建议书和可行性研究两个阶段。立项文件是由建设单位在工程建设前期形成的文件，主要包括：建设项目建议书、建设项目建议书审批意见、前期工作通知书、可行性研究报告及附件、可行性研究报告审批意见、与立项有关的会议纪要、领导讲话、专家建议文件、调查资料及项目评估研究、计划部门批准的立项文件及计划任务等。

2.1.1　项目建议书

项目建议书是建设单位向国家提出申请建设某一工程项目的建议文件。项目建议书由建设单位编制申报，按国家规定的划定审批权限的上级部门批复。

1．项目建议书的内容

1）建议建设项目的必要性和依据。

2）产品方案、拟建条件、建设地点的初步设想。

3）资源情况、建设条件、协作关系的初步分析。

4）投资估算和资金筹措的设想。

5）项目的进度安排。

6）对经济效果、投资效益的初步估计。

2. 项目建议书的审查

编制完成的项目建议书在审批前，建设单位应组织有关部门和专家参与审查，经审查符合要求的项目建议书才能报请有关部门审批。

3. 项目建议书的报批

1）大中型基本建设项目、限额以上更新改造项目，委托有资格的工程咨询、设计单位初评后，经省级主管部门初审后，报国家发改委审批；其中特大型项目（总投资4亿元以上的交通、能源、原材料项目，2亿元以上的其他项目）由国家发改委报国务院审批。

2）小型基本建设项目、限额以下更新改造项目由国务院主管部门或地方发改委审批。

2.1.2 可行性研究报告及附件

可行性研究报告是由建设单位委托有资质的工程咨询单位根据可行性成果编制的综合报告。它是由主管部门组织计划、经济、设计等部门，在可行性研究的基础上选择经济效益最好的方案的文件。

1. 可行性研究报告

建设项目可行性研究报告的主要内容有以下几个方面：

1）概述，项目提出的背景研究工作的依据和范围。

2）需求预测和拟建规模。

3）资源、原材料、辅助材料、燃料及公用设施落实情况。

4）建设条件和建设方案。

5）建设项目和设计方案。

6）环境保护。

7）生产组织、劳动定员和人员培训。

8）实施进度的建议。

9）投资估算和资金筹措。

10）社会及经济效果评价。

2. 可行性研究报告附件

除可行性研究报告正文外，还需具备以下几个附件。

1）选址意向书：包括选址依据和工程选址意向书。

2）选址意见书：包括建设项目的基本情况、建设项目选址的主要依据、建设项目选址、用地范围。

3）外协意向性协议：包括拆迁安置意向书、原材料及燃料供应意向书、动力供应意向性协议、电信协议、运输条件、配套措施和辅助设施。

4）可行性研究报告的审批：包括审批权限、审批后文件的效力。

5）可行性研究工作程序。

6）建设项目立项文件。

3. 可行性研究报告审批意见

1）可行性研究报告审批意见是对可行性研究报告的客观性、全面性、准确性进行评估与抉择，以过程形成文件和上级审批文件直接归档。

2）项目评估研究资料是对可行性研究报告的客观性、全面性、准确性进行评估，并提出评估报告。经批准后审批立项，下达批准文件。

3）建设项目评估的主要内容包括：建设项目的必要性、建设规模、技术设备的可靠性、工程的方案和标准、投资来源与结算、社会效益评价、项目中评价等。

4）审批立项的有关会议纪要、专家评议、领导指示等由建设单位或上级单位组织，根据过程记录整理形成并归档。

5）工程建设项目评估研究资料由建设单位组织汇编归档。

6）计划任务书及其审批文件按上级批复文件归档。

4. 建设项目立项文件

建设单位根据批复的可行性研究报告，召开立项会议，组织关于立项的事宜。立项会议以纪要的形式对立项进行全面的概括阐述，对专家们立项的建议进行组织和整理，形成文件，并对项目评估做出研究。

其归档文件有：项目建议书；对项目建议书的批复文件；可行性研究报告；对可行性研究报告的批复文件；关于立项的会议纪要；领导批示，专家对项目的有关建议文件，项目评估研究资料；计划部门批准的立项文件；计划部门批准的设计任务等。

课题 2　建设用地、征地、拆迁文件资料

2.2.1　工程项目选址申请及选址规划意见通知书

该资料是指城市规划管理部门最终审批的工程项目选址申请及选址规划意见通知书，此文件直接归档，按当地城市规划行政主管部门的统一表式执行。

申请建设项目选址意见书的一般程序：建设项目申请人根据申请条件、依据，向城市规划管理部门提出选址申请，填写建设项目规划审批及其他事项申报表，见表 2-1。该申请经城市规划管理部门审查，符合有关法规标准的，及时填写“选址规划意见通知书”两份。将一份“选址规划意见通知书”加盖收件专用印章后交申请人；将申请材料和另一份“选址规划意见通知书”装袋，填写移交单，转交有关管理部门。

表 2-1 建设项目规划审批及其他事项申报表

<table>
<tr><td>项 目 代 码</td><td colspan="6">（首次申报时，由规划行政主管部门填写）</td></tr>
<tr><td rowspan="5">建设单位
（个人）</td><td colspan="4" rowspan="2">郑重承诺：对提交的申报材料实质内容的真实性负责并依法承担相应法律责任（盖章）</td><td>组织机构代码</td><td></td></tr>
<tr><td>邮政编码</td><td></td></tr>
<tr><td colspan="2">通 讯 地 址</td><td colspan="4"></td></tr>
<tr><td colspan="2">委托代理人（或产权人）</td><td></td><td colspan="2">身份证号码</td><td></td></tr>
<tr><td colspan="2">电 话</td><td></td><td colspan="2">手 机</td><td></td></tr>
<tr><td rowspan="3">设计单位</td><td colspan="4" rowspan="2">郑重承诺：对设计文件和图纸表述内容的真实性、准确性、合法性负责，并依法承担相应法律责任（盖章）</td><td>资质等级</td><td></td></tr>
<tr><td>资质证号</td><td></td></tr>
<tr><td>项目负责人</td><td></td><td>电话</td><td></td><td>注册建筑师证号</td><td></td></tr>
<tr><td rowspan="6">申报或征询类别</td><td rowspan="5">行政许可事项</td><td>规划意见书（选址）</td><td colspan="4">□新征（占）用地项目</td></tr>
<tr><td>建设用地规划许可证</td><td colspan="4">□新征（占）用地项目 □自有用地项目
□临时建设用地规划许可证</td></tr>
<tr><td>建设工程规划许可证</td><td colspan="4">□新征（占）用地项目 □自有用地项目
□城镇居民建房 □村民建房
□临时建设工程规划许可证 □外装修工程</td></tr>
<tr><td>变更</td><td colspan="4">□变更建设用地规划许可证附件
□变更建设工程规划许可证附件 □规划意见复函</td></tr>
<tr><td>延续</td><td colspan="4">□建设用地规划许可证 □建设工程规划许可证
□临时建设用地规划许可证 □临时建设工程规划许可证
□城镇居民建房 □村民建房 □外装修工程</td></tr>
<tr><td colspan="2">其他事项</td><td colspan="2">□规划意见书（条件）
□控规调整
□规划验线
□规划验收
（□规划意见函复）</td><td colspan="2">备注：申报自有用地《规划意见书（条件）》的建设项目，如涉及新增用地，你单位是（ ）否（ ）同意将《规划意见书（条件）》转为《规划意见书（选址）》。如同意将《规划意见书（条件）》转为《规划意见书（选址）》，须在取得规划意见时，补交建设单位申报委托书 1 份</td></tr>
<tr><td rowspan="5">建设项目
基本情况</td><td colspan="2">项目性质</td><td colspan="2"></td><td>图幅号</td><td></td></tr>
<tr><td colspan="2">建设位置</td><td colspan="4"></td></tr>
<tr><td>建设规模</td><td>用地面积/m²</td><td></td><td>建筑面积/m²</td><td></td><td>其他 </td></tr>
<tr><td colspan="2">上阶段审批文号</td><td colspan="4"></td></tr>
<tr><td colspan="2">原规划许可证件文号</td><td colspan="4"></td></tr>
</table>

注：本表由各业务管理处（科）归档。

2.2.2 建设用地规划许可证及附件

建设用地规划许可证是由建设单位和个人提出建设用地申请，城市规划行政主管部门根据规划和建设项目的用地需要，确定建设用地位置、面积、界线的法定凭证。

建设单位持有按国家基本建设程序批准的建设项目立项的有关证明文件，向城市规划管理部门提出用地申请，填写规划审批申报表，准备好有关文件。

表格按当地城市规划行政主管部门的统一表式执行，以城市规划行政主管部门最终审批的文件归档；填写的申报表要加盖建设单位和申报单位公章。

规划管理部门根据城市总体规划的要求和建设项目的性质、内容，以及选址时初步确定的用地范围界线，提出规划设计条件，核发建设用地规划许可证。

2.2.3　用地申请及批准书

1．用地申请

建设单位持批准的建设项目可行性研究报告或县以上人民政府批准的有关文件，向县以上人民政府土地管理部门提出项目建设用地申请。

2．政府批准的土地征用文件

1）由当地人民政府有关部门批准的文件。

2）政府批准的征用农田文件。

2.2.4　工程建设项目报建资料

凡在我国境内投资兴建的工程建设项目，包括外资、合资的工程建设项目，都必须实行报建制度，接受当地建设行政主管部门或其授权机构的监督管理。

报建的主要内容为：

1）建设工程的基本情况：项目名称、地点、投资规模、资金来源、工程规模、开工及竣工日期、发包方式等。

2）许可证：建设工程用地批准书或土地许可证、建设工程规划许可证、工程立项批准文件等。

3）设计图纸及合同：工程施工设计图纸、工程勘察及设计合同、工程地质勘察报告。

4）施工企业投标能力评估报告。

5）工程建设项目报建书。

6）其他。

课题 3　勘察、测绘、设计文件资料

2.3.1　工程地质勘察报告

工程地质勘察报告是指建设单位委托勘察设计单位按批准的建设用地规划界线勘察的工程地质勘察技术文件。工程地质勘察报告要由经国家批准的有资质等级的单位进行工程地质勘察工作后编写。

2.3.2　地形测量和拨地测量报告

地形测量和拨地测量报告是建设单位委托测绘设计单位测量的结果资料。工程设计阶段的测量工作，按工作程序和作业性质主要有地形测量和拨地测量。

测量成果报告是征用土地的依据性文件，也是工程设计的基础资料。

（1）地形测量　工程建设的地形测量是指建设用地范围内的地形测量，反映地貌、水文、植被、建筑物和居民情况等。基建项目的地形测量所绘制的地形图比例尺一般为 1:1000 或 1:500。

（2）拨地测量　征用的建设用地，要进行位置测量、形状测量和周界确定，一般称为拨

地测量。根据拨地条件，一般以规划部门批准的建设用地钉桩通知书中规定的条件，选定测量控制点，进行拨地导线测量、距离测量，绘制征地测量报告。测量报告的内容包括：拨地条件、成果表、工作说明、略图、条件坐标、内外业计算记录手簿等资料，并将拨地资料和定线成果绘制在 1:1000 或 1:500 的地形图上。

2.3.3 规划设计条件通知书

规划设计条件通知书是规划行政主管部门出具的规划设计条件文件，附有建设单位申报的规划设计方案。

建设项目立项后，建设单位应向规划行政管理部门申报规划设计条件，准备好相关文件和图纸。相关文件和图纸包括：

1）计划部门批准的可行性研究报告。

2）建设单位对拟建项目的说明。

3）拟建方案示意图。

4）地形图和用地范围。

5）其他。

规划行政主管部门对建设单位申报的规划设计条件进行审查和研究，同意进行设计时，签发《规划设计条件通知书》，作为方案设计的依据。

2.3.4 设计文件

设计文件包括初步设计图纸及说明、技术设计图纸及说明、审定设计方案通知书及审查意见、施工图设计及其说明、施工图设计审查等有关设计资料。

（1）初步设计图纸及说明　是指建设单位委托设计单位提出的初步设计阶段的技术文件资料。初步设计图纸主要包括总平面图、建筑图、结构图、给水排水图、电气图、采暖通风及空气调节图、动力图、技术与经济概算等。初步设计说明书由设计总说明和各专业的设计说明书组成。

（2）技术设计图纸及说明　是指建设单位委托设计单位提出的技术设计阶段的技术文件资料。技术设计是对初步设计的补充和深化，对于一些技术比较复杂或有特殊要求的建设项目，以及采用新工艺、新技术的重大项目，而又缺乏设计经验的，通常增加技术设计。

（3）审定设计方案通知书及审查意见　是指有关部门或建设单位组织审查后，形成的文字资料。

（4）施工图设计及其说明　是指建设单位委托设计单位提供的施工图设计技术文件资料。施工图设计主要包括总平面图、建筑图、结构图、给水排水图、电气图、采暖通风及空气调节图、动力图、预算等。

在图纸目录中先列新绘制图纸，后列选用的标准图、通用图或重复利用图。

施工图说明书由设计总说明和各专业的设计说明书组成。一般工程的设计说明，可分别列写在有关的图纸上。如重复利用某一专门的施工图纸及其说明，应详细注明其编制单位、资料名称和编制日期。如果施工图设计阶段对初步设计有改变，应重新计算并列出主要技术经济指标表，这些表可列在总平面布置图上。

（5）施工图设计审查　是指政府有关部门和经审批成立的施工图审查机构对施工图设计文件的审批意见。

建筑工程施工图设计文件审查是为了加强工程项目设计质量的监督和管理，保护国家和人民生命财产安全，保证建设工程设计质量而实施的行政管理。

《建设工程质量管理条例》规定：建设单位应当将施工图设计文件报县级以上政府建设行政部门或者其他有关部门审查；施工图设计文件未经审查和批准的不得使用。目前实施的是对各类新建、改建、扩建的建筑工程项目的施工图设计文件的审查。

课题 4　招投标文件

2.4.1　勘察设计招投标文件

勘察设计招投标文件是建设单位选择工程项目勘察设计单位过程中所进行的招标、投标活动的文件资料。

1. 工程勘察招标

工程勘察是招标人委托有资格的勘察设计单位，为后期设计工作提供现场的实际资料。

由于建设项目的各项条件不同，委托勘察工作的内容和科研项目也相应不同。在招标文件中勘察任务应具体明确，给出任务的数量指标。

（1）实行工程勘察招标的建设项目应具备的条件

1）具有经过有审批权限的机关批准的设计任务书。

2）具有建设规划管理部门同意的用地范围许可文件。

3）有符合要求的地形图。

（2）工程勘察招投标的工作程序

1）办理招标登记、组织招标工作机构、组织评标小组、编制招标文件。

2）投标单位报名参加投标，招标单位对投标单位进行资格审查。

3）投标单位领取招标文件，编制投标书并送交招标单位。

4）招标单位开标、评标、决标，确定中标单位并发出中标通知书，签订勘察合同。

2. 工程设计招标

为了保证设计指导思想连续地贯彻于设计的各个阶段，一般工程项目多采用技术设计招标或施工图设计招标，不单独进行初步设计招标，由中标的设计单位承担初步设计任务。

（1）建设项目进行项目设计招标应具备的条件

1）建设单位必须是法人或依法成立的组织。

2）有相应的技术、管理人员。

3）具有编制招标文件、审查投标单位资格和组织招标、开标、评标、定标的能力。

（2）进行设计招标的建设项目应具备的条件

1）具有经过审批机关批准的设计任务书。

2）具有工程设计所需的基础资料。

（3）设计招标的程序

1）招标单位编制招标文件，发布招标广告或发出招标通知书。

2）投标单位领取招标文件，报送申请书及提供资格预审文件。

3）招标单位对投标者进行资格审查并组织投标单位现场踏勘，对招标文件进行答疑；投标单位编制投标书并按规定送达。

4）招标单位当众开标，组织评标，确定中标单位，并与中标单位签订合同。

3．设计招标文件

（1）招标文件的主要内容　招标文件通常由招标人委托有资质的中介机构准备，其内容应包括以下几个方面：

1）投标须知：包括所有对投标要求的有关事项。

2）设计依据文件：包括设计任务书及经批准的有关行政文件复印件。

3）项目说明书：包括工作内容、设计范围和深度、建设周期和设计进度要求等方面的内容，并告知建设项目的总投资限额。

4）合同的主要条件。

5）设计依据资料：包括提供设计所需资料的内容、提供的方式和时间。

6）组织现场考察和召开标前会议的时间、地点。

7）投标截止日期。

8）招标可能涉及的其他有关内容。

（2）设计要求文件的主要内容　招标文件中，对项目设计提出明确要求的“设计要求”或“设计大纲”是最重要的文件部分，大致包括以下内容：

1）设计文件编制的依据。

2）国家有关行政主管部门对规划方面的要求。

3）技术经济指标要求。

4）平面布局要求。

5）结构形式方面的要求。

6）结构设计方面的要求。

7）设备设计方面的要求。

8）特殊工程方面的要求。

9）其他有关方面的要求，如环境、消防等。

2.4.2　勘察设计承包合同

勘察设计承包合同是建设单位同中标或委托的勘察设计单位签订的勘察设计合同。按建设与勘察、设计单位签订的合同文件直接归档。

2.4.3　施工招投标文件

施工招投标文件是建设单位选择工程项目施工单位过程中所进行的招标、投标活动的文件资料。

1. 招投标程序

建设工程施工招投标程序分为三个阶段，即招标准备阶段、招投标阶、决标阶段。

（1）招标准备阶段　该阶段工作包括选择招标方式、办理招标备案手续、组织招标班子和编制招标有关文件。

（2）招投标阶段　该阶段工作主要是发布招标公告、资格预审、确定投标单位名单、分发招标文件以及图纸和技术资料、组织踏勘现场和招标文件答疑、接受投标文件、建立评标组织、制定评标和决标的办法。

（3）决标阶段　此阶段工作主要包括召开开标会议、审查投标标书、组织评标、公开标底、决标前谈判、决定中标单位、发布中标通知书、签订施工承发包合同。

2. 编制招标文件

招标文件主要包括以下四方面内容：

（1）招标公告　由招标人通过媒介发布招标公告，实行邀请招标的，应向3个以上符合资质条件的投标人发送投标邀请书，主要介绍招标工程项目基本情况和招标单位的情况、投标单位购买预审文件办法等有关事宜。

（2）资格预审文件　资格预审文件由资格预审须知和资格预审申请表两部分组成。资格预审须知是明确参加投标单位应知事项和申请人应具备的资历及有关证明文件；资格预审申请表是由投标人按照招标单位对投标申请人的要求条件而编写的。

（3）招标文件　招标文件是投标人编写投标书和报价的依据，文件中的各项内容应尽可能完整、详细，明确而具体，要最大限度减少误解和可能产生的争议。

（4）标底　标底一般委托工程造价单位编制。标底须报请主管部门审定，审定后应密封保存，严格保密，在开标前不得泄露。

3. 编制投标文件

投标单位在正式投标前进行投标资格预审，投标单位要填写资格预审文件，申请投标，投标单位根据招标文件的要求编写投标书，投标书编制完成后在规定的期限内密封送达招标单位。

2.4.4　施工承包合同

建设工程施工合同是建设单位（招标单位）与施工单位根据有关法律、法规签订的工程施工合同。按建设单位与施工单位签订的合同直接归档。

《建设工程施工合同示范文本》中把合同分为协议书、通用条款、专用条款三个部分，并附有附件。

（1）协议书　合同协议书需要填写的主要内容包括工程概况、工程承包范围、合同工期、质量标准、合同价款、组成合同的文件及合同的生效时间等。

（2）通用条款　通用合同条款是合同当事人根据《中华人民共和国建筑法》、《中华人民共和国合同法》等法律法规的规定，就工程建设的实施及相关事项，对合同当事人的权利义务作出的原则性约定。

通用合同条款共计 20 条，具体条款分别为：一般约定、发包人、承包人、监理人、工程质量、安全文明施工与环境保护、工期和进度、材料与设备、试验与检验、变更、价格调整、合同价格、计量与支付、验收和工程试车、竣工结算、缺陷责任与保修、违约、不可抗力、保险、索赔和争议解决。

（3）专用条款　专用条款是结合具体工程实际，经协商达成一致意见的条款，是对通用条款的具体化、补充或修改，其内容由合同当事人根据建设工程项目的具体特点和实际要求细化。

（4）附件　建设工程施工合同示范文本中附有11个附件，包括承包人承揽工程项目一览表、发包人供应材料设备一览表、房屋建筑工程质量保修书，主要建设工程文件目录、承包人用于本工程施工的机械设备表、承包人主要施工管理人员表、分包人主要施工管理人员表等。

2.4.5　监理招投标文件

1. 招标文件

监理招标文件应包括以下几方面的内容，并提供必要的资料。

1）投标须知：工程项目综合说明、委托的监理范围和监理业务、投标文件的编制、投标文件的递交、投标时间、评标原则等。

2）合同条件。

3）建设单位提供的现场办公条件，包括交通、通信、住宿、办公用房等。

4）对监理单位的要求，包括现场监理人员、检测手段、工程技术难点等。

5）必要的设计文件、图纸、有关资料及有关技术规定。

6）其他事宜。

2. 投标文件

投标人根据招标文件编制投标书，投标书包括以下几方面内容：

1）投标人的资质。

2）监理大纲。

3）拟派项目的主要监理人员及监理人员的素质说明。

4）监理单位提供用于工程的检测设备和仪器，或委托有关单位检测的协议。

5）监理费报价和费用的组成。

2.4.6　建设工程委托监理合同

建设工程委托监理合同简称监理合同，其是建设单位聘请监理单位代其对工程项目进行管理，明确双方权利、义务的协议。

《建设工程委托监理合同文本》由建设工程委托监理合同、标准条件、专用条件组成。

（1）建设工程委托监理合同　建设工程委托监理合同是一个总的协议，是纲领性文件。主要内容包括当事人双方确认的委托监理工程的概况，合同签订、生效、完成的时间，双方愿意履行约定的各项义务的承诺，以及合同文件的组成。

（2）标准条件　标准条件内容涵盖了合同中所用词语的定义，适用范围和法规，签约双方的责任、权利和义务，合同生效、变更和终止，监理报酬。它是监理合同的通用文本，适用于各类工程建设监理委托，是所有签约工程都要遵守的基本条件。

（3）专用条件　由于标准条件适用于所有的工程建设监理委托，因此其中的某些条款规定得比较笼统，需要在签订具体工程项目的监理委托合同时，就地域特点、专业特点和委托监理项目的特点，对标准条件中的某些条款进行补充修正，形成专用条件。

课题5 开工审批文件

2.5.1 建设工程规划许可证及附件

建设工程规划许可证及附件是指建设规划行政主管部门颁发的规划许可证和批准的文件、附图等。

1. 建设工程规划许可证申报资料

1）年度施工任务批准文件。

2）市政、环保、消防、文物、通信、教育、卫生等有关行政主管部门的审批意见和要求，以及取得的协议书。

3）工程竣工档案登记表。

4）工程设计图，包括总平面图，各层平、立、剖面图，基础平面图和设计图纸目录。

2. 建设工程规划许可证申报程序

1）建设单位领取并填写规划审批申请表，加盖建设单位和申报单位公章。

2）提交申报建设工程规划许可证要求中的各种资料。

3）城市规划行政管理部门填发建设工程规划许可证立案表，作为申报建设工程规划许可证的回执。

4）城市规划行政管理部门进行审查，对不符合规划要求的初步设计提出修改意见，发出修改工程图纸通知书，修改后重新申报。

5）经审查合格的建设工程，建设单位在取件日期内在规划管理单位领取建设工程规划许可证。

6）办理建设工程规划许可证要经过建设单位申请和规划行政管理部门审查批准。

建设工程规划许可证还包括建设工程规划许可证附图与附件。附图与附件由发证机关确定，与建设工程规划许可证具有同等的法律效力。

2.5.2 建设工程施工许可证申请表

建设工程开工实行许可证制度，建设单位应在工程开工前，按国家的有关规定向工程所在地县以上人民政府建设行政主管部门办理施工许可证。以当地建设行政主管部门颁发的施工许可证归档。

2.5.3 建设工程施工许可证

建设工程施工许可证是指建设行政主管部门颁发的《中华人民共和国建筑工程施工许可证》。

建设单位准备好应当提供的各种文件材料后，到建设行政主管部门办理建设工程施工许可证。建设行政主管部门应当自收到申请之日起十五日内，对符合条件的申请者发给施工许可证。

课题6 工程质量监督手续

工程质量监督手续由建设单位在领取施工许可证前，向当地建设行政主管部门委托的工程质量监督部门申报监督备案登记。

2.6.1 建设工程质量监督报监备案登记表

建设单位应在开工前到相应的建设工程质量监督部门办理工程质量监督注册手续。办理工程质量监督注册手续时，建设单位应提供下列文件资料：

1）《工程规划许可证》及《工程开工审查表》。

2）勘察、设计单位资质等级证书和工程勘察设计文件。

3）施工图审查批准书。

4）监理单位资质登记证书以及《工程监理通知书》。

5）外埠进京施工企业承包工程施工证。

6）中标通知书和建设单位与施工企业签订的施工合同。

建设单位在提交上述文件后，方可办理监理注册登记并填写《建设工程质量监督注册登记表》，由监督注册部门审查符合要求后，当即办理监督注册手续，指定监督机构并发出《质量监督通知书》，然后在《建设工程开工审查表》及《建设工程质量注册登记表》的规定栏目内加盖监督机构专用章。

2.6.2 见证取样和送检见证人授权书

为了加强建设工程质量管理和监督，每个单位工程必须有 1～2 名取样和送检见证人，见证人由施工现场监理人员或由建设单位委派具有一定试验知识的专业技术人员担任。

建设单位根据建设工程质量监督的有关规定，向工程质量监督机构办理见证取样和送检见证人授权备案书，一式四份，质量监督机构、质量检测试验室、施工单位、见证人各一份。

见证人和送检单位对送检试验样品的真实性和代表性负法定责任。工程竣工后备案书存入工程档案。

课题 7 财 务 文 件

财务文件包括工程投资估算、工程设计概算、施工图预算、工程决算等方面的资料。

2.7.1 工程投资估算资料

投资决策阶段，由建设单位委托工程设计单位、勘察设计单位编制的工程投资估算资料，它包括从工程筹建到竣工验收、交付使用所需的全部费用。依此文件直接存档。

2.7.2 工程设计概算书

初步设计阶段，由建设单位委托设计单位，根据初步设计规定的总体布置及单项工程的主要建筑结构和设备清单编制的工程设计概算书，经批准后的概算是确定建设项目总造价、编制投资计划、签订贷款合同、考核工程经济合理性的依据。该文件直接存档。

2.7.3 工程施工图预算书

工程招标投标阶段，根据施工图设计确定的工程量编制工程施工图预算书。招标单位编制的施工图预算是确定标底的依据，投标单位编制的施工图预算是确定报价的依据，标底、报价是评标、决标的重要依据。施工图预算经审核后，是确定工程概算造价、签订工程承包合同的依据。该文件直接存档。

2.7.4　工程决算书

工程决算书是建设单位按照国家有关规定编制的竣工决算报告。

工程决算是建筑安装企业完成工程任务后向建设单位办理的工程款最终数额的计算。对于包干范围以外的设计变更，国家规定的材料、设备价格调整，不可抗力的灾害损失等，在工程竣工结算时根据双方签订的资料据实结算价款。

单元小结

- 工程准备阶段资料
  - 决策立项阶段文件
    - 项目建议书
    - 可行性研究报告及附件
  - 建设用地、征地、拆迁文件资料
    - 工程项目选址申请及选址规划意见通知书
    - 建设用地规划许可证及附件
    - 用地申请及批准书
    - 工程建设项目报建资料
  - 勘察、测绘、设计文件资料
    - 工程地质勘察报告
    - 地形测量和拨地测量报告
    - 规划设计条件通知书
  - 招投标文件
    - 勘察设计招投标文件
    - 勘察设计承包合同
    - 施工招投标文件
    - 施工承包合同
    - 监理招投标文件
    - 建设工程委托监理合同
  - 开工审批文件
    - 建设工程规划许可证及附件
    - 建设工程施工许可证申请表
    - 建设工程施工许可证
  - 工程质量监督手续
    - 建设工程质量监督报监备案登记表
    - 见证取样和送检见证人授权书
  - 财务文件
    - 工程投资估算资料
    - 工程设计概算书
    - 工程施工图预算书

同步测试

一、单项选择题

1．工程准备阶段资料是指在工程开工（　　），在立项、审批、征地、勘察、测绘、设计、招投标等工程准备阶段形成的文件。

A．以后　　B．进行时　　C．以前　　D．随时

2．项目建议书是（　　）向国家提出申请建设某一工程项目的建议文件。

A．建设单位　　B．设计单位　　C．监理单位　　D．施工单位

3．经审查符合要求的项目建议书应报请有关部门审批，大中型基本建设项目、限额以上更新改造项目，委托有资格的工程咨询、设计单位初评后，经省级主管部门初审后，报(　　)审批。

A．国务院　　B．国家发改委

C．市政府　　D．省政府

4．可行性研究报告是由（　　）委托有资质的工程咨询单位根据可行性成果编制的综合报告。

A．建设单位　　B．设计单位　　C．监理单位　　D．施工单位

5．建设用地规划许可证是由（　　）和个人提出建设用地申请，城市规划行政主管部门根据规划和建设项目的用地需要，确定建设用地位置、面积、界线的法定凭证。

A．建设单位　　B．设计单位　　C．监理单位　　D．施工单位

6．凡在我国境内投资兴建的工程建设项目，包括外资、合资的工程建设项目，都必须实行（　　），接受当地建设行政主管部门或其授权机构的监督管理。

A．申请制度　　B．报建制度　　C．申报制度　　D．批准制度

7．工程地质勘察报告是指建设单位委托（　　）按批准的建设用地规划界线勘察的工程地质勘察技术文件。

A．行政单位　　B．勘察设计单位　　C．监理单位　　D．施工单位

8．建设工程施工招投标程序分为三个阶段，即招标准备阶段、招投标阶段和（　　）。

A．唱标阶段　　B．决标阶段　　C．中标阶段　　D．议标阶段

9．建设工程施工合同是建设单位（招标单位）与（　　）根据有关法律、法规签订的工程施工合同。

A．建设单位　　B．设计单位　　C．监理单位　　D．施工单位

10．为了加强建设工程质量管理和监督，每个单位工程必须有（　　）名取样和送检见证人，见证人由施工现场监理人员或由建设单位委派具有一定试验知识的专业技术人员担任。

A．1～2　　B．3～4　　C．3　　D．任意

二、简答题

1．建设项目可行性研究报告的主要内容有哪几个方面?

2．试述建设工程施工招投标程序的几个阶段及其具体内容。

3．试述建设工程规划许可证的申报程序。

单元 3

监理资料整理

知识目标

- 了解监理工作内容。
- 理解监理管理、进度控制、投资控制文件资料。
- 掌握质量控制中各种表格的使用和资料整理。

能力目标

通过本单元的教学，使学生初步具有监理进度控制、质量控制、投资控制的资料整理的技能，逐步培养学生对监理资料整理的能力。

课题 1　监理管理资料

监理资料是由监理单位在监理工作过程中形成的工程资料，包括各方往来函件、会议纪要、试验检测资料、项目监理机构的有关工作制度、监理工程师通知、工程抽查资料、质量验收资料、计量及支付资料、索赔及工程变更资料等。除了其自身监理的日常管理资料外，多数是通过审查、认可施工单位的有关文件资料而形成的文件。

监理工程资料的作用是证明监理工作到位的程度和工作的有效性，是对工程质量、工期、合同等达到规范、合同规定要求情况和控制有效性的记录。监理工程资料在《建设工程监理规范》、《建设工程文件归档整理规范》中都提出了要求，各地都有具体要求。

3.1.1　监理大纲

监理大纲又称监理方案，它是监理单位在建设单位开始委托监理工作的过程中，特别是在建设单位监理招标过程中，为承揽监理工程而编写的监理方案性文件。

1．监理大纲的作用

1）监理大纲是监理单位在确定对工程项目的投标意向后，由监理单位的经营部门和技术管理部门编制的，它表达了对工程项目监理的总体构思，向招标人显示对投标工程的理解，对该工程监理的重点及难点进行分析，具有先进性、可行性、针对性，可供招标人或评标专家审查和评价，以达到中标的目的。

2）中标后，为项目监理机构编制监理规划、开展监理工作提供依据。

2．监理大纲的编制依据

1）建设单位提供的招标文件、设计资料。

2）建设单位介绍的及现场踏勘了解到的与本工程有关的资料。

3）《建设工程监理规范》（GB 50319—2000）。

4）国家现行的有关工程监理的法律、法规、规定等。

5）国家现行的有关工程技术规范、标准、规程、规定等。

6）其他有关资料。

3．监理大纲的主要内容

监理大纲的内容应根据建设单位发布的招标文件的要求和建设单位介绍的及现场踏勘了解到的与本工程有关的资料而编制。一般来说，应包括以下主要内容。

1）监理单位拟派往项目上的主要监理人员，并对他们的资质情况进行介绍。

2）监理单位应根据业主所提供的和自己初步掌握的工程信息，制订准备采用的监理方案（监理组织方案、各目标控制方案、合同管理方案、组织协调方案等）和监理措施。

3）明确说明将提供给业主的、反映监理阶段性成果的文件。

3.1.2 监理规划

监理规划是监理委托合同签订后，由总监理工程师主持制订的，经监理单位技术负责人批准的，用来指导项目监理机构全面开展工作的指导性文件。监理规划的编制应针对项目的实际情况，明确项目监理机构的工作目标，确定具体的监理工作制度、程序、方法和措施，并应具有可操作性。

1．监理规划的编制依据

1）监理大纲。

2）建设工程的相关法律、法规及项目审批文件。

3）与建设工程项目有关的标准、设计文件、技术资料。

4）委托监理合同文件以及与建设工程项目相关的合同文件。

2．监理规划应包括的主要内容

1）工程项目概况。

2）监理工作范围。

3）监理工作内容。

4）监理工作目标。

5）监理工作依据。

6）项目监理机构的组织形式。

7）项目监理机构的人员配备计划。

8）项目监理机构的人员岗位职责。

9）监理工作程序。

10）监理工作方法及措施。

11）旁站监理方案。

12）监理工作制度。

13）监理设施。

3. 监理规划的编写要求

1）监理规划的基本构成内容应当力求统一。

2）监理规划的具体内容应具有针对性。

3）监理规划应当遵循建设工程的运行规律。

4）监理规划应当在项目总监理工程师主持下编写制订。

5）监理规划一般要按工程实施的阶段来分阶段编写。

6）监理规划各项内容的表达方式应当格式化、标准化。

7）监理规划编写完成后应经监理单位技术负责人审核签认。

4. 监理规划的调整

在监理工作实施过程中，如实际情况或条件发生重大变化而需要调整监理规划时，应由总监理工程师组织专业监理工程师研究修改，按原报审程序经过批准后报建设单位。

3.1.3　监理实施细则

监理实施细则是根据监理规划，在落实了各专业监理工程师的责任后，由专业监理工程师针对具体情况编写的更具有实施性和可操作性的业务文件，并经总监理工程师批准。它起到具体指导监理业务的作用。

对中型及以上或专业性较强的工程项目，项目监理机构应编制监理实施细则。监理实施细则应符合监理规划的要求，并应结合工程项目的专业特点，做到详细具体、具有可操作性。

1. 监理实施细则的编制应符合有关程序与依据

1）监理实施细则应在相应工程施工开始前编制完成，并必须经总监理工程师批准。

2）监理实施细则应由专业监理工程师编制。

3）编制监理实施细则的依据：已批准的监理规划；与专业工程相关的标准、设计文件和技术资料；施工组织设计。

2. 监理实施细则应包括的主要内容

1）专业工程的特点。

2）监理工作的流程。

3）监理工作的控制要点及目标值。

4）监理工作的方法及措施。

3. 施工阶段实施细则的主要内容

1）质量控制实施细则：适用范围、编制依据（检验标准、施工规范、交工文件规定等）、控制程序、监理要点（控制点设置及预控措施）、资料管理、有关附录。

2）进度控制实施细则：施工组织设计及工程进度计划审查、计划衔接（出图计划、供应计划、人员计划）、控制节点、控制措施、月度计划、协调会议等。

3）投资控制实施细则：工程款支付、合同外费用增加、合同变更、索赔处理。

监理实施细则的内容概括起来可以是专业工程特点、监理工作流程、监理工作的控制要点及目标值、监理工作的方法及措施。在监理工作实践过程中，监理细则要根据实际情况进行补充、修改和完善。

3.1.4 监理会议纪要

在施工阶段，按委托合同承担的监理工作范围，由项目监理机构主持或由建设单位主持而委托监理进行记录的有关工程建设的会议，都应根据会议记录形成会议纪要，主要有：工程开工前建设单位主持召开的第一次工地会议，施工过程中总监理工程师定期主持召开的工地例会及其他会议等。会议纪要表格式样见表 3-1。

（1）第一次工地会议会议纪要　第一次工地会议纪要应由项目监理机构负责起草，并经与会各方代表会签。第一次工地会议包括的主要内容：

1）建设单位、施工单位和监理单位分别介绍各自驻现场的组织机构、人员及其分工。

2）建设单位根据委托监理合同宣布对总监理工程师的授权。

3）建设单位介绍工程开工准备情况。

4）施工单位介绍施工准备情况。

5）建设单位和总监理工程师对施工准备情况提出意见和要求。

6）总监理工程师介绍监理规划的主要内容。

7）研究确定各方在施工过程中参加工地例会的主要人员，召开工地例会的周期、地点及主要议题。

（2）工地例会会议纪要　在施工过程中，总监理工程师应定期主持召开工地例会。会议纪要应由项目监理机构负责起草，并经与会各方代表会签。工地例会会议纪要包括的主要内容：

1）检查上次例会议定事项的落实情况，分析未完事项的原因。

2）检查分析工程项目进度计划完成情况，提出下一阶段进度目标及其落实措施。

3）检查分析工程项目质量状况，针对存在的质量问题提出改进措施。

4）检查工程量核定及工程款支付情况。

5）解决需要协调的有关事项。

6）其他有关事宜。

表 3-1　会议纪要

工程名称：　　　　　　　　　　　　　　　　　　编号：

会 议 名 称		主　持　人	
参加单位及人员			
会议地点		会议时间	
会议主要议题： 会议纪要： 附件： 1．会议签到表 2．附图			

注：本表由监理机构记录，必要时与会单位签名后，有关单位各存一份。

3.1.5 监理工作联系单

监理工作联系单（表 3-2）是监理单位在施工过程中，与有关各方的工作联系用表，是进行工作联系的主要手段。项目监理机构在监理工作中进行一般工作洽商、协调联络有关问题时，使用监理工作联系单，可将有关方面的意见、决定、通知、要求等进行传递，传递的结果可以是要求正式回复和研究的问题，也可以是告知式的，不必回复。这些都是监理工作的见证文件。

另外，还有工程变更单。当有些工程施工过程中，施工单位或其他单位提出工程变更时，需要由监理单位来协调或审批的，使用工程变更单。项目监理机构的总监理工程师应征求有关单位的意见后，答复提出单位。此表只是一个联系表，如需要变更时，由设计单位出具正式的设计变更文件及附图等。

表 3-2　监理工作联系单

工程名称：　　　　　　　　　　　　　　　　编号：

致：________________ 事由： 内容：   项目监理机构： 负责人： 年　　月　　日

注：本表由监理机构填写，有关单位各存一份。

3.1.6　监理工作通知单

监理在工作中，当发现被监理单位有不符合工程设计文件、工程技术规范标准及合同要求的情况或苗头，还没有造成质量问题时，或有些应引起注意的事项，用口头提醒的方式还不足以引起重视的，可用监理工程师通知单的形式通知对方。其表格式样见表 3-3。这种通知单虽不是停工令，但也是一种警告形式的监理方式，在监理月报中要有所反映，是监理工作的成效之一。监理工程师通知单应将提出问题的事由及内容写具体，必要时可提出改进的要求。其主要内容应是监理工作范围之内的事，包括总监理工程师、专业监理工程师、监理员在监理工作过程中，发现被监理单位存在的有关问题。其具体内容主要有：

1．总监理工程师在履行职责中发现被监理单位存在的不足

1）审查分包单位的资质。

2）审定施工单位提交的开工报告、施工组织设计、技术方案、进度计划。

3）审核签署施工单位的申请、支付证书和竣工结算。

4）审查和处理工程变更。

5）主持或参与工程质量事故的调查。

6）调解建设单位与施工单位的合同争议、处理索赔、审批工程延期。

7）审核分部工程和单位工程的质量检验评定资料，审查施工单位的竣工申请，组织监理人员对验收的工程项目进行质量检查，参与工程项目的竣工验收。

2. 专业监理工程师在履行职责中发现被监理单位存在的不足

1）审查施工单位提交的涉及本专业的计划、方案、申请、变更。

2）本专业分项工程验收及隐蔽工程验收。

3）检查进场材料、设备、构配件的原始凭证、检测报告等质量证明文件及其质量情况。根据实际情况，有必要时对进场材料、设备、构配件进行平行检验。

4）本专业的工程计量工作，审核工程计量的数据和原始凭证。

3. 监理员在履行职责中发现被监理单位存在的不足

1）检查施工单位投入工程项目的人力、材料、主要设备及其使用、运行状况。

2）复核或从施工现场直接获取工程计量的有关数据并签署原始凭证。

3）按设计图及有关标准，对施工单位的工艺过程或施工工序进行检查和记录，对加工制作及工序施工质量检查结果进行记录。

4）旁站监理发现的问题。

表 3-3 监理工程师通知单

工程名称： 编号：

致： 事由： 内容：   总/专业监理工程师： 年 月 日

注：本表由项目监理机构填写，交被通知单位，并抄送有关单位。

3.1.7 监理日志

监理日志以项目监理机构每日的监理工作为记载对象，包括与监理工作有关的施工、气象等情况。监理日志可单独成册，每册封面应标明工程名称、册号、记录时间段及建设、设计、施工、监理单位名称，并由总监理工程师签字。监理人员应及时填写监理日志并签字，不得补记，不得隔页或扯页，应保持其原始记录。监理日志表式见表 3-4。

监理日志应记载当天下列监理工作内容和有关事项：

1）施工人数、作业内容及部位。

2）使用的主要施工设备、材料。

3）施工过程巡视检查和旁站监理、见证取样情况。

4）施工测量放线、工程报验情况及验收结果。

5）材料、设备、构配件、半成品和主要施工机械设备进出场情况及进场验收结果。

6）施工单位资料报审及审查结果。

7）施工图交接、工程变更的有关事项。

8）所发监理通知（书面或口头）的主要内容及签发、接收人。

9）建设单位、施工单位提出的有关事宜及处理意见。

10）工地会议议定的有关事项及协调确定的有关问题。

11）工程质量事故（问题）及处理方案。

12）异常事件（可能引发索赔的事件）及对施工的影响情况。

13）设计人员到工地及处理、交待的有关事宜。

14）质量监督人员、有关领导来工地检查、指导工作情况及有关指示。

15）其他重要事项。

表 3-4 监理日志

年　月　日 星期　气温最高　℃ 低　℃　　天气 上午（晴、阴、雨、雪） 下午（晴、阴、雨、雪） 晚上（晴、阴、雨、雪）

工程名称	
监理人员动态：	
施工情况及存在问题：	
监理工作内容及问题处理情况：	
其他：	
监理人员	

3.1.8 旁站监理记录

旁站监理是指监理人员在房屋建筑工程施工阶段，对关键部位、关键工序的施工质量实施全过程现场跟班的监督活动。旁站监理记录表式见表 3-5。

1）旁站监理的关键部位、关键工序，基础工程包括：土方回填、混凝土灌注桩浇筑、地下连续墙、土钉墙、后浇带及其他结构混凝土、防水混凝土浇筑、卷材防水细部构造处理、钢结构安装；主体结构工程包括：梁柱节点钢筋隐蔽过程、混凝土浇筑、预应力张拉、装配式结构安装、钢结构安装、网架结构安装、索膜安装。

2）旁站监理在总监理工程师的指导下，由现场监理人员负责具体实施，旁站监理人员按照旁站方案实施旁站监理。凡没有实施旁站监理或者没有旁站监理记录的，专业监理工程师或总监理工程师不得在相应文件上签字。

3）旁站监理人员应检查记录：

①“施工情况”一栏应记录施工作业内容、主要施工机械、材料、人员和完成的工程数量等。

②“监理情况”一栏应记录：施工单位现场质检人员到岗情况；特殊工种人员持证上岗以及施工机械、建筑材料准备情况；关键部位、关键工序的施工执行施工方案以及工程建设强制性标准情况；核查进场建筑材料、建筑构配件、设备和商品混凝土的质量检验报告和复验报告等。

③ 当有处理意见时，必须由总监理工程师或专业监理工程师签字。

表 3-5 旁站监理记录

工程名称：　　　　　　　　　　　　　　　　　　　　编号：

<table>
<tr><td colspan="2">年　月　日　星期　　　　气温最 高　℃ / 低　℃　　　　晴、阴、雨、雪</td></tr>
<tr><td colspan="2">旁站监理的部位或工序：</td></tr>
<tr><td>旁站监理开始时间：日　时　分</td><td>旁站监理结束时间：日　时　分</td></tr>
<tr><td colspan="2">施工情况：</td></tr>
<tr><td colspan="2">监理情况：</td></tr>
<tr><td colspan="2">发现问题：</td></tr>
<tr><td colspan="2">处理意见：</td></tr>
<tr><td colspan="2">备　注：</td></tr>
<tr><td>质检员：
年　月　日</td><td>旁站监理人员：
年　月　日</td></tr>
</table>

注：本表由监理机构填写，与质检员双方签字后监理单位保存。

3.1.9 监理月报

监理月报是监理工作中的一项重要的日常工作，是监理工作的阶段小结，是工程进度计划、工程质量、技术管理、合同执行情况的定时检查和报告，也是监理规划和实施细则落实情况的检查，是表明监理工作有效性，展示监理工作规范性的手段。建设单位可通过监理月报来掌握整个工程的进展情况，并通过监理月报来验证监理的工作力度。监理单位必须把监理月报工作做好，按期编写，上下期紧密连接，体现工作的连续性、计划性及严密性。在编写时应按规定的内容抓住重点，有过程、有结果，简明扼要。除了规定的内容外，如果有特殊的情况也应单独说明。

按建设监理规范的规定，施工阶段的监理月报应包括的主要内容有：

1）本月工程概况。

2）本月工程形象进度：本月实际完成情况与计划进度比较；对进度完成情况及采取措施效果的分析。

3）工程质量：本月工程质量情况分析；本月采取的工程质量措施及效果。

4）工程计量与工程款支付：工程量审核情况；工程款审批情况及月支付情况；工程款支付情况分析；本月采取的措施及效果。

5）合同其他事项的处理情况：工程变更；工程延期；费用索赔。

6）本月监理工作小结：对本月进度、质量、工程款支付等方面情况的综合评价；本月监理工作情况；有关本工程的意见和建议。

7）下月监理工作计划：监理工作的主要内容；监理工作的重点。

监理月报应由总监理工程师组织编制，批准签字盖项目监理机构公章，注明日期后报建设单位和本监理单位，有必要时可抄送施工单位、当地工程质量监督机构。监理月报的主要作用是便于建设单位、监理单位、施工单位及监督机构了解工程进展状况和监理工作情况。监理月报表式见表 3-6。

表 3-6　监理月报

工 程 名 称		建 设 单 位	
设 计 单 位		施 工 单 位	
本月工程概况			
本月工程形象进度完成情况			
工程质量情况			
工程签证情况			
合同其他事项处理情况			
本月监理工作小结			
下月监理工作计划			

每月 5 日前由监理单位形成上月的监理月报。监理月报除监理单位自留外，应报送建设单位、施工单位、当地政府质量监督部门各一份，抄报当地政府质量监督部门的监理月报可以是只涉及工程质量情况的部分。

3.1.10　工程质量评估报告

工程质量评估报告是监理工作的重要成果资料，是工程竣工预验收合格后，由项目总监理工程师向建设单位提交的。工程质量评估报告包括工程概况、施工单位基本情况、主要采取的施工方法、工程地基基础和主体结构的质量状况、施工中发生过的质量事故和主要质量问题、原因分析和处理结果以及对工程质量的综合评估意见。评估报告应由项目总监理工程师及监理单位技术负责人签认，并加盖公章。报告的主要结论是对工程质量是否符合设计和规范要求及对总体质量水平做出评价。评价要以设计文件和质量验收规范为依据，作出客观的评价。通常情况下，监理单位的工程质量评价意见就是建设单位组织的正式竣工验收的工程质量评价。

工程质量评估报告的主要内容：

1）工程概况。

2）对施工现场质量管理体系、质量管理行为检查情况评述。

3）质量控制资料验收情况。

4）检验批、分项、分部（子分部）、单位（子单位）工程施工质量验收情况。

5）分部（子分部）、单位（子单位）工程有关安全和功能检测验收情况及检测资料的完整性核查情况。

6）观感质量验收情况。

7）施工过程中质量问题（事故）及处理结果。

8）工程施工质量验收意见。

3.1.11 监理专题报告

监理专题报告是在施工过程中，项目监理机构就某项工作、某一问题、某一任务或某一事件向建设单位所作的报告。施工过程中的合同争议、违约处理等可采用监理专题报告，并附有关记录。

监理专题报告应用标题清楚地表现问题的性质，主要内容应详尽地阐述发生问题的情况、原因分析、处理结果和建议，由报告人、总监理工程师签字，并加盖项目监理机构公章。

3.1.12 监理工作总结

在工程竣工阶段，项目监理机构的监理工作也接近收尾，其主要工作是组织好竣工工程的预验收，编写工程质量评估报告，协助建设单位组织好竣工验收工作。项目监理机构要进行监理工作总结，整理归档有关资料，进行工程监理档案移交。

监理工作总结报告是对一项监理工程项目整个监理工作的总结，包括专题总结、阶段工作总结及工作结束的总结，这里主要介绍工作结束的总结，其对改进和提高监理工作有重要作用。

监理规范规定监理工作总结报告应包括以下主要内容：

1）工程概况。

2）监理组织机构、监理人员和投入的监理设施。

3）监理合同履行情况。

① 目标控制情况：工程质量目标控制情况；工程进度目标控制情况；工程投资目标控制情况。

② 委托监理合同纠纷的处理情况。

4）监理工作成效。

① 目标完成情况：工程质量目标完成情况；工程进度目标完成情况；工程投资目标完成情况。

② 合理化建议产生的实际效果情况。

5）施工过程中出现的问题及其处理情况和建议。

6）工程照片（有必要时）。

监理工作结束时，监理单位应向建设单位提交监理工作总结。这是反映监理单位工作程序及工作水平的重要资料，要比工程质量评估报告更全面、更具体一些。

在编写监理工作总结时，除了规定的内容要逐项认真填写外，总结报告还应对监理大纲、监理规划和监理细则的实施情况，工程质量情况，主要监理措施执行情况的有效性，一些成功做法和经验，不足之处及教训等进行全面总结。

监理工作报告由总监理工程师主持编写，并批准。工程名称、建设单位、施工单位、设计单位的名称应与相应合同上的名称一致，填写全称。总监理工程师、项目监理机构应与项目监理机构组建报告的名称一致，项目监理机构加盖公章。监理工作报告的内容主要按上述 6 个方面总结，有特殊情况的也应写出特色，但报告内容应客观真实、简明扼要、重点突出。

课题 2　进度控制资料

3.2.1　工程进度控制的主要任务

（1）审批　审批承包单位编制的总进度计划和各阶段进度计划，满足工程实际与合同要求。

（2）实施　根据监理工程师批准的计划，承包单位组织实施。

（3）检查　在计划执行过程中，检查实际工程进展情况，并与原定计划进行比较，分析两者出现偏离的原因。

（4）处理　研究纠错的对策和措施，承包单位修改和调整计划，进入下一个工作循环，直到工程竣工为止。

3.2.2　工程开工报审表

工程开工报审表是施工单位在正式施工前，施工的准备工作完成后，自行检查达到开工条件时，填写的请项目监理机构核查签发开工指令的专用报审表。工程开工报审表样式见表 3-7。整个项目如一次开工，只填报一次；如工程项目中含有多个单位工程且开工时间不同，则每个单位工程都应填报一次。

表 3-7　工程开工报审表

工程名称：　　　　　　　　　　　　　　　　编号：

致：________________（监理机构） 我方承担的________________工程，已完成了以下各项工作，具备了开工条件，特此申请施工，请核查并签发开工指令。 1．施工许可证。 2．施工组织设计已审查，现场管理人员已到位，专职管理人员和特种作业人员已取得资格证、上岗证。 3．施工测量放线。 4．施工现场质量管理检查记录已经检查认可。 5．进场道路及水、电、通信等已满足开工要求。 6．质量、安全、技术管理制度已建立，组织机构已落实。 附件：1．开工报告。 　　　2．相关证明材料。 项目经理： 年　月　日
项目监理机构意见： 总监理工程师： 年　月　日

注：本表由施工单位填报，经项目监理机构审查签认后，建设单位、监理单位、施工单位各存一份。

3.2.3 施工进度计划（调整计划）报审表

施工进度计划报审表是由承包单位根据已批准的施工总进度计划，按承包合同约定或监理工程师的要求编制的施工进度计划，报项目监理部审查、确认和批准时填写的报审表，其表格样式见表 3-8。

对施工进度计划，监理工程师主要审核其与所批准的总进度计划的开工、完工时间是否一致；主要工程内容是否有遗漏，各项施工计划之间是否协调；施工顺序的安排是否符合施工工艺要求；材料、设备、施工机械、劳动力、水电等生产要素供应能否保证进度计划的需要，供应是否均衡；对建设单位提供的施工条件的要求是否准确、合理。

表 3-8　施工进度计划报审表

工程名称：　　　　　　　　　　　　　　　　　　　　编号：

致：______________________（监理机构） 现呈报_____施工总进度计划/_____年度施工进度计划/_____季度施工进度计划/_____月施工进度计划，请予以审查和批准。 附件： 项目经理： 年　月　日
项目监理机构审查意见： 专业/总监理工程师： 年　月　日

注：本表由施工单位填写，经项目监理机构审查签认后，建设单位、监理单位、施工单位各存一份。

3.2.4 工程暂停令

当监理单位在监理过程中发现的问题比较严重时，只签发不合格项处置记录表还不够时，不采取紧急措施，可能会对工程的施工或工程质量造成更大的危害时，可发出“工程暂停令”，通知施工单位对必要的工程部位（工序）暂停施工，进行整改。其整改内容、要求按“不合格项处置记录表”的做法进行填写，对工程暂停造成的工期、费用要妥善解决，原则上由造成问题的责任方来承担，否则由建设单位承担。工程暂停令的表式见表 3-9。

此停工令的项目内容整改完成，施工单位应自行按控制措施等进行检查，符合要求后，填写报验单，报项目监理机构验收，未经验收合格不得复工。

表 3-9　工程暂停令

工程名称：　　　　　　　　　　　　　　　　　　　　编号：

致：______________________（施工单位） 由于______________________________原因，现通知你方必须于_____年_____月_____日_____时起，对本工程的______________________________部位（工序）实施暂停施工，并按下述要求做好各项工作： 总监理工程师： 年　月　日

注：本表由监理机构填写，建设单位、监理单位、施工单位各存一份。

课题 3 质量控制资料

质量控制的目的是设定质量目标并控制质量目标实现，从而提高工程项目的投资收益、社会效益和环境效益。因此，工程质量控制的任务就是根据合同规定的工程建设各阶段的质量目标，对工程建设全过程实行监督与管理。

监理工程质量控制资料的管理内容包括施工报验资料、监理抽查资料和监理质量控制工作记录资料。

3.3.1 施工组织设计（方案）报审表

施工组织设计（方案）报审表是施工总承包单位根据工程项目特点及建设单位的施工要求，编制施工组织设计，经过施工单位技术负责人审查批准后，由项目经理填写，报项目监理机构审查认可时使用的报审表，其表式见表 3-10。未经项目监理机构审核批准的，该项工程不得施工。

专业监理工程师应对施工组织设计、施工方案内容的完整性、符合性、适用性、合理性、可操作性及实现目标的保证措施等提出审查意见，经总监理工程师审核、签认后，报建设单位。审查不合格的，监理工程师应提出修改完善的审查意见，修改后重新报审。

表 3-10 施工组织设计（方案）报审表

工程名称： 编号：

致：________________（监理机构） 我方已根据施工合同要求及有关技术标准规定完成了工程施工组织设计（方案）的编制，并经我单位上级技术负责人审查批准，请予以审查。 附：施工组织设计（方案） 项目经理： 年 月 日
项目监理机构审查意见： 专业/总监理工程师： 年 月 日

注：本表由施工单位填写，监理机构签认后交施工单位保存。

3.3.2 施工测量放线报验单

施工测量放线报验单见表 3-11。施工单位完成施工测量放线，自检合格后报监理机构复核确认；监理机构接到报验后，应及时安排组织人员进行验线，核对资料及放线成果（施工测量放线的专职人员及测量设备应已经过项目监理机构确认）；符合要求的签署“查验合格”，如不符合要求则签署“纠正差错后再报”，并应简要指出不符合之处。

表 3-11　施工测量放线报验单

工程名称：　　　　　　　　　　　　　　　　　　　　　　编号：

<table>
<tr><td colspan="3">致：________________（监理机构）
我单位已完成了________________（工程或部位）的放线工作，经自检合格，清单如下，请予以查验。

附件：测量放线依据及放线成果</td></tr>
<tr><td>工程或部位名称</td><td>放 线 内 容</td><td>备　注</td></tr>
<tr><td></td><td></td><td></td></tr>
<tr><td></td><td></td><td></td></tr>
<tr><td></td><td></td><td></td></tr>
<tr><td></td><td></td><td></td></tr>
<tr><td colspan="3">项目技术负责人：
年　月　日</td></tr>
<tr><td colspan="3">项目监理机构意见：

专业监理工程师：
年　月　日</td></tr>
</table>

注：本表由施工单位填报，经项目监理机构审查签认后，建设单位、监理单位、施工单位各存一份。

3.3.3　工程材料/构配件/设备报审表

承包单位对拟进场的主要工程材料、构配件、设备，在自检、复验、测试合格后报项目监理机构进行进场验收，应将出厂质量证明文件及复验、测试结果原件作为附件上报，审核完后，原件应归还施工单位存档。其报审表样式见表 3-12。

专业监理工程师应对所报资料进行审查，与进场实物核对，进行观感质量验收，未经验收或验收不合格的，应拒绝签认，并应限期将不合格的工程材料、构配件、设备撤出现场。

工程材料/构配件/设备报审表必须按单位工程分开报验，并应有时限要求。

表 3-12　工程材料/构配件/设备报审表

工程名称：　　　　　　　　　　　　　　　　　　　　　　编号：

<table>
<tr><td>致：________________（监理机构）
我方于_____年_____月_____日进场的工程材料、构件、设备数量如下（见附件）。
现将质量证明文件及自检结果报上，拟用于下述部位：________________，请予以审查。

附件：1. 数量清单
2. 质量证明文件
3. 进场验收表

项目经理：
年　月　日</td></tr>
<tr><td>项目监理机构审查意见：
经检查上述工程材料、构配件、设备，符合/不符合设计文件和规范的要求，准许/不准许进场，同意/不同意使用于拟定部位。

专业/总监理工程师：
年　月　日</td></tr>
</table>

注：本表由施工单位填报，经项目监理机构审查签认后，建设单位、监理单位、施工单位各存一份。

3.3.4　工程报验表

承包单位按约定的验收单元施工完毕、自检合格后，应报项目监理机构检查验收，其报验表见表 3-13。

工程报验包括施工放样、隐蔽工程、检验批、分项工程、分部工程等的报验。分部（子分部）工程由总监理工程师签署意见，隐蔽工程、检验批、分项工程由专业监理工程师签署意见。

报验时按实际完成的工程名称、部位填写，并附以下材料：

1）工程质量验收记录表。

2）工程质量控制资料。

3）安全和功能检验（检测）报告。

4）观感质量检查记录。

5）隐蔽工程验收记录。

6）施工放样成果。

表 3-13　＿＿＿＿＿＿＿＿工程报验表

工程名称：　　　　　　　　　　　　　　　　编号：

致：＿＿＿＿＿＿＿＿＿＿（监理机构） 我单位已完成了＿＿＿＿＿＿＿＿工程，按设计文件及有关规范进行了自检评定，质量合格，请予以审查和验收。 附件： 1．＿＿＿＿＿＿质量验收记录 2．工程质量控制资料 3．安全和功能检验（检测）报告 4．观感质量检查记录 5．隐蔽工程验收记录 6．施工记录 项目技术负责人（项目经理）： 年　月　日
项目监理机构意见： 专业/总监理工程师： 年　月　日

注：本表由施工单位填报，经项目监理机构审查签认后，建设单位、监理单位、施工单位各存一份。

3.3.5　工程竣工预验收报验表

单位（子单位）工程承包单位自检符合竣工条件后，填写工程竣工预验收报验表（表 3-14），并附相应的竣工资料：单位（子单位）工程质量竣工验收记录、单位（子单位）工程质量控制资料核查记录、单位（子单位）工程安全和功能检验资料核查及主要功能抽查记录、单位（子单位）工程观感质量抽查记录。以上资料报项目监理机构，提出工程竣工验收，总监理工程师组织项目监理人员，根据有关规定与施工单位共同对工程进行检查验收。工程预验收合格后，总监理工程师签署工程竣工预验收报验表，及时报告建设单位并编写工程质量监理评估报告。

表 3-14 工程竣工预验收报验表

工程名称：　　　　　　　　　　　　　　　　　　　　　编号：

致：________________（监理机构） 我方按合同要求完成了__________________________工程，经自检评定合格，请予以检查和验收。 附件： 项目经理： 年　月　日
项目监理机构意见： 总监理工程师： 年　月　日

注：本表由施工单位填写，经项目监理机构审查签认后，建设单位、监理单位、施工单位各存一份。

3.3.6 工程质量事故报告单

工程质量事故按其严重程度，分为一般质量事故和重大质量事故。发生质量事故后，重大质量事故应在事故发生 24 小时内写出书面报告，逐级上报；一般质量事故可按各单位的规定，每月汇总上报。

工程质量事故报告应由施工单位技术负责人、专业技术负责人、项目经理共同签字并加盖施工单位公章。工程质量事故报告单见表 3-15。

表 3-15 工程质量事故报告单

工程名称：　　　　　　　　　　　　　　　　　　　　　编号：

致：________________（监理机构） _____年_____月_____日_____时，在________________（部位）发生________________的工程质量事故，现报告如下： 1. 原因：（初步调查结果及现场情况报告） 2. 性质或类型： 3. 造成损失： 4. 应急措施： 5. 初步处理意见： 技术负责人： 专业技术负责人： 项目经理： 年　月　日	
抄报：	项目监理机构签收： 总/专业监理工程师： 年　月　日

注：本表由施工单位填报，经项目监理机构审查签收后，建设单位、监理单位、施工单位各存一份。

3.3.7 工程质量事故处理方案报审表

工程质量事故处理方案报审表见表 3-16。

总监理工程师应组织建设、勘察、设计、施工、监理等有关人员对质量事故调查报告和处理方案进行论证，以确认报告和方案的正确合理性，如有不同意见，应责令承包单位重报。必要时应邀请有关专家参加事故调查报告和处理方案论证，由总监理工程师或会同建设单位项目负责人共同签认。

项目监理机构应对处理方案的实施进行检查监督，对处理结果进行验收。

表 3-16 工程质量事故处理方案报审表

工程名称： 编号：

<table>
<tr><td colspan="3">致：______________（监理机构）
我方于____年____月____日发生的______________工程质量事故，经认真研究后，现提出处理方案，请予以审批。

附件：1. 工程质量事故调查报告。
2. 工程质量事故处理方案。

项目经理：
年 月 日</td></tr>
<tr><td>设计单位审查意见：

结构工程师/建筑师：
年 月 日</td><td>项目监理机构意见：

总/专业监理工程师：
年 月 日</td><td>有关部门意见：

代 表：
年 月 日</td></tr>
</table>

注：本表由施工单位填写，经项目监理机构、设计单位审查签认后，建设单位、设计单位、监理单位、施工单位各存一份。

3.3.8 工程质量整改通知

工程质量整改通知见表 3-17，其主要用于项目监理机构在巡视检查、旁站、平行检查及认可施工单位报验项目过程中发现不合格问题，要求施工单位整改，并做好处置过程的详细记录。整改结论由项目监理机构总（专业）监理工程师填写，可需填写“同意验收”或“继续整改”，如需继续整改的要提出进一步的要求。

表 3-17 工程质量整改通知

工程名称： 编号：

<table>
<tr><td>致：______________（施工单位）
经试验/检验表明__________部位，不符合__________规定，现通知你方，要求：__________。

附：试验（检验）证明

监理单位（章）：
总/专业监理工程师：
日 期：</td></tr>
</table>

注：本表由监理单位填写，质量监督机构、建设单位、监理单位、施工单位各存一份。

3.3.9 工程变更单

工程变更单见表 3-18，参与建设工程的建设、施工、勘察设计的任何一方提出工程变更时都要先填该表。

在建设单位提出工程变更时，填写后由工程项目监理机构签发，必要时建设单位应委托设计单位编制设计变更文件并签转项目监理机构；施工单位提出工程变更时，填写后报送项目监理机构，项目监理机构同意后转呈建设单位，需要时由建设单位委托设计单位编制设计变更文件并签转项目监理机构，施工单位在收到项目监理机构签署的“工程变更单”后，方可实施工程变更。

表 3-18　工程变更单

工程名称：　　　　　　　　　　　　　　　　　　　　编号：

<table>
<tr><td colspan="4">致：________________（监理单位）
由于________________原因，兹提出________________工程变更（内容见附件），请予以审批。

附件：

提出单位代表人：
年　月　日</td></tr>
<tr><td colspan="4">一致意见：</td></tr>
<tr><td>建设单位：

单位项目负责人：
年　月　日</td><td>设计单位：

单位项目负责人：
年　月　日</td><td>项目监理机构：

总监理工程师：
年　月　日</td><td>施工单位：

项目技术负责人：
年　月　日</td></tr>
</table>

注：本表由设计单位填写，建设单位、设计单位、监理机构、施工单位各存一份。

3.3.10 混凝土浇灌申请书

混凝土浇灌申请书是在模板、钢筋工程通过质量验收后，各项准备工作已经完成，混凝土已通过开盘鉴定，由施工单位报请专业监理工程师检查批准而使用的专用表格，其式样见表 3-19。

表 3-19 混凝土浇灌申请书

工程名称： 编号：

<table>
<tr><td>施工单位</td><td></td><td>申请浇灌日期</td><td colspan="2">年 月 日 时</td></tr>
<tr><td>申请浇灌部位</td><td></td><td>申请方量/m³</td><td colspan="2"></td></tr>
<tr><td>技术要求</td><td></td><td>强度等级</td><td colspan="2"></td></tr>
<tr><td>搅拌方式（搅拌站名称）</td><td></td><td>申请人</td><td colspan="2"></td></tr>
<tr><td colspan="5">依据：施工图纸（施工图纸号______________________）、设计变更（编号________________）和有关规范、规程。</td></tr>
<tr><td colspan="2">施工准备检查</td><td>专 业 工 长</td><td>质 量 员</td><td>备 注</td></tr>
<tr><td colspan="2">1．隐检情况</td><td></td><td></td><td></td></tr>
<tr><td colspan="2">2．预检情况</td><td></td><td></td><td></td></tr>
<tr><td colspan="2">3．水电预埋情况</td><td></td><td></td><td></td></tr>
<tr><td colspan="2">4．施工组织情况</td><td></td><td></td><td></td></tr>
<tr><td colspan="2">5．机械设备准备情况</td><td></td><td></td><td></td></tr>
<tr><td colspan="2">6．保温养护及有关准备情况</td><td></td><td></td><td></td></tr>
<tr><td colspan="2"></td><td></td><td></td><td></td></tr>
<tr><td colspan="5">项目技术负责人： 年 月 日</td></tr>
<tr><td colspan="5">监理机构审查意见：
专业监理工程师： 年 月 日</td></tr>
</table>

注：本表由施工单位填写，报监理机构。

3.3.11 监理抽检记录

监理抽检记录见表 3-20。监理抽检主要是依据合同约定或是对工程的某些重要部位，或者是对施工质量和材料有疑问时，监理工程师所进行的抽查。检查结果合格，监理工程师在“处置意见”栏中签字，如检查不合格，根据有关规定填写“处置意见”，并填写不合格项处置记录表。

表 3-20 监理抽检记录表

工程名称： 编号：

<table>
<tr><td>抽检部位</td><td></td><td>抽检日期</td><td></td></tr>
<tr><td colspan="4">检查项目及内容：</td></tr>
<tr><td colspan="4">检查数量：</td></tr>
<tr><td colspan="4">检查结果：</td></tr>
<tr><td colspan="4">处置意见：
总/专业监理工程师： 年 月 日</td></tr>
</table>

注：本表由监理机构填写，建设单位、监理单位、承包单位各存一份。如不合格应填写不合格项处置记录表。

3.3.12 施工试验见证取样送检记录

对涉及结构安全的试块、试件、材料的取样和送检工作，为保证工程质量，应在建设单位或工程监理单位的有关人员的见证下取样送检，并由见证人员和取样人员共同签字认可。见证取样和送检的项目有：

1）用于承重结构的混凝土试块。

2）用于承重墙体的砌筑砂浆试块。

3）用于承重结构的钢筋及连接接头试件。

4）用于承重墙的砖和混凝土小型砌块。

5）用于拌制混凝土和砌筑砂浆的水泥。

6）用于承重结构的混凝土中使用的掺加剂。

7）地下、屋面、厕浴间使用的防水材料。

8）国家规定必须实行见证取样和送检的其他试块、试件和材料。

见证取样送检记录见表 3-21。

表 3-21 见证取样送检记录

工程名称：　　　　　　　　　　　　　　　　　　　　编号：

结构类型			层数		建筑面积		
施工单位				取样人			
见证单位				见证人			
序号	取样名称	取样数量	取样部位	取样人签名	见证人签名	日期	备注

注：本表由施工单位填写，施工单位、监理单位、见证单位各保存一份。

制表日期：　　年　　月　　日

3.3.13 检验批、分项工程、分部（子分部）工程质量验收记录

检验批、分项工程、分部（子分部）工程质量验收记录见表 3-22、表 3-23、表 3-24。

表 3-22 ________检验批质量验收记录

编号：

工程名称		分项工程名称		验收部位	
施工单位		专业工长（施工员）		项目经理	
分包单位		分包项目经理		施工班组长	
施工执行标准名称及编号					
质量验收规范的规定				施工单位自检记录	监理（建设）单位验收记录
主控项目	1				
	2				
	3				
	4				
	5				
一般项目	1				
	2				
	3				
	4				
	5				
质量检查记录（质量证明文件）					
施工单位检查评定结果	项目专业质检员： 年 月 日				
监理（建设）单位验收结论	专业监理工程师： （建设单位项目负责人） 年 月 日				

表 3-23 ____________分项工程质量验收记录

编号：

工程名称		结构类型		检验批数	
施工单位		项目经理		项目技术负责人	
分包单位		分包单位负责人		分包项目经理	

序号	检验批部位、区段	施工单位检查评定结果	监理（建设）单位验收结论
1			
2			
3			
4			
5			
6			
7			
8			
9			
10			
11			
12			
13			
14			
15			
16			
17			

备　注	

施工单位检查评定结论	项目专业技术负责人： 年　月　日	监理（建设）验收结论	专业监理工程师： （建设单位项目负责人） 年　月　日

表 3-24 ____________分部（子分部）工程质量验收记录

编号：

<table>
<tr><td colspan="3">工程名称</td><td colspan="3"></td><td>结构类型</td><td></td><td>层　　数</td><td></td></tr>
<tr><td colspan="3">施工单位</td><td colspan="3"></td><td>技术部门负责人</td><td></td><td>质量部门负责人</td><td></td></tr>
<tr><td colspan="3">分包单位</td><td colspan="3"></td><td>分包单位负责人</td><td></td><td>分包技术负责人</td><td></td></tr>
<tr><td>序号</td><td colspan="4">子分部（分项）工程名称</td><td>分项数
（检验批数）</td><td colspan="2">施工单位检查评定结果</td><td colspan="2">监理（建设）单位验收意见</td></tr>
<tr><td>1</td><td colspan="4"></td><td></td><td colspan="2"></td><td colspan="2"></td></tr>
<tr><td>2</td><td colspan="4"></td><td></td><td colspan="2"></td><td colspan="2"></td></tr>
<tr><td>3</td><td colspan="4"></td><td></td><td colspan="2"></td><td colspan="2"></td></tr>
<tr><td>4</td><td colspan="4"></td><td></td><td colspan="2"></td><td colspan="2"></td></tr>
<tr><td>5</td><td colspan="4"></td><td></td><td colspan="2"></td><td colspan="2"></td></tr>
<tr><td>6</td><td colspan="4"></td><td></td><td colspan="2"></td><td colspan="2"></td></tr>
<tr><td></td><td colspan="4"></td><td></td><td colspan="2"></td><td colspan="2"></td></tr>
<tr><td colspan="5">质量控制资料验收</td><td></td><td colspan="2"></td><td colspan="2"></td></tr>
<tr><td colspan="5">安全和功能检验（检测）报告</td><td></td><td colspan="2"></td><td colspan="2"></td></tr>
<tr><td colspan="5">观感质量验收</td><td></td><td colspan="2"></td><td colspan="2"></td></tr>
<tr><td colspan="2" rowspan="5">验收
结论</td><td colspan="2" rowspan="5"></td><td colspan="6">施工单位项目经理：　　年　月　日</td></tr>
<tr><td colspan="6">分包单位项目经理：　　年　月　日</td></tr>
<tr><td colspan="6">勘察单位项目负责人：　　年　月　日</td></tr>
<tr><td colspan="6">设计单位项目负责人：　　年　月　日</td></tr>
<tr><td colspan="6">总监理工程师：
（建设单位项目专业负责人）　　年　月　日</td></tr>
</table>

注：除地基基础分部工程外，勘察单位可不参加。

课题 4　投资控制资料

3.4.1　工程款支付申请表

工程款支付申请表是承包单位根据施工合同中工程款支付约定，向项目监理机构申请支付工程预付款、工程进度款、工程结算款的表格，其表式见表 3-25，并应附有：

1）工程量清单：指本次付款申请中的经专业监理工程师验收合格工程的工程量统计报表（包括项目监理机构确认的工程变更）。

2）清单计算方法。

3）其他与付款有关的证明文件和资料。

表 3-25　工程款支付申请表

工程名称：　　　　　　　　　　　　　　　　　　　　　　编号：

致：______________（监理机构）

我方已完成了______________工作，按施工合同规定，建设单位应在____年____月____日前支付该项工程款共计（大写）______________（小写：________），现报上______________工程付款申请表，请予以审核并开具工程款支付证书。

附件：1．工程量清单

2．计算方法

项目经理：

年　月　日

经审核以下项目工作量有差异，应以核定工作量为准。本月度认定工程进度款为：施工单位申报数（　　）+监理单位核定差别数（　　）=本月工程进度款数（　　）。

统计表序号	项 目 名 称	单　位	申 报 数			核 定 数		
			数量	单价/元	合计/元	数量	单价/元	合计/元
合计								

总监理工程师：

年　月　日

注：本表由施工单位填报，经项目监理机构审查签认后，建设单位、监理单位、施工单位各存一份。

3.4.2　工程款支付证书

工程款支付证书是项目监理机构根据承包合同和有关规定审查复核后签署的用于建设单位应向承包单位支付工程款的证明文件，签署后应报送建设单位。

专业监理工程师对工程款支付申请表审核后，核定的工程款项为承包单位应得款，包括合同内工程款、工程变更增减费用、经批准的索赔费用等。

根据承包合同的约定，本期应扣除的预付款、保留金及其他应扣除的工程款的总和为本期应扣款；经审核承包单位应得款扣除本期应扣款的余额为本期应付款。

工程款支付证书见表 3-26。

表 3-26　工程款支付证书

工程名称：　　　　　　　　　　　　　　　　　　　　　　编号：

致：______________（建设单位）

根据施工合同的规定，经审核施工单位的付款申请和报表，并扣除有关款项，同意本期支付工程款共计（大写）________（小写：________元）。请按合同规定给予付款。

其中：

1．施工单位申报款为：

2．经审核施工单位应得款为：

3．本期应扣款为：

4．本期应付款为：

附件：1．施工单位的工程款支付申请表及附件。

2．项目监理机构审查记录。

总监理工程师：

年　月　日

注：本表由监理机构填报，建设单位、监理单位、施工单位各存一份。

3.4.3　工程变更、洽商费用报审表

当工程施工中发生工程变更、洽商时，施工单位根据变更、洽商涉及的变更内容，在施工前或施工完成后，将变更涉及到的工作量、经费进行计算，将工程款的增减情况等填在工程变更、洽商费用报审表中，由项目经理签名并注明日期，报项目监理机构审批。其表式见表 3-27。

项目监理机构接到报审表，应逐项审核变更项目、计算书、工程量、单价等，提出审核意见，明确提出增减工程款的数额。由总监理工程师签名并注明日期，转请建设单位提出审定意见。建设单位签具审定意见，建设单位代表签名并注明日期，退回施工单位。据此进行工程决算。

表 3-27　工程变更、洽商费用报审表

工程名称：　　　　　　　　　　　　　　　　　　　　编号：

<table>
<tr><td colspan="8">致：________________（监理机构）
依据工程变更、洽商记录，____年____月____日第____号的变更，申请费用如下表，请予以审核批准。

项目经理：
年　月　日</td></tr>
<tr><td rowspan="2">项目名称</td><td colspan="3">变　更　前</td><td colspan="3">变　更　后</td><td>工程款</td></tr>
<tr><td>工程量</td><td>单价/元</td><td>合价/元</td><td>工程量</td><td>单价/元</td><td>合价/元</td><td>增（+）减（-）</td></tr>
<tr><td></td><td></td><td></td><td></td><td></td><td></td><td></td><td></td></tr>
<tr><td></td><td></td><td></td><td></td><td></td><td></td><td></td><td></td></tr>
<tr><td></td><td></td><td></td><td></td><td></td><td></td><td></td><td></td></tr>
<tr><td></td><td></td><td></td><td></td><td></td><td></td><td></td><td></td></tr>
<tr><td></td><td></td><td></td><td></td><td></td><td></td><td></td><td></td></tr>
<tr><td></td><td></td><td></td><td></td><td></td><td></td><td></td><td></td></tr>
<tr><td></td><td></td><td></td><td></td><td></td><td></td><td></td><td></td></tr>
<tr><td colspan="4">项目监理机构审核意见：

总监理工程师：
年　月　日</td><td colspan="4">建设单位审定意见：

建设单位代表：
年　月　日</td></tr>
</table>

注：本表由施工单位填报，经项目监理机构审查签认后，并由建设单位审定后，建设单位、监理单位、施工单位各存一份。

3.4.4　工程竣工结算审核意见书

工程竣工结算审核意见书是总监理工程师签发的工程竣工结算文件或提出的工程竣工结算合同争议的处理意见。

工程竣工结算审核意见书应包括下列内容：

1）合同工程价款、工程变更价款、费用索赔合计金额、依据合同规定承包单位应得的其他款项。

2）工程竣工结算的价款总额。

3）建设单位已支付的工程款、建设单位向承包单位的费用索赔合计金额、质量保修金额、依据合同规定应扣除承包单位的其他款项。

4）建设单位应支付的金额。

课题 5　合同管理资料

合同管理是指各级政府工商行政管理机关、建设主管机关、金融机构以及工程发包方、

承包方和咨询监理单位依据法律、行政法规和规章制度，采取法律、行政的和经济的手段对合同关系进行组织、协调及监督，保护合同当事人的合法权益，处理合同执行中的纠纷，防止和制裁违法行为，保证合同法规贯彻实施等一系列活动。

在设计阶段、施工招标阶段、施工阶段、保修阶段，合同管理要求监理工程师从投资、进度、质量目标控制的角度出发，依据有关法律、法规、办法、条例、合同文件，认真处理好合同的签订、分析及工程项目实施过程中出现的违约、变更、索赔、延期、分包、纠纷调解和仲裁等问题。

3.5.1 工程临时延期审批表

工程临时延期审批表见表 3-28。

1）表中“说明”栏是指总监理工程师同意或不同意工程临时延期的理由和依据。如同意，应注明暂时同意工期延长的日数，延长后的竣工日期。同时应指令施工单位在工程延长期间，随延期时间的推移，陆续补充信息与资料。

2）项目监理机构应根据施工合同文件的以下约定条件受理工程延期申请。

① 非施工单位的责任造成工程不能按合同原定日期开工。

② 工程量的实质性变化和设计变更。

③ 非施工单位原因停水、停电、停气造成停工时间超过合同的约定。

④ 国家或市有关部门正式发布的不可抗力事件。

⑤ 异常不利的气候条件。

⑥ 建设单位同意工期相应顺延的其他情况。

3）本表由总监理工程师签发，签发前应征得建设单位同意。

表 3-28 工程临时延期审批表

工程名称：　　　　　　　　　　　　　　　　　　　　　　　编号：

致：____________________（施工单位）
根据施工合同条款__________条的规定，我方对你方提出的____________________工程延期申请（第____号）要求延长工期____日历天的要求，经过审核评估：
□暂时同意工期延长__________日历天。使竣工日期（包括已指令延长的工期）从原来的____年____月____日延迟到____年____月____日。请你方执行。
□不同意延长工期，请按约定竣工日期组织施工。
说明：
总监理工程师： 年　　月　　日

注：本表由监理机构填写，建设单位、监理单位、施工单位各存一份。

3.5.2 费用索赔审批表

费用索赔审批表见表 3-29。本表由专业监理工程师审核填写后，报总监理工程师签批，签批前应与建设单位、施工单位协商确定批准的赔付金额。

表 3-29 费用索赔审批表

工程名称：　　　　　　　　　　　　　　　　　　　　　　　　编号：

致：______________________（承包单位）： 根据施工合同第__________条的规定，你方提出的第（________）号关于______________费用索赔的申请，索赔金额共计人民币（大写）_________（小写：_________），经我方审核评估： □不同意此项索赔。 □同意此项索赔，金额为（大写）__________________________。 理由： 索赔金额的计算： 监理工程师（签字）： 监理单位名称：　　　　　　　　　　　　　　　　　　　　　　总监理工程师（签字）： 年　　月　　日

注：本表由监理机构填写，建设单位、监理单位、施工单位各存一份。

3.5.3 工程最终延期审批表

工程最终延期审批表见表 3-30。

1）表中"说明"是指总监理工程师同意或不同意工程最终延期的理由和依据，同时应注明最终同意工期延长的日数及竣工日期。

2）本表由总监理工程师签发，签发前应征得建设单位同意。

表 3-30 工程最终延期审批表

工程名称：　　　　　　　　　　　　　　　　　　　　　　　　编号：

致：______________________（施工单位） 根据施工合同条款__________条的规定，我方对你方提出的__________工程延期申请（第____号）要求延长工期____日历天的要求，经过审核评估： □最终同意工期延长__________日历天。使竣工日期（包括已指令延长的工期）从原来的____年____月____日延迟到____年____月____日。请你方执行。 □不同意延长工期，请按约定竣工日期组织施工。 说明： 总监理工程师： 年　　月　　日

注：本表由监理机构填写，建设单位、监理单位、施工单位各存一份。

单元小结

- 工程监理资料
  - 监理管理资料
    - 监理大纲、监理规划、监理实施细则
    - 监理会议纪要、监理工作联系单
    - 监理工作通知单、监理日志
    - 旁站监理记录、监理月报
    - 工程质量评估报告、监理专题报告、监理工作总结
  - 进度控制资料
    - 工程开工报审表
    - 施工进度计划(调整计划)报审表
    - 工程暂停令
  - 质量控制资料
    - 施工组织设计(方案)报审表
    - 施工测量放线报验单
    - 工程材料/构配件/设备报审表
    - 工程报验表、工程竣工预验收报验表
    - 工程质量事故报告单、工程质量事故处理方案报审表
    - 工程质量整改通知
    - 工程变更单、监理抽检记录
    - 混凝土浇灌申请书
    - 施工试验见证取样送检记录
    - 检验批、分项工程、分部（子分部）工程质量验收记录
  - 投资控制资料
    - 工程款支付申请表、工程款支付证书
    - 工程变更、洽商费用报审表
    - 工程竣工结算审核意见书
  - 合同管理资料
    - 工程临时延期审批表、工程最终延期审批表
    - 费用索赔审批表

同步测试

一、单项选择题

1. 工程款支付申请表提交的对象是（　　）。

A．建设单位　　B．监理单位

C．造价咨询单位　　D．以上三家均可

2．监理工程师通知单可以发送的单位是（　　）。

A．施工单位　　B．设计单位

C．勘察单位　　D．以上三者

3．工程款支付证书是由总监理工程师签发给（　　）的。

A．建设单位　　B．承包单位

C．监理机构　　D．造价咨询单位

4．建设单位收到总监理工程师签发的工程款支付证书后，应（　　）向承包单位支付工程款。

A．按工程款支付证书载明的金额

B．按工程款支付证书载明金额并扣除预付款

C．按工程款支付证书载明金额扣除所有应扣除款项

D．按工程款支付证书载明金额扣除反索赔金额

5．施工组织设计（方案）报审表中不需要（　　）签名或签署意见。

A．施工项目经理　　B．专业监理工程师

C．总监理工程师　　D．业主代表

6．工程款支付申请表不适用于向监理工程师申请支付（　　）。

A．工程预付款　　B．工程进度款

C．竣工结算款　　D．竣工决算款

二、简答题

1．哪些部位应有旁站监理记录?

2．监理资料应包括哪些内容?

3．工地例会会议纪要应记录哪些内容?

单元 4

施工资料整理

知识目标

- 了解工程施工管理资料、工程质量控制资料、工程质量验收资料、工程安全和功能检验资料的内容。
- 理解工程施工管理资料、工程质量控制资料、工程质量验收资料的整理要求。
- 掌握工程施工管理资料、工程质量控制资料、工程质量验收资料的整理方法。

能力目标

通过本单元的教学，使学生初步具有工程施工管理资料、工程质量控制资料、工程质量验收资料整理的技能，逐步培养学生的施工资料整理的能力。

课题 1　工程施工管理资料的整理

工程施工管理资料包括工程开工报审表、施工组织设计（施工方案）、施工现场质量管理检查记录、技术交底记录、施工日志、预检工程（技术复核）记录、工程竣工施工总结、工程质量保修书以及竣工图等内容。工程施工管理资料的内容及分类见表 4-1。

表 4-1　工程施工管理资料的内容

序　号	资料名称	序　号	资料名称
1	工程开工报审表	6	预检工程（技术复核）记录
2	施工组织设计（施工方案）	7	工程竣工施工总结
3	施工现场质量管理检查记录	8	工程质量保修书
4	技术交底记录	9	竣工图
5	施工日志		

4.1.1　工程开工报审表

工程开工报审表是建设单位与施工单位共同履行基本建设程序的证明文件，是施工单位承建单位工程施工工期的证明文件。

施工单位在开工前，应对工程是否满足开工条件进行检查，若符合以下条件，则可向监理单位提出开工申请：政府主管部门已颁发施工许可证；征地拆迁工作能满足工程进度的需要；施工图纸及有关设计文件已齐备；施工组织设计已经通过监理单位审定，并经该项目的总监理工程师签字批准；施工场地、道路、水、电、通信、施工设备及施工材料已满足开工要求，地下障碍物已清理或查明；测量控制桩已经监理单位复查合格；施工、管理人员已按计划到位，项目质量、技术管理的组织机构和管理制度已经建立；专职管理人员（质检员、技术员等）和特种作业人员（起重工、电焊工等）已取得有效上岗证件。

1．资料表式

工程开工报审表的表式见表 4-2。

表 4-2　工程开工报审表

工程名称：　　　　　　　　　　　　　　　　编号：

致： 我方承担的________工程，已完成了以下各项工作，具备开工条件，特此申请施工，请核查并签发开工指令。 附件：1．开工报告。 2．证明文件。 施工单位（章）__________ 项目经理__________ 日　　期__________
审查意见： 监理工程师__________ 日　　期__________
审批意见： 监理单位（章）__________ 总监理工程师__________ 日　　期__________

2．资料要求

1）工程开工报审表一般由施工单位填写，报监理单位审批。由建设单位直接分包的工程，开工时也要填写工程开工报审表。

2）施工单位应签章（与施工合同中签章一致），并由项目经理（与施工合同中一致）签字，然后报监理单位进行审批。

3）监理单位收到施工单位的工程开工报审表后，应对施工单位的开工准备情况进行逐一审查，如经监理单位审查，符合开工条件，由监理单位总监理工程师签字、加盖公章后即可开工。工期应以此批准日期起计算。

4.1.2 施工组织设计（施工方案）

施工组织设计是施工单位开工前为工程所做的施工组织、施工工艺、施工计划等方面的设计，是指导拟建工程全过程中各项活动的技术、经济和组织的综合性文件。

1．施工组织设计的主要内容

1）工程概况和工程特点：建设地点、工程名称、工程性质、结构形式、建筑面积、投资、施工条件、工作量以及主要分项工程量、交付生产和使用的期限。

2）施工准备工作计划：根据施工部署和施工方案的要求及施工总进度计划的安排编制，主要内容包括熟悉与会审图纸、编制施工组织设计和施工预算、新技术项目的试验申请、测量放线、土地征用、居民拆迁和障碍物拆除、场地平整、临时道路和临时供水供电及供热等管线的敷设、进行计划和技术交底、组织施工机具和材料及半成品进场等。

3）施工部署及相应的技术组织措施：为全局性的施工总规划，根据工期要求和机械设备、材料、劳动力的供应情况以及当地条件和环境因素等合理确定施工顺序，合理确定主要分部、分项工程的施工方法，合理划分检验批。落实各项管理人员和施工质量、安全措施，积极推广新工艺、新技术等。

4）主要施工方法及各项资源需要量计划：根据工程特点，确定主要施工方法；根据工程预算、定额和施工进度计划，合理确定材料、劳动力、机具设备、构件及半成品需要计划，保证工程进度按计划实施。

5）工程质量、进度保证措施。

6）施工总进度计划：根据施工部署和施工方案合理确定各主要建筑物的施工期限及其相互衔接或穿插配合情况，合理划分施工流水段，对编制的进度计划表，应及时进行检查和调整。

7）施工总平面图：施工总平面图是施工组织设计的主要组成内容之一，它是把建设区域内的建筑物、构筑物以及施工现场的材料仓库、运输道路、给水、排水、供电、测量基准点等分别绘制在建筑总平面图上的规划和布置图。

2．资料要求

1）施工组织设计或施工方案内容应齐全，步骤清晰，层次分明。

2）能够反映工程特点，有保证工程质量的技术措施。

3）编制及时，必须在工程开工前编制并报审完成，没有或不及时编制单位工程施工组织设计的，为不符合要求。

4）参编人员应在“会签表”上签字，交项目经理签署意见并在会签表上签字，经审批同意后执行，并进行交底。

4.1.3　施工现场质量管理检查记录

施工现场质量管理检查记录是施工单位在工程开工前向监理机构提出的对有关制度、技术组织与管理等进行检查和确认的记录。施工现场质量管理检查记录是健全质量管理体系的具体要求。

1. 资料表式

施工现场质量管理检查记录见表 4-3。

表 4-3　施工现场质量管理检查记录

开工日期：

工程名称				施工许可证（开工证）	
建设单位				项目负责人	
设计单位				项目负责人	
监理单位				总监理工程师	
施工单位		项目经理		项目技术负责人	
序　号	项　目		内　容		
1	现场质量管理制度				
2	质量责任制				
3	主要专业工种操作上岗证书				
4	分包方资质与对分包单位的管理制度				
5	施工图审查情况				
6	地质勘察资料				
7	施工组织设计、施工方案及审批				
8	施工技术标准				
9	工程质量检验制度				
10	搅拌站及计量设置				
11	现场材料、设备存放与管理				
检查结论： 总监理工程师： （建设单位项目负责人）　　　　年　月　日					

2. 主要内容

1）现场管理制度：主要是图纸会审、设计交底、技术交底、施工组织设计编制审批程序、工序交接、质量检查奖惩、质量例会以及质量问题处理的制度等。

2）质量责任人的分工：检查质量负责人的分工，各项质量责任的落实规定，定期检查及有关人员奖罚制度等。

3）主要专业工种操作上岗证书：如测量工、焊工、架子工、垂直运输司机等工种。

4）专业分包应有相应的资质：在有分包的情况下，总施工单位应有管理分包单位的制度，主要是质量、技术的管理制度。

5）施工图审查情况：主要包括建设行政主管部门出具的施工图审查批准书及审查机构出具的审查报告。

6）地质勘察资料：有勘察资质的单位出具的地质勘察报告。

7）施工组织设计及审批：检查编写内容，有针对性的具体措施，有编制程序及内容，有编制、审核、批准单位，并有贯彻执行的措施。

8）施工技术标准：是保证工程质量的基础和操作的依据；施工单位应编制不低于国家质量验收规范的操作规程和企业标准；要有批准程序，由企业的总工程师、技术委员会负责人审查批准，有批准日期、执行日期、企业标准编号及标准名称；可作为培训工人、技术交底和施工操作的主要依据，也是进行质量检查评定的标准。

9）工程质量检验制度：包括三个方面的检查，一是原材料、设备的进场检验制度；二是施工过程的试验报告；三是竣工后的抽查检测，应专门制定抽测项目、抽测时间等计划。此项内容可以单独做出计划，也可以在施工组织设计中列出。

10）搅拌站及计量设施：主要是现场的计量设施管理制度及其精确度的控制措施（预拌混凝土或安装专业没有此项内容）。

11）现场材料、设备存放与管理：是保证材料、设备质量的必备措施，要根据材料、设备的性能制定管理制度，建立相应的库房等。

3．资料要求

1）表列项目的内容必须填写完整。

2）工程名称应填写工程的全称，与合同或招投标文件中的工程名称一致，建设、设计、监理单位的名称也应与合同签章上的单位名称相同，各单位有关负责人必须签字。

3）应填写施工单位的施工许可证号。

4）检查结论应填写“现场管理制度完整”或“现场管理制度基本完整”（指有制度但不完善，如缺少企业标准或措施不全面等）。检查结论由总监理工程师填写，并签字。达不到要求条件的不允许施工，施工单位应限期整改。

5）表头部分可统一填写，不需具体人员签名，只是明确负责人的地位。

4.1.4 技术交底记录

技术交底是施工企业进行技术、质量管理的一项重要环节，是把设计要求、施工措施、安全生产贯彻到基层的一项管理办法。

1．资料表式

技术交底记录见表 4-4。

表 4-4　技术交底记录

工程名称		交底部位	
工程编号		日　　期	
交底内容：			
技术负责人：	交底人：	接受交底人：	

2．主要内容

1）图纸交底：包括工程的设计要求，地基基础、主体结构和建筑构造的做法与要求，抗震处理，设计图纸的轴线、标高、尺寸、预留孔洞、预埋件等具体事项，砂浆、混凝土、砖等材料的强度要求和使用功能，要做到掌握设计关键，认真按图施工。

2）施工组织设计交底：将施工组织设计的全部内容向施工人员交待，主要包括工程特点、施工部署、施工方法、操作规程、施工顺序及进度、任务划分、劳动力安排、平面布置、工序搭接、施工工期、质量标准及各项管理措施。

3）设计变更和工程洽商交底：在工程施工过程中，由于图纸本身差错或图纸与实际情况不符，或由于材料、施工条件发生变化等原因，会对图纸的部分内容作出修改。为避免在施工中发生差错，必须对设计变更、工程洽商或其他形式的图纸变动文件（如图纸会审、设计补充说明通知等）向管理和施工人员做统一说明，进行交底。

4）分项工程技术交底：分项工程技术交底是各级技术交底的关键，应在各分项工程施工前进行。其主要内容为施工准备、操作工艺、技术安全措施、质量标准、新技术工程的特殊要求、劳动定额、材料消耗等。

5）安全交底：必须实行逐级安全技术交底，纵向延伸到班组全体作业人员。其内容主要包括本工程项目的施工作业特点和危险点，针对危险点的具体预防措施，应注意的安全事项，相应的安全操作规程和标准，发生事故后应及时采取的避难和急救措施。

3．资料要求

1）按设计图纸要求，严格执行施工验收规范要求及安全技术措施。

2）结合本工程的实际情况及特点，提出切实可行的新技术、新方法，交底应清楚明确。

3）签章齐全，责任明确。没有各级人员的签章为无效。

4）技术交底书符合要求，按施工图设计要求详细填写，并逐一列出，交底内容齐全、交底时间及时为正确，没有技术交底资料或后补为不正确。

5）交底技术负责人、交底人、接受交底人均应有本人签字，只有当签字齐全后方可生效。技术交底应发至施工班组。

4.1.5　施工日志

施工日志是施工过程中，管理人员对有关工程施工、技术管理、质量管理活动及其效果逐日作出的具有连续完整性的记录。施工日志应从开工持续到竣工，贯穿整个施工过程。

1．资料表式

施工日志见表 4-5。

表 4-5 施工日志

编号：

<table>
<tr><td>工程名称</td><td colspan="3"></td><td>施工单位</td><td colspan="2"></td></tr>
<tr><td>分部（分项）工程</td><td colspan="3"></td><td>施工班组</td><td colspan="2"></td></tr>
<tr><td>日　期</td><td></td><td>星　期</td><td></td><td>全天气象</td><td colspan="2">气　温</td></tr>
<tr><td rowspan="2">施工部位</td><td rowspan="2"></td><td rowspan="2">出勤人数</td><td rowspan="2"></td><td rowspan="2"></td><td>白　天</td><td>夜　间</td></tr>
<tr><td></td><td></td></tr>
<tr><td colspan="2">当日施工内容</td><td colspan="2">质量检查情况</td><td>操作负责人</td><td colspan="2">质　检　员</td></tr>
<tr><td colspan="2"></td><td colspan="2"></td><td></td><td colspan="2"></td></tr>
<tr><td colspan="2"></td><td colspan="2"></td><td></td><td colspan="2"></td></tr>
<tr><td colspan="2"></td><td colspan="2"></td><td></td><td colspan="2"></td></tr>
<tr><td colspan="2"></td><td colspan="2"></td><td></td><td colspan="2"></td></tr>
<tr><td colspan="7">存在问题及处理办法：</td></tr>
<tr><td colspan="2">设计变更、技术交底</td><td colspan="5"></td></tr>
<tr><td colspan="2">隐蔽工程验收部位</td><td colspan="5"></td></tr>
<tr><td colspan="2">材料使用情况</td><td colspan="5"></td></tr>
<tr><td colspan="2">材料、设备进场情况</td><td colspan="5"></td></tr>
<tr><td colspan="2">材料检验、试块留置</td><td colspan="5"></td></tr>
<tr><td colspan="2">工序交接检查情况</td><td colspan="5"></td></tr>
<tr><td colspan="2">机械使用情况</td><td colspan="5"></td></tr>
<tr><td colspan="2">安全</td><td colspan="5"></td></tr>
<tr><td colspan="2">其他</td><td colspan="5"></td></tr>
<tr><td colspan="2">专业施工工长</td><td colspan="5"></td></tr>
</table>

2．主要内容

1）工程施工准备工作的记录，包括现场准备、施工组织设计学习、技术交底的重要内容及交底的人员和日期、施工图纸中的关键部位等。

2）施工过程中对班组抽检活动的开展情况及其效果，组织互检和交接检的情况及效果，施工组织设计及技术交底的执行情况及效果等的记录和分析。

3）分项工程质量评定、质量检查、隐蔽工程验收、预检及上级组织的检查等技术活动的日期、结果、存在问题及处理情况的记录。

4）原材料检验结果、施工检验结果的记录，包括日期、内容、达到的效果及未达到要求等问题和处理情况及结论。

5）质量、安全、机械事故的记录，包括原因、调查分析、责任者、处理情况及结论，对经济损失、工期影响等要记录清楚。

6）有关洽商、变更情况，交待的方法、对象、结果等的记录。

7）有关归档资料的整理、交接的记录。

8）有关新工艺、新材料的推广使用情况，以及小改、小革、小窍门的活动记录，包括项目、数量、效果及有关人员。桩基应单独记录并上报核查。

9）工程的开工、竣工日期以及主要分部、分项的施工起止日期。

10）重要分部工程的特殊质量要求和施工方法。

11）有关领导或部门对工程所做的生产、技术方面的决定或建议。

12）气温、气候、地质以及其他特殊情况（如停水、停电、停工）的记录等。

13）在紧急情况下采取的特殊措施及施工方法，施工记录由单位工程负责人填写。

14）混凝土、砂浆试块的留置组数、时间以及 28 天的强度试验结果。

15）其他重要事项。

3. 资料要求

1）要求对单位工程从开工到竣工的整个施工阶段进行全面记录，要求内容完整，能全面反映工程进展情况。

2）施工记录、桩基记录、混凝土浇灌记录、模板拆除记录等，应单独记录，分别列报。

3）审核处由施工单位项目经理部的技术负责人填写。

4）按要求及时记录、内容齐全为正确，内容不齐全、没有记录为不正确。

4.1.6 预检工程记录

预检工程记录是指在施工前对某些重要分项（项目）准备工作或前道工序进行的预先检查的记录。及时进行工程预检是保证工程质量、防止重大质量事故发生的重要环节。

1. 资料表式

预检工程记录见表 4-6。

表 4-6 预检工程记录

编号：

<table>
<tr><td>工程名称</td><td colspan="3"></td><td>检查日期</td><td>年 月 日</td></tr>
<tr><td>预检项目</td><td colspan="3"></td><td>预检楼层</td><td></td></tr>
<tr><td>预检部位</td><td colspan="3"></td><td>高 程</td><td></td></tr>
<tr><td colspan="6">预检内容：</td></tr>
<tr><td colspan="6">依据：施工图纸（施工图纸编号____________________）、设计变更/洽商（编号____________________）和有关规范、规程。
材质：主要材料和设备______________________________
规格/型号______________________________
特殊工艺：</td></tr>
<tr><td colspan="6">检查意见：
□合格　　　　□不合格
质量问题：</td></tr>
<tr><td>施工单位</td><td colspan="5"></td></tr>
<tr><td>技术负责人</td><td></td><td>质检员</td><td></td><td>施工员</td><td></td></tr>
</table>

注：本表由施工单位填报，建设单位、施工单位、城建档案馆各保存一份。

2. 主要内容

1）建筑物位置线：红线、坐标、建筑物控制桩、轴线桩、标高、水准点，并附平面示意图，重点工程附测量原始记录。

2）基础尺寸线：包括基础轴线、断面尺寸、标高（槽底和垫层）等。

3）模板：包括几何尺寸、轴线标高、预埋件位置、预留孔洞位置、模板牢固性、模板清理等。

4）墙体：包括各层墙身轴线，门、窗洞口位置，皮数杆及 50cm 水平线。

5）桩基定位的控制点。

6）翻样检查。

7）设备基础的位置、标高、几何尺寸、预留孔洞、预埋件等。

8）主要管道、沟的标高和坡度，各层地面基层、屋面找平层的坡度等。

3. 资料要求

1）应准确提供预检资料内容，并按检查后的实际结果提出检查意见。

2）预检后有问题需要复查时，由委托单位提出，应写明二次复检的检查意见。

3）专业技术负责人、质检员、施工员均要签字。

4.1.7 工程竣工施工总结

工程竣工施工总结是施工单位在工程竣工前就工程的施工情况作出的总结，同时应附一份工程竣工报告，提请建设单位组织竣工验收。

1. 资料表式

工程竣工报告见表 4-7。

表 4-7 工程竣工报告

施工许可证号： 编号：

<table>
<tr><td>工程名称</td><td></td><td>结构类型</td><td colspan="2"></td><td>建设单位</td><td></td></tr>
<tr><td>工程地点</td><td></td><td>建筑面积</td><td colspan="2"></td><td>施工单位</td><td></td></tr>
<tr><td>工程造价</td><td colspan="2"></td><td rowspan="7">竣工条件说明</td><td>工程项目完成情况</td><td colspan="2"></td></tr>
<tr><td>计划开工日期</td><td colspan="2"></td><td>现场清理情况</td><td colspan="2"></td></tr>
<tr><td>实际开工日期</td><td colspan="2"></td><td>施工资料整理情况</td><td colspan="2"></td></tr>
<tr><td>计划竣工日期</td><td colspan="2"></td><td>施工质量验收情况</td><td colspan="2"></td></tr>
<tr><td>实际竣工日期</td><td colspan="2"></td><td>未完工程盘点情况</td><td colspan="2"></td></tr>
<tr><td>计划工作日数</td><td colspan="2"></td><td></td><td colspan="2"></td></tr>
<tr><td>实际工作日数</td><td colspan="2"></td><td></td><td colspan="2"></td></tr>
<tr><td rowspan="2">审核意见</td><td colspan="2">建 设 单 位</td><td colspan="2">监 理 单 位</td><td colspan="2">施 工 单 位</td></tr>
<tr><td colspan="2">项目负责人： （公章）
年 月 日</td><td colspan="2">总监理工程师： （公章）
年 月 日</td><td colspan="2">单位负责人： （公章）
年 月 日</td></tr>
</table>

2. 主要内容

1）工程概况。

2）施工情况。

3）施工资料整理情况。

4）施工质量验收情况。

3. 资料要求

1）工程名称、结构类型、工程地点、建设单位、施工单位、计划开工日期、实际开工日期、计划竣工日期应与开工报告相一致。

2）工程造价应填写实际结算价。

3）实际竣工日期应填写达到竣工条件的日期。

4）计划工作日数指由计划竣工日期和计划开工日期计算的日历天数。

5）实际工作日数指由实际竣工日期和实际开工日期计算的日历天数。

6）竣工条件说明要写明应完成的工程项目的完成情况；现场建筑物四周整洁情况；技术资料是否齐全；工程质量是否验收合格，提出问题是否整改。未完工程盘点情况栏填写未完甩项工程，这些工程不影响结构安全和使用功能，经协商可以甩项交工。

7）审核意见栏建设单位、监理单位、施工单位负责人均需签字，注明日期并加盖单位公章。

4.1.8 工程质量保修书

建设工程实行质量保修制度，施工单位在向建设单位提交工程竣工验收报告时，应当向建设单位出具质量保修书。质量保修书中应当明确建设工程的保修范围、保修期限和保修责任等。对在保修范围和保修期限内发生的质量缺陷，施工单位应当履行保修义务。建设工程的保修期自竣工验收合格之日起计算。

在正常使用条件下，建设工程的最低保修期限为：

1）地基基础工程和主体结构工程，为设计文件规定的合理使用年限。

2）屋面防水工程、有防水要求的房间及外墙面，保修期限为 5 年。

3）供热与供冷系统，保修期限为 2 个采暖期、供冷期。

4）电气管线、给排水管道、设备安装和装修工程，保修期限为 2 年。

5）其他项目的保修期限由建设单位和施工单位约定。

房屋建筑工程在保修范围和保修期限内发生质量缺陷，施工单位应当履行保修义务。工程质量保修书的填写按有关标准文本执行。

4.1.9 竣工图

竣工图是指建设工程完成后，由建设单位组织设计、施工单位按照建设工程竣工后的实际情况编制的工程图纸。竣工图需要由施工单位在竣工图上加盖“竣工图”章。竣工图章的内容包括编制单位名称、编制人、审核人、技术负责人、编制日期等重要内容。

1. 竣工图章

竣工图章式样如图 1-1 所示。

2. 竣工图的主要内容

1）工程总体布置图、位置图，地形复杂的应附竖向布置图。

2）总图（室外）工程竣工图。

3）建筑专业竣工图。

4）结构竣工图。

5）装饰、装修竣工图。

6）石墙竣工图。

7）消防竣工图。

8）给水排水竣工图。

9）电气竣工图。

10）燃气竣工图。

11）采暖、通风、空调竣工图。

12）电气系统竣工图。

13）其他建设项目竣工图等。

3. 资料要求

1）按图施工没有变化的，在原图上加盖竣工图章后，即为竣工图；出现一般性的设计变更，但可在原图上加以修改补充作为施工图的，应在原图上注明修改的位置，并附加设计变更或洽商记录的复印本及施工说明，加盖竣工图章后作为竣工图；出现重大变化无法在原图上修改的，应重新绘制竣工图。

2）竣工图必须采用不褪色的绘图墨水绘制；竣工图章应加盖在原图签的右上方，重新绘制的竣工图，图签加盖在图纸右下角。

3）不同幅面的竣工图纸应按《技术制图　复制图的折叠方法》（GB/T 10609.3—2009），统一折成 A4 幅面（297mm×210mm），图标栏露在外面。

课题 2　工程质量控制资料的内容

工程质量控制资料是系统反映单位工程的结构技术性能、使用功能和使用安全的资料，是证明或说明工程质量情况的，真实、准确、及时的资料，是质量管理的依据所在。

4.2.1　工程质量控制资料的主要类别

1）图纸会审、设计变更、洽商记录。

2）测量放线记录。

3）原材料出厂的质量合格证及进场试验报告。

4）施工试验报告和记录。

5）隐蔽工程验收记录。

6）施工记录。

7）质量事故处理记录以及较大质量问题的检测、加固处理措施记录等。

4.2.2 工程质量控制资料的内容

单位（子单位）工程质量控制资料核查记录见表 4-8。

表 4-8 单位（子单位）工程质量控制资料核查记录

资料报送编目	资料名称	份数	说明
	建筑与结构		
	图纸会审、设计变更、洽商记录		
	工程定位测量、放线记录		
	原材料出厂合格证书及进场试（检）验报告		
	合格证、试（检）验报告汇总表		
	合格证		
	材料检验报告		
	钢材合格证、试验报告汇总表		
	钢材出厂合格证		
	钢筋机械性能试验报告		
	钢材试验报告		
	焊接试验报告、焊条（剂）合格证汇总表		
	焊条（剂）合格证		
	水泥出厂合格证、试验报告汇总表		
	水泥出厂合格证		
	水泥试验报告		
	砖（砌块）出厂合格证、试验报告汇总表		
	砖出厂合格证		
	砖（砌块）试验报告		
	粗细骨料合格证、试验报告汇总表		
	砂子试验报告		
	石子试验报告		
	轻骨料试验报告		
	防水材料合格证、试验报告汇总表		
	防水材料合格证		
	防水卷材试验报告		
	防水涂料试验报告		
	防水材料试（检）验报告表（通用）		
	铝合金、塑钢、幕墙材料出厂质量证书汇总表		
	铝合金、塑钢、幕墙材料出厂质量证书		
	硅酮结构胶相容性试验报告		
	施工试验报告及见证检验报告		
	检验报告（通用）		

（续）

资料报送编　目	资 料 名 称	份　数	说　明
	钢材连接试验报告		
	钢材焊接接头冲击试验报告		
	钢材焊接接头硬度试验报告		
	焊缝射线探伤报告		
	焊缝超声波探伤报告		
	焊缝磁粉探伤报告		
	土壤试验报告		
	土壤击实试验记录		
	混凝土试块强度试验报告汇总表		
	混凝土强度试配报告单		
	外加剂试配报告单		
	混凝土试块试验报告单		
	混凝土抗渗性能试验报告单		
	混凝土抗冻性能试验报告单		
	预拌混凝土出厂合格证		
	混凝土强度评定表		
	混凝土强度非统计方法评定		
	砂浆抗压强度试验报告汇总表		
	砂浆试配及报告单		
	砂浆试块试验报告		
	隐蔽工程验收表		
	施工记录		
	施工记录表（通用）		
	地基钎探记录		
	地基验槽记录		
	构件吊装记录		
	电热法施加预应力记录		
	现场施加预应力张拉记录		
	钢筋冷拉记录		
	混凝土浇灌申请书		
	混凝土开盘鉴定		
	混凝土工程施工记录		
	混凝土坍落度检查记录		
	冬期施工混凝土日报		
	混凝土养护测温记录		
	预制构件、预拌混凝土合格证		

（续）

资料报送编目	资料名称	份数	说明
	预制构件、预拌混凝土、门窗合格证汇总表		
	预制构件合格证		
	钢构件合格证		
	木构件合格证		
	门窗合格证		
	预拌混凝土合格证		
	地基、基础、主体结构检验及抽样检测资料		
	中间交接检验记录		
	单项工程竣工验收记录（通用）		
	工程质量事故调查处理资料		
	工程质量事故报告		
	建设工程质量事故调（勘）查处理资料		
	分部（子分部）工程质量验收记录		
	分项、检验批工程质量验收记录		
	新材料、新工艺施工记录		
	给排水与采暖		
	给排水与采暖工程图纸会审、设计变更、洽商记录		
	材料、配件、设备出厂合格证及进场检（试）验报告		
	材料、设备出厂合格证		
	主要材料、设备出厂合格证、检（试）验报告汇总表		
	主要设备开箱检验记录（通用）		
	管道、设备强度试验、严密性试验记录		
	给排水、采暖隐蔽工程验收记录		
	系统清洗、灌水、通水、通球试验记录		
	管道系统吹洗（扫）检验记录		
	排水管道灌水、通水试验记录		
	室内排水管道通球试验记录		
	给排水与采暖分部（子分部）工程质量验收记录		
	给排水与采暖分项、检验批工程质量验收记录		
	建筑电气		
	建筑电气工程图纸会审、设计变更、洽商记录		
	材料、配件、设备出厂合格证及进场试（检）验报告		
	材料、设备出厂合格证		
	主要材料、设备出厂合格证、试（检）验报告汇总表		
	主要设备开箱检验记录		

（续）

资料报送编　　目	资 料 名 称	份　　数	说　　明
	电气设备调试记录		
	接地、绝缘电阻测试记录		
	接地电阻测试记录		
	绝缘电阻测试记录		
	电气工程隐蔽工程验收记录		
	电气工程施工记录		
	电气工程分部（子分部）工程质量验收记录		
	电气工程分项、检验批工程质量验收记录		
	通风与空调工程		
	通风与空调工程图纸会审、设计变更、洽商记录		
	材料、配件、设备出厂合格证及进场检（试）验报告		
	材料、设备出厂合格证		
	材料、配件、设备出厂合格证及进场检（试）验报告汇总表		
	主要设备开箱检验记录		
	制冷、空调、水管道强度试验、严密性试验记录		
	制冷系统气密性试验记录		
	冷冻水管道压力试验记录		
	通风与空调隐蔽工程验收记录		
	制冷设备运行调试记录		
	设备单机试车记录		
	制冷机组试运行调试记录		
	通风、空调系统试运行调试记录		
	风量、温度测试记录		
	除尘器、空调机漏风检测记录		
	各房间室内风量测量记录		
	管网风量平衡记录		
	空气净化系统检测记录		
	通风与空调工程施工记录		
	通风与空调分部（子分部）工程质量验收记录		
	通风与空调分项、检验批工程质量验收记录		
	电　　梯		
	电梯工程图纸会审、设计变更、洽商记录		
	材料、设备、配件出厂合格证及进场试（检）验报告		
	材料、设备出厂合格证		
	主要材料、设备出厂合格证、试（检）验报告汇总表		

（续）

资料报送编　目	资 料 名 称	份　　数	说　　明
	主要设备开箱检验记录		
	电梯隐蔽工程验收记录		
	电梯安装工程施工记录		
	接地、绝缘电阻测试记录		
	负荷试验、安全装置检查记录		
	电梯安全装置检查记录		
	电梯负荷运行试验记录		
	电梯分部（子分部）工程质量验收记录		
	电梯分项工程质量验收记录		
	建筑智能化		
	建筑智能化工程图纸会审、设计变更、洽商记录		
	材料、设备出厂合格证及进场检（试）验报告		
	材料、设备出厂合格证		
	主要材料、设备出厂合格证、检（试）验报告汇总表		
	主要设备开箱检验记录		
	隐蔽工程验收记录		
	系统功能测定及设备调试记录		
	系统功能测定记录		
	设备调试记录		
	系统检测报告		
	综合布线测试记录		
	光纤损耗测试记录		
	视频系统末端测试记录		
	系统技术、操作和维护手册（由供货厂家提供）		
	系统管理、操作人员培训记录		
	建筑智能化分部（子分部）工程质量验收记录		
	建筑智能化分项工程质量验收记录		
	桩基、有支护土方资料		
	桩基、有支护土方工程图纸会审、设计变更、洽商记录		
	桩位定位测量放线图		
	材料出厂合格证及进场检（试）验报告		
	施工试验报告及见证检测报告		
	隐蔽工程验收记录		
	施工记录		
	施工记录（通用）		

（续）

资料报送编目	资料名称	份数	说明
	钢筋混凝土预制桩施工记录		
	钢管桩施工记录		
	泥浆护壁成孔灌注桩施工记录		
	干作业成孔灌注桩施工记录		
	套管成孔灌注桩施工记录		
	井点施工记录（通用）		
	轻型井点降水记录		
	喷射井点降水记录		
	电渗井点降水记录		
	管井井点降水记录		
	深井井点降水记录		
	地下连续墙挖槽施工记录		
	地下连续墙护壁泥浆施工记录		
	地下连续墙混凝土浇筑记录		
	锚杆成孔记录		
	锚杆安装记录		
	预应力锚杆张拉与锁定施工记录		
	注浆及护坡混凝土施工记录		
	土钉墙土钉成孔施工记录		
	土钉墙土钉钢筋安装记录		
	沉井下沉施工记录		
	沉井、沉箱下沉完毕检查记录		
	试打桩情况记录		
	预制构件、预拌混凝土合格证		
	桩基检测资料		
	桩的静载试验报告		
	桩的动测试验报告		
	工程质量事故调查处理资料		
	桩基、有支护土方子分部工程质量验收记录		
	桩基、有支护土方分项、检验批工程质量验收记录		
	地基处理资料		
	地基处理工程图纸会审、设计变更、洽商记录		
	工程测量放线定位平面图		
	材料出厂合格证及进场检（试）验报告		
	隐蔽工程验收记录		
	地基处理施工记录		

（续）

资料报送编　目	资 料 名 称	份　　数	说　　明
	土桩和灰土挤密桩桩孔施工记录		
	土桩和灰土挤密桩桩孔分填施工记录		
	重锤夯实施工记录		
	强夯地基施工记录		
	深层搅拌桩施工记录		
	地基处理工程试验检测报告		
	工程质量事故调查处理资料		
	地基处理子分部工程质量验收记录		
	地基处理分项工程质量验收记录		

课题 3　工程质量控制资料填写及整理要求

4.3.1　图纸会审、设计变更、洽商记录

1. 图纸会审

图纸会审记录是对已正式签署的设计文件进行交底、审查和会审，对所提出的问题予以记录的技术文件。图纸会审应由建设单位组织设计、监理、施工单位（地基处理较为复杂时应包括勘察单位）进行。

1）图纸会审记录见表 4-9。

表 4-9　图纸会审记录

工程编号：

<table>
<tr><td colspan="2">工程名称</td><td></td><td>会审日期及地点</td><td colspan="2"></td></tr>
<tr><td colspan="2">建筑面积</td><td></td><td>结构类型</td><td colspan="2"></td></tr>
<tr><td rowspan="4">参加人员</td><td>设计单位</td><td colspan="4"></td></tr>
<tr><td>施工单位</td><td colspan="4"></td></tr>
<tr><td>监理单位</td><td colspan="4"></td></tr>
<tr><td>建设单位</td><td colspan="4"></td></tr>
<tr><td colspan="2">主持人</td><td colspan="4"></td></tr>
<tr><td colspan="2">记录内容</td><td colspan="4">记录人：</td></tr>
<tr><td colspan="2">建设单位签章
代表：</td><td>设计单位签章
代表：</td><td colspan="2">监理单位签章
代表：</td><td>施工单位签章
代表：</td></tr>
</table>

2）会审内容：

① 建筑、结构、设备安装等设计图纸是否齐全，手续是否完备；设计是否符合国家有关政策、规范规定，图纸总的做法说明是否齐全、清楚、明确，与建筑、结构、安装、装饰和节点大样图之间有无矛盾；设计图纸（平、立、剖、节点）之间尺寸是否相符，建筑与结构、土建与安装之间互相配合的尺寸是否相符，有无错误和遗漏；设计图纸本身、建筑构造与结构构造、结构各构件之间在立体空间上有无矛盾，预留孔洞、预埋件、大样图或采用标准构配件的型号、尺寸有无错误和矛盾。

② 总图的建筑物坐标位置与单位工程建筑平面图是否一致；建筑物的设计标高是否可行；地基与基础的设计与实际情况是否相符，结构性能如何；建筑物与地下构筑物及管线之间有无矛盾。

③ 主要结构的设计在承载力、刚度、稳定性等方面有无问题；主要部位的建筑构造是否合理；设计能否保证工程质量和安全施工。

④ 图纸的结构方案、建筑装饰，与施工单位的施工能力、技术水平、技术装备有无矛盾；采用新工艺、新技术，施工单位有无困难；所需特殊建筑材料的品种、规格、数量能否解决，专业机械设备能否保证。

⑤ 安装专业的设备是否与图纸选用的设备相一致；到货的设备出厂资料是否齐全，技术要求是否合理，是否与设计图纸要求相一致；设备与土建图纸基础是否相符合，管口相对位置、接管规格、材质、坐标、标高是否与设计图纸一致；管道、设备及管件需作防腐、脱脂及特殊清洗时，设计结构是否合理，技术要求是否切实可行。

3）资料要求：

① 图纸会审一般由建设单位主持或建设、设计单位共同主持，应按要求组织图纸会审，主持人要签记姓名。

② 有关专业均要有人员参加会审，参加人员签字齐全有效，日期、地点要写清楚。

③ 要记录会审中发现的所有需要记录的内容，已解决的注明解决方法，未解决的注明解决时间及方式，记录由设计、施工的任一方整理，可在会审时协商确定。

④ 凡会审已形成的正式文件记录，均不得进行涂改。

⑤ 建设单位、设计单位、监理单位、施工单位等参加图纸会审的单位，会审记录由单位盖章后生效。

2. 设计变更

设计变更是在设计、施工过程中，由于设计图纸本身问题，设计图纸与实际情况不符，施工条件变化，原材料的规格、品种、质量不符合设计要求，以及有关人员提出的合理化建议等原因，需要对设计图纸部分内容进行修改而办理的变更设计文件。

1）遇有下列情况之一时，必须由设计单位签发变更通知单：

① 当决定对图纸进行较大修改时。

② 施工前及施工过程中发现图纸有差错，做法或尺寸有矛盾，结构变更，图纸与实际情况不符。

③ 由建设单位提出对建筑构造、细部做法、使用功能等方面的修改意见，必须经过设计单位同意，并提出设计变更通知书或设计变更图纸。

④ 由设计单位或建设单位提出的设计图纸修改，应由设计部门提出设计变更联系单；由施工单位提出的属于设计错误时，应由设计部门提出设计变更联系单；由施工单位的技术、材料等原因造成的设计变更，由施工单位提出洽商，请求设计变更，并经设计部门同意，以洽商记录作为变更设计的依据。

2）要求说明：

① 所有设计变更必须由原设计单位的相应设计专业人员作出，有关负责人签字，设计单位盖章批准，最后由建设单位（项目负责人）、监理单位（项目总监）、施工单位（项目经理）签字盖章生效。

② 应先有设计变更后施工，按签发日期顺序排列。

③ 内容明确、具体，办理及时。必要时附图，不得任意涂改和后补。

3）设计变更涉及以下内容时，必须报请原图纸审查部门审批，批准后方可实施：

① 建筑物的稳定性、安全性（含地基基础和主体结构体系）。

② 消防、节能、环保、抗震、卫生、人防的有关强制性标准规范。

③ 图纸规定的深度要求。

④ 影响公众利益。

3．洽商记录

洽商记录是施工过程中，由于设计图纸本身差错，设计图纸与实际情况不符，施工条件变化，原材料的规格、品种、质量不符合设计要求，及职工提出合理化建议等原因，需要对设计图纸部分内容进行修改而办理的工程洽商记录文件。

1）工程洽商记录见表 4-10。

表 4-10　工程洽商记录

工程名称：			
洽商事项：			
建设单位： 代表： 年　月　日	设计单位： 代表： 年　月　日	监理单位： 代表： 年　月　日	施工单位： 代表： 年　月　日

2）洽商记录遇有下列情况之一者，必须由设计单位签发设计变更通知单，不得以洽商记录办理：

① 当决定对图纸进行较大修改时。

② 施工前及施工过程中发现图纸有差错，做法、尺寸矛盾，结构变更或与实际情况不符时。

③ 由建设单位提出，对建筑构造、细部做法、使用功能等方面提出的修改意见。

3）要求说明：

① 洽商记录按签订日期先后顺序编号排列，内容明确具体，必要时附图，签字齐全，不

得任意涂改和后补。

② 应先有洽商记录，后施工。

③ 特殊情况需先施工后变更者，必须先征得设计部门同意，洽商记录需在一周内补上。

4.3.2 测量放线记录

1. 工程定位测量及复测记录

工程定位测量及复测记录是根据当地行政主管部门给定总图范围内的工程建筑物、构筑物的位置、标高进行测量与复测，以确保建筑物的位置、标高的正确。

测量人员根据建筑红线或指定建筑物引测控制线，施测出该建筑物轴线，做出永久控制桩并做好复测。

1）工程定位测量放线记录见表 4-11。

表 4-11 工程定位测量放线记录

年 月 日　　　　编号：

<table>
<tr><td>工程名称</td><td colspan="2"></td><td colspan="2">建设单位</td><td></td><td rowspan="7">定位测量示意图
（尺寸单位:mm）:

测量员：
年 月 日</td></tr>
<tr><td>施测单位</td><td colspan="5"></td></tr>
<tr><td>图纸编号</td><td colspan="5"></td></tr>
<tr><td rowspan="2">测量依据</td><td rowspan="2">引用坐标</td><td>A</td><td>X=
Y=</td><td rowspan="2">水准点
高 程/m</td><td>相对</td></tr>
<tr><td>B</td><td>X=
Y=</td><td>绝对</td></tr>
<tr><td>使用仪器型号</td><td colspan="3">经纬仪</td><td colspan="2">水准仪</td></tr>
<tr><td>备　注</td><td colspan="5"></td></tr>
<tr><td rowspan="3">会签栏</td><td colspan="3">施工测量单位（签章）</td><td colspan="2">监理（建设）单位（签章）</td><td rowspan="3">复验意见：

年 月 日</td></tr>
<tr><td>专业技术负责人</td><td>质量检查员</td><td>专业工长</td><td colspan="2" rowspan="2">
年 月 日</td></tr>
<tr><td></td><td></td><td></td></tr>
</table>

2）工程定位测量及复测记录包括平面位置定位、标高定位、测设点位和提供竣工技术资料。

① 平面位置定位：根据场地上建筑物主轴线控制点或其他控制点，将房屋外墙轴线交点用经纬仪投测到地面木桩顶面作为标志的小钉上。

② 标高定位：根据施工现场水准控制点标高（或从附近引测的大地水准点标高），推算 ±0.000 标高，或根据 ±0.000 标高与某建筑物、某处标高的相对关系，用水准仪和水准尺在供放线用的龙门桩上标出标高。

③ 测设点位：将已经设计好的各种不同的建（构）筑物的几何尺寸和位置，按照设计要求，运用测量仪器和工具标定到地面及楼层上，并设置相应的标志作为施工的依据。

④ 提供竣工技术资料：在工程竣工后，将施工中各项测量数据及建筑物的实际位置、尺寸和地下设施位置等资料，按规定格式整理或编绘技术资料。

鉴于工程测量的重要性，凡工程测量均必须进行复测。

3）资料要求：

① 工程定位测量：每个工程均需填写工程定位测量放线记录、工程定位测量复测记录。工程定位测量放线都必须进行复测，以确保工程测量正确无误。

② 施测部位：填写工程进行定位测量放线或工程定位放线复测的部位、位置。

③ 使用仪器：测量时使用的经纬仪、水准仪等仪器，填写时应注明规格、型号。

④ 大气温度：填写测量时的大气温度。

⑤ 测量依据：根据规划部门指定的坐标；根据施工现场水准控制点的标高推算出的该建筑物 ±0.00 标高。

⑥ 定位测量示意图：要标注准确，如指北针、轴线、坐标等，高程依据要求标注引出位置，标明基础主轴线之间的尺寸以及建（构）筑物与建筑红线或控制桩的相对位置。

⑦ 实测坐标、高程：按实际位置与实际测定标高填写。

⑧ 复验意见：当复测与初测偏差较小时可以不必改正；当复测与初测偏差较大需要纠正时，注明偏差方向、数据后，应填写“按复测数据施工”。

⑨ 参加定位测量及复测的监理、建设、施工单位人员必须签字齐全，不应代签。

2. 基槽及各层测量放线记录

基槽及各层测量放线记录是指建筑工程根据施工图设计给定的位置、轴线、标高进行的测量与复测，以保证建筑物的位置、轴线、标高正确。

1）基槽及各层测量放线记录见表 4-12。

表 4-12 基槽及各层测量放线记录

施测单位： 日期： 年 月 日 编号：

<table>
<tr><td colspan="3">工程名称</td><td colspan="3"></td></tr>
<tr><td colspan="3">工程部位</td><td colspan="3"></td></tr>
<tr><td colspan="3">轴线定位依据</td><td colspan="3"></td></tr>
<tr><td colspan="3">标高确定依据</td><td colspan="3"></td></tr>
<tr><td colspan="3">测量仪器名称及型号</td><td colspan="3"></td></tr>
<tr><td colspan="2">测量放线
示意图</td><td colspan="4">测量员： 施测日期： 年 月 日</td></tr>
<tr><td colspan="2">复验意见</td><td colspan="4">年 月 日</td></tr>
<tr><td rowspan="3">参
加
人
员</td><td colspan="2">监理（建设）单位（签章）</td><td colspan="3">施工单位（签章）</td></tr>
<tr><td colspan="2" rowspan="2">年 月 日</td><td>专业技术负责人</td><td>质检员</td><td>专业工长</td></tr>
<tr><td></td><td></td><td></td></tr>
</table>

2）主要内容：

① 基槽验线主要包括轴线、外轮廓线、断面尺寸、基底高程、坡度等的检测与检查。

② 楼层放线主要包括各层墙柱轴线、边线、门窗洞口位置线、楼层 0.5m（或 1m）水平控制线、轴线竖向投测控制线等。

③ 不同类别的工程应分别提供基槽及各层测量放线与复测记录。

3）资料要求：

① 工程部位：填写基槽或楼层（分层、分轴线或施工流水段）测量的具体部位。

② 轴线、标高定位方法：总平面图、建筑方格网等定位依据以及竖向投测依据。

③ 测量放线示意图的内容包括：基底外轮廓线及断面；垫层标高；集水坑、电梯井等垫层标高、位置；楼层外轮廓线，楼层重要控制轴线、尺寸、相对高程等；示意图指北针方向、分楼层段的具体图名。

④ 复验意见：由监理（建设）单位复验后填写。

4.3.3 原材料出厂的质量合格证及进场试验报告

1. 合格证、试验报告汇总表

合格证、试验报告汇总表核查用于工程的各种材料的品种、规格、数量，通过汇总达到检查的目的。

1）合格证、试验报告汇总表见表 4-13。

表 4-13 合格证、试验报告汇总表

工程名称：

序 号	名称、规格、品种	生 产 厂 家	进 场		合格证编号	复试报告日 期	试验结论	主要使用部位及有关说明
			数量	时间				
填表单位：			审核：		制表：			

2）资料要求：

① 合格证、试验报告汇总表按施工过程中依次形成的以上表式经核查后全部汇总不得缺漏。

② 砂、石、砖、水泥、钢材、防水材料等均应进行整理汇总，品种、规格应满足设计要求的品种和规格，否则为合格证、试验报告不全。

③ 试样结论是指进场材料抽样复试的复试报告的结论，应填写是否符合某标准要求。

④ 主要使用部位及有关说明要填写进场材料主要使用在何处及需要说明的事项。

⑤ 施工单位项目经理部的项目技术负责人为审核人，签字有效；施工单位项目经理部的专职质检员为制表人，签字有效。

2. 合格证粘贴表

合格证粘贴表是为整理不同厂家提供的规格不一的出厂合格证而设定的表式。

1）合格证粘贴表见表 4-14。

表 4-14　合格证粘贴表

审核：　　　　　　　整理：　　　　　　　年　　月　　日

2）资料要求：

① 各种材料的合格证应按施工过程中依次形成的以上表式，经核查符合要求后全部粘贴在表内，不得缺漏。

② 审核人、整理人应分别签字。

3. 材料检验报告

材料检验报告是为保证建筑工程质量，对用于工程的材料进行有关指标测试，由试验单位出具的试验证明文件。

1）材料检验报告见表 4-15。

表 4-15　材料检验报告

委托单位：　　　　　　　　　　　　试验编号：

工程名称			委托日期	
使用部位			报告日期	
试样名称及规格型号			检验类别	
生产厂家			批　　号	
序　　号	检 验 项 目	标 准 要 求	实 测 结 果	单 项 结 论
依据标准：				
检验结论：				
备　　注：				
试验单位：	技术负责人：	审核：	试（检）验：	

2）资料要求：

① 材料检验必须按相关标准进行，应将质量标准与试验结果一并填写。

② 材料检验的试验报告单位必须具有相应的资质，不具备相应资质的试验室出具的报告无效。

③ 有见证取样试验要求的必须进行见证取样试验。

④ 材料试验报告责任人签章必须齐全。

⑤ 检验结论应全面、准确地填写是否符合标准规定。

⑥ 试验单位是指承接该试验的具有相应资质的试验单位，签字盖章有效；技术负责人是指承接该试验的具有相应资质的试验单位的技术负责人，签字有效；审核应由承接该试验的具有相应资质的试验单位的技术负责人签字；试（检）验应由试验单位的参与试验人员签字。

4．钢材、钢筋出厂合格证、试验报告

1）钢材试验报告见表 4-16，钢筋力学性能试验报告见表 4-17。

表 4-16　钢材试验报告

委托单位：　　　　　　　　　　　　报告编号：

建设单位：　　　　　　　　　　　　收样日期：

工程名称：　　　　　　　　　　　　检验日期：

<table>
<tr><td colspan="2">试样名称</td><td colspan="3"></td><td colspan="2">委托编号</td><td colspan="7"></td></tr>
<tr><td colspan="2">使用部位</td><td colspan="3"></td><td colspan="2">试验委托人</td><td colspan="7"></td></tr>
<tr><td colspan="2">试样规格型号</td><td colspan="3"></td><td colspan="2">试样编号</td><td colspan="7"></td></tr>
<tr><td colspan="2">产　地</td><td colspan="3"></td><td colspan="2">代表数量</td><td colspan="7"></td></tr>
<tr><td rowspan="2">试件规格</td><td colspan="3">力学性能</td><td rowspan="2">冷弯
$d=a$</td><td rowspan="2">硬度
（HV）</td><td rowspan="2">冲击韧性
/MPa</td><td colspan="7">化学成分（%）</td></tr>
<tr><td>屈服点
/MPa</td><td>抗拉强度
/MPa</td><td>伸长率
δ（%）</td><td>碳
C</td><td>硫
S</td><td>锰
Mn</td><td>磷
P</td><td>硅
Si</td><td></td><td></td></tr>
<tr><td rowspan="2"></td><td></td><td></td><td></td><td></td><td rowspan="8"></td><td rowspan="8"></td><td></td><td></td><td></td><td></td><td></td><td></td><td></td></tr>
<tr><td></td><td></td><td></td><td></td><td></td><td></td><td></td><td></td><td></td><td></td><td></td></tr>
<tr><td rowspan="2"></td><td></td><td></td><td></td><td></td><td></td><td></td><td></td><td></td><td></td><td></td><td></td></tr>
<tr><td></td><td></td><td></td><td></td><td></td><td></td><td></td><td></td><td></td><td></td><td></td></tr>
<tr><td rowspan="2"></td><td></td><td></td><td></td><td></td><td></td><td></td><td></td><td></td><td></td><td></td><td></td></tr>
<tr><td></td><td></td><td></td><td></td><td></td><td></td><td></td><td></td><td></td><td></td><td></td></tr>
<tr><td rowspan="2"></td><td></td><td></td><td></td><td></td><td></td><td></td><td></td><td></td><td></td><td></td><td></td></tr>
<tr><td></td><td></td><td></td><td></td><td></td><td></td><td></td><td></td><td></td><td></td><td></td></tr>
<tr><td colspan="2">依据标准和结论</td><td colspan="12"></td></tr>
<tr><td colspan="2">备注</td><td colspan="12"></td></tr>
<tr><td colspan="14">检验人：　　　　审核：　　　　技术负责人：　　　　检验单位：　　　　见证取样人及编号：</td></tr>
</table>

表 4-17 钢筋力学性能试验报告

委托单位：　　　　　　　　　　试验编号：
建设单位：　　　　　　　　　　收样日期：
工程名称：　　　　　　　　　　检验日期：　　　　编号：

试样名称			委托编号					
使用部位			试验委托人					
试样规格型号			试样编号					
产地			代表数量		炉批号			
规格/mm	屈服点/MPa		抗拉强度/MPa		伸长率（%）		弯曲条件	弯曲结果
	标准要求	实测值	标准要求	实测值	标准要求	实测值		
备注：								
检验结论：1.（依据标准） 2.								
检验人：	审核：		技术负责人：		检验单位（公章）：		见证取样人及编号：	

2）资料要求：

① 结构中所用受力钢筋及钢材应有出厂合格证和复试报告。

② 钢材、钢筋进场时应有包括炉号、型号、规格、机械性能、化学成分、数量（指每批的代表数量）、生产厂家名称、出厂日期等内容的出厂合格证，合格证必须包括机械性能、化学成分。

③ 出厂合格证采用抄件或复印件时应加盖抄件（注明原件存放单位及钢材批量）或复印件单位章，经手人签字，钢材合格证经检查不符合有关规定的，为不符合要求。

④ 凡使用进口钢筋，应做机械性能试验和化学成分检验。

⑤ 钢材、钢筋试验报告中复试的品种、规格必须齐全，钢材试验报告单的品种、规格应和图纸上的品种、规格相一致，并应满足批量要求，应将试验报告结果与标准资料相对比，检查其是否符合要求。复试必须实行见证取样，试验室应在见证取样人名单上加盖公章，经手人签字。

⑥ 钢筋集中加工的应将钢筋复验单及钢筋加工出厂证明抄送施工单位（钢筋出厂证明及复验单原件由钢筋加工厂保存）；直接发到现场或构件厂的钢筋，复试由使用单位负责。

⑦ 试验报告的检查：检查试验编号是否填写，检查钢材试验单的试验资料是否准确无误，各项签字和报告日期是否齐全。

5．水泥出厂合格证、试验报告

水泥试验报告是为保证工程质量，对用于工程中的水泥的强度、安定性和凝结时间等指标进行测试后由试验单位出具的质量证明文件。

1）水泥试验报告见表 4-18。水泥出厂合格证应分类按序贴于合格证粘贴表上。

表 4-18　水泥试验报告

委托单位：　　　　　　　　　　　　　　　　　试验编号：

工程名称				使用说明	
水泥品种		强度等级		委托日期	
批号				检验类别	
生产厂		代表批量		报告日期	
检验项目	标准要求	实测结果	检验项目	标准要求	实测结果
细度			初　凝		
标准稠度用水量			终　凝		
胶砂流动度			安定性		
强度检验	抗折强度/MPa		抗压强度/MPa		快测强度/MPa
	3d	28d	3d	28d	
标准要求					
测定值					
实测结果					
依据标准：					
检验结论：					
备　　注：					
试验单位：	技术负责人：		审核：	试（检）验：	

2）资料要求：

① 所有牌号、品种的水泥均应有合格证和试验报告，水泥使用以复试报告为准，试验内容必须齐全且均应在使用前取得，试验报告单的试验编号必须填写，以防止弄虚作假。

② 水泥出厂合格证内容应包括水泥牌号、厂标、水泥品种、强度等级、出厂日期、批号、合格证编号、抗压强度、抗折强度、安定性、凝结时间。

③ 合格证中应有 3d、7d、28d 抗压、抗折强度和安定性试验结果。水泥复试可以提出 3d 强度以适应施工需要，但必须在 28d 后补充 28d 水泥强度报告，应注意出厂编号、出厂日期一致。

④ 从出厂日期起 3 个月内为有效期，超过 3 个月（快硬硅酸盐水泥超过 1 个月）应另做试验。

⑤ 水泥的合格试验单应满足工程使用水泥的数量、品种、强度等级等要求，且水泥的必试项目不得缺漏。

⑥ 水泥试验报告单必须和配合比通知单、试块强度试验报告单上的水泥品种、强度等级、厂牌相一致；水泥复试单和混凝土、砂浆试验报告上的时间进行对比可鉴别水泥是否有先用

后试验现象。

⑦ 单位工程的水泥复试批量与实际使用数量的批量构成应基本一致。

⑧ 必须实行见证取样，试验室应在见证取样人名单上加盖公章，经手人签字。

⑨ 水泥出厂合格证或试验报告不齐，为不符合要求；水泥先用后试验或不试验为不符合要求；水泥进场 3 个月未复试，为不符合要求。

⑩ 水泥进场时应对其品种、级别、包装或散装仓号、出厂日期等进行检查，并应对其强度、安定性及其他必要的性能指标进行复验，其质量必须符合现行国家标准《通用硅酸盐水泥》（GB 175—2007）等的规定。按同一生产厂家、同一等级、同一品种、同一批号且连续进场的水泥，袋装不超过 200t 为一批，散装不超过 500t 为一批，每批抽样不少于一次。

6. 砖（砌块）出厂合格证、试验报告

砖（砌块）试验报告是对工程中的砖（砌块）的强度等指标进行复试后由试验单位出具的质量证明文件。

1）砖（砌块）试验报告见表 4-19。砖（砌块）出厂合格证按工程进度依次贴于合格证粘贴表上。

表 4-19　砖（砌块）试验报告

委托单位：　　　　　　　　　　　　　　　　　　试验编号：

<table>
<tr><td>工程名称</td><td colspan="3"></td><td>委托日期</td><td colspan="2"></td></tr>
<tr><td>使用部位</td><td colspan="3"></td><td>报告日期</td><td colspan="2"></td></tr>
<tr><td>强度级别</td><td></td><td>代表批量</td><td></td><td>检验类别</td><td colspan="2"></td></tr>
<tr><td>生产厂家</td><td colspan="2"></td><td>规格尺寸</td><td colspan="3"></td></tr>
<tr><td rowspan="3">抗　压
检验结果</td><td colspan="2">强度平均值/MPa</td><td colspan="2">强度标准值、最小值/MPa</td><td rowspan="2">强度标准差/MPa</td><td rowspan="2">变异系数</td></tr>
<tr><td>标准要求</td><td>实测结果</td><td>标准要求</td><td>实测结果</td></tr>
<tr><td></td><td></td><td></td><td></td><td></td><td></td></tr>
<tr><td>外观质量</td><td colspan="6"></td></tr>
<tr><td>尺寸偏差</td><td colspan="6"></td></tr>
<tr><td>检验项目</td><td>泛霜</td><td>石灰爆裂</td><td>冻融</td><td>吸水率</td><td colspan="2">饱和系数</td></tr>
<tr><td>实测结果</td><td></td><td></td><td></td><td></td><td colspan="2"></td></tr>
<tr><td colspan="7">依据标准：</td></tr>
<tr><td colspan="7">检验结论：</td></tr>
<tr><td colspan="7">备　　注：</td></tr>
<tr><td colspan="7">试验单位：　　　　技术负责人：　　　　审核：　　　　试（检）验：</td></tr>
</table>

2）资料要求：

① 应核对砖出厂合格证，合格证的内容应包括厂家、品种、规格、批量、出厂日期、出厂批号、强度等级及相关性能指标，并盖有厂检验部门的印章，合格证不包括上述内容时复试时应加试。

② 应核对砖试验报告单，砖试验报告单的内容应包括：试验编号、委托单位、工程名称、使用部位、品种、规格、强度等级、厂家、出厂日期、批号、代表数量、送检日期、试验日期以及试验结果等内容。

③ 用于工程中的各种品种、强度等级的砖（指普通实心砖），进场后不论有无出厂合格证，均必须（在工地取样）按规定批量（一批砖约为 3.5～15 万块）进行复试。必试项目为抗压强度，设计有要求时进行抗折强度试验。实行见证取样，试验室应在见证取样人名单上加盖公章，经手人签字，随同试验报告单一并返送委托单位。试验报告单后面必须有返送的见证取样人名单，无返送人员名单的试验报告单视为无效。

④ 砖试验不全或不进行试验的为不符合要求。

⑤ 砖进场的外观检查，应检查砖的规格、尺寸、长、宽、厚，缺棱掉角程度、数量，砖的花纹，棱边弯曲和大面翘曲程度，有无石灰爆裂现象，砖的煅烧程度。

7．粗、细骨料及轻骨料试验报告

粗、细骨料及轻骨料试验报告是对工程中的骨料筛分以及含泥量、泥块含量、针片状含量、压碎指标等进行复试后由试验单位出具的质量证明文件。

1）建筑用砂检验报告见表 4-20，建筑用碎石（卵石）检验报告见表 4-21，轻骨料试验报告见表 4-22。

表 4-20　建筑用砂检验报告

委托单位：　　　　　　　　　　　　　　　　试验编号：

<table>
<tr><td>工程名称</td><td colspan="6"></td><td colspan="2">委托日期</td><td></td></tr>
<tr><td>砂种类</td><td colspan="6"></td><td colspan="2">报告日期</td><td></td></tr>
<tr><td>产地</td><td colspan="2"></td><td colspan="2">代表批量</td><td colspan="2"></td><td colspan="2">检验类别</td><td></td></tr>
<tr><td>检 验 项 目</td><td colspan="2">标 准 要 求</td><td colspan="2">实 测 结 果</td><td colspan="2">检 验 项 目</td><td colspan="2">标 准 要 求</td><td>实 测 结 果</td></tr>
<tr><td>表观密度/（kg/m³）</td><td colspan="2"></td><td colspan="2"></td><td colspan="2">石粉含量（%）</td><td colspan="2"></td><td></td></tr>
<tr><td>堆积密度/（kg/m³）</td><td colspan="2"></td><td colspan="2"></td><td colspan="2">氯盐含量（%）</td><td colspan="2"></td><td></td></tr>
<tr><td>紧密密度/（kg/m³）</td><td colspan="2"></td><td colspan="2"></td><td colspan="2">含水率（%）</td><td colspan="2"></td><td></td></tr>
<tr><td>含泥量（%）</td><td colspan="2"></td><td colspan="2"></td><td colspan="2">吸水率（%）</td><td colspan="2"></td><td></td></tr>
<tr><td>泥块含量（%）</td><td colspan="2"></td><td colspan="2"></td><td colspan="2">云母含量（%）</td><td colspan="2"></td><td></td></tr>
<tr><td rowspan="2">硫化物及硫酸盐（%）</td><td colspan="2" rowspan="2"></td><td colspan="2" rowspan="2"></td><td colspan="2">孔隙率（%）</td><td colspan="2"></td><td></td></tr>
<tr><td colspan="2" rowspan="2">坚固性</td><td colspan="2" rowspan="2"></td><td rowspan="2"></td></tr>
<tr><td rowspan="2">轻物质含量（%）</td><td colspan="2" rowspan="2"></td><td colspan="2" rowspan="2"></td></tr>
<tr><td colspan="2">碱活性</td><td colspan="2"></td><td></td></tr>
<tr><td></td><td colspan="2"></td><td colspan="2"></td><td colspan="2"></td><td colspan="3"></td></tr>
<tr><td>筛孔尺寸/mm</td><td>9.50</td><td>4.75</td><td>2.36</td><td>1.18</td><td>0.60</td><td>0.30</td><td>0.15</td><td rowspan="4">筛
分
结
果</td><td>细度模数</td></tr>
<tr><td>标准下限（%）</td><td></td><td></td><td></td><td></td><td></td><td></td><td></td><td></td></tr>
<tr><td>标准上限（%）</td><td></td><td></td><td></td><td></td><td></td><td></td><td></td><td>级配区属</td></tr>
<tr><td>实测结果（%）</td><td></td><td></td><td></td><td></td><td></td><td></td><td></td><td></td></tr>
<tr><td colspan="10">依据标准：</td></tr>
<tr><td colspan="10">检验结论：</td></tr>
<tr><td colspan="10">备　　注：</td></tr>
<tr><td colspan="10">试验单位：　　　　　　技术负责人：　　　　　　审核：　　　　　　试（检）验：</td></tr>
</table>

表 4-21 建筑用碎石（卵石）检验报告

委托单位： 试验编号：

工程名称				委托日期	
石子种类				报告日期	
产 地		代表批量		检验类别	
检验项目	标准要求	实测结果	检验项目	标准要求	实测结果
表观密度/（kg/m^3）			有机物含量		
堆积密度/（kg/m^3）			坚固性		
紧密密度/（kg/m^3）			岩石强度/MPa		
含泥量（%）			压碎指标（%）		
泥块含量（%）			SO_3 含量（%）		
吸水量（%）			碱活性		
针片状含量（%）			空隙率（%）		

筛孔尺寸/mm	90.0	75.0	63.0	53.0	37.5	31.5	26.5	19.0	16.0	9.50	4.75	2.36
标准下限（%）												
标准上限（%）												
实测结果（%）												

依据标准：

检验结论：

备 注：

试验单位： 技术负责人： 审核： 试（检）验：

表 4-22 轻骨料试验报告

委托单位： 试验编号：

工程名称				委托日期	
轻骨料种类		密度等级		报告日期	
产 地		代表批量		检验类别	

检验项目			实测结果
试验结果	一、筛分析	1．细度模数（细骨料）	
		2．最大粒径（粗骨料）	
		3．级配情况	
	二、表观密度/（kg/m^3）		
	三、堆积密度/（kg/m^3）		
	四、筒压强度/MPa		
	五、吸水率（1h）		
	六、其他		

结论：

试验单位： 技术负责人： 审核： 计算： 试（检）验：

2）资料要求：

① 粗、细骨料试验报告必须是经监理单位审核同意的试验室出具的试验报告单。

② 工程中使用的砂、石按产地不同和批量要求进行试验，必须试验项目为颗粒级配、含水率、比重、容重、含泥量。对重要工程混凝土使用的砂、碎石或卵石应进行碱活性检验。

③ 按工程需要的品种、规格，先试验后使用。试验报告单应试项目齐全，试验编号必须填写，并应符合有关规范要求。

④ C30 及 C30 以上的混凝土、防水混凝土、特殊部位混凝土，设计提出要求应加试有害杂质含量等。混凝土强度等级为 C40 及其以上混凝土或设计有要求时应对所用石子硬度进行试验。

⑤ 当设计为预防混凝土出现碱—骨料反应而对砂子含碱量提出要求时，应进行专门试验。

⑥ 粗、细骨料试验报告应按产地、粒径、试验时间依次排列归档。

8．焊条、焊剂合格证

1）焊条、焊剂合格证均应分类按序粘贴于合格证粘贴表上。

2）工程上使用的焊条、焊丝和焊剂，必须有出厂合格证。

9．防水材料合格证、试验报告

防水材料试验报告是对工程中的防水材料的耐热度、不透水性、拉力、柔度等指标进行复试后由试验单位出具的质量证明文件。

1）防水卷材试验报告见表 4-23，防水涂料试验报告见表 4-24。

防水材料合格证按厂家提供的规格，根据工程进度贴于合格证粘贴表上。

表 4-23　防水卷材试验报告

委托单位：　　　　　　　　　　　　　　试验编号：

<table>
<tr><td colspan="2">工程名称</td><td colspan="3"></td><td>委托日期</td><td colspan="2"></td></tr>
<tr><td colspan="2">生产厂家</td><td colspan="3"></td><td>报告日期</td><td colspan="2"></td></tr>
<tr><td colspan="2">使用部位</td><td colspan="3"></td><td>检验类别</td><td colspan="2"></td></tr>
<tr><td colspan="2">代表数量</td><td>规格型号</td><td colspan="2"></td><td>批号</td><td colspan="2"></td></tr>
<tr><td rowspan="9">试验结果</td><td rowspan="2">一、拉力试验</td><td>1．拉力/N</td><td>纵</td><td></td><td>横</td><td colspan="2"></td></tr>
<tr><td>2．拉伸强度/MPa</td><td>纵</td><td></td><td>横</td><td colspan="2"></td></tr>
<tr><td>二、断裂伸长率（延伸率）（%）</td><td colspan="2">纵</td><td></td><td>横</td><td colspan="2"></td></tr>
<tr><td>三、剥离强度（屋面）/MPa</td><td colspan="6"></td></tr>
<tr><td>四、粘和性（地下）/MPa</td><td colspan="6"></td></tr>
<tr><td>五、耐热度</td><td>温度/℃</td><td></td><td>评定</td><td colspan="3"></td></tr>
<tr><td>六、不透水性（抗渗透性）</td><td colspan="6"></td></tr>
<tr><td>七、柔韧性(低温柔性、低温弯折性)</td><td>温度/℃</td><td></td><td>评定</td><td colspan="3"></td></tr>
<tr><td>八、其他</td><td colspan="6"></td></tr>
<tr><td colspan="8">依据标准：</td></tr>
<tr><td colspan="8">结论：</td></tr>
<tr><td colspan="8">备注：</td></tr>
<tr><td colspan="8">试验单位：　　　　技术负责人：　　　　审核：　　　　试（检）验：</td></tr>
</table>

表 4-24 防水涂料试验报告

<table>
<tr><td colspan="2">工程名称及使用部位</td><td colspan="3"></td><td>委托日期</td><td></td></tr>
<tr><td colspan="2">试件名称及使用规格</td><td colspan="3"></td><td>报告日期</td><td></td></tr>
<tr><td colspan="2">生 产 厂 家</td><td colspan="3"></td><td>检验类别</td><td></td></tr>
<tr><td colspan="2">代 表 数 量</td><td colspan="3"></td><td>批 号</td><td></td></tr>
<tr><td rowspan="9">试验结果</td><td>一、延伸性/mm</td><td colspan="5"></td></tr>
<tr><td>二、拉伸强度/MPa</td><td colspan="5"></td></tr>
<tr><td>三、断裂伸长率（%）</td><td colspan="5"></td></tr>
<tr><td>四、粘结性/MPa</td><td colspan="5"></td></tr>
<tr><td>五、耐热度</td><td>温度/℃</td><td></td><td>评定</td><td colspan="2"></td></tr>
<tr><td>六、不透水性</td><td colspan="5"></td></tr>
<tr><td>七、柔韧性（低温）</td><td>温度/℃</td><td></td><td>评定</td><td colspan="2"></td></tr>
<tr><td>八、固体含量</td><td colspan="5"></td></tr>
<tr><td>九、其他</td><td colspan="5"></td></tr>
<tr><td colspan="7">依据标准：</td></tr>
<tr><td colspan="7">检验结论：</td></tr>
<tr><td colspan="7">备注：</td></tr>
<tr><td colspan="7">试验单位：　　　　技术负责人：　　　　审核：　　　　试（检）验：</td></tr>
</table>

2）资料要求：

① 防水材料必须有出厂合格证和在工地取样的试验报告。

② 按规定在现场进行抽样复检，对试件进行编号后按见证取样规定送试验室复试。试样来源及名称应填写清楚。试验单子项填写齐全，复试单试验编号必须填写，以防弄虚作假。防水材料的试验单中的各试验项目、数据应和检验标准对照，必须符合专项规定或标准要求，不合格的防水材料不得用于工程，并必须通过技术负责人专项处理，签署退场处理意见。试验结论要明确，责任人签字要齐全，不得漏签或代签。

③ 货物进场要抽样检查。按合同中规定的品种、规格及质量要求，先逐项进行外观检查，然后对照厂方（供方）提供的出厂合格证的质量指标，逐项核对。

④ 防水材料合格证、试验报告对应排列，按厂家、品种依次排列归档。

10．门窗、预制混凝土构件合格证

1）门窗、预制混凝土构件合格证以厂家提供表式，根据工程进度分类粘贴于合格证粘贴表上。

2）资料要求：

① 门窗、预制混凝土构件必须有出厂合格证。任何预制混凝土构件，只有在取得生产厂家提供的合格证，并经现场抽检合格后方可使用。合格证原件及检查记录，要求填写齐全，不得缺漏或填错。

② 构件合格证应包括生产厂家、工程名称、合格证编号、合同编号、设计图纸的种类、构件类别和名称、型号、代表数量、生产日期、结构试验评定、承载力、拱度，并有生产单位技术负责人、质检员姓名或签字，加盖生产单位公章。

其他部分内容，在此不予介绍。

4.3.4 施工试验报告和记录

1. 施工试验报告

施工试验报告是为保证建筑工程质量，对用于工程的无特定表式的材料，进行有关指标的测试，由试验单位出具的试验证明文件。

1）施工试验报告（通用）见表 4-25。

表 4-25 施工试验报告（通用）

委托单位：　　　　报告日期：

建设单位：　　　　收样日期：

工程名称：　　　　检验日期：　　　　编号：

施工部位		试样名称	
生产厂家		试样规格、材质	
试验内容及要求：			
试验情况：			
依据标准：			
结论：			
检验人： 审核人：	负责人：	检验单位（公章）：	见证取样人及编号：

2）资料要求：

① 无特定表式的材料必须有出厂合格证和在工地取样的试验报告，试验单子项填写齐全，不得漏填或错填，复试单试验编号必须填写。

② 试验结论要明确，责任人签字要齐全，不得漏签或代签，并加盖试验单位公章。

③ 委托单上的工程名称、部位、品种、强度等级等与试验报告单应对应一致。

④ 必须填写报告日期，以检查是否为先试验后施工，先用后试验为不符合要求。

⑤ 试验的代表批量和使用数量的代表批量应相一致。

⑥ 必须实行见证取样时，试验室应在见证取样人名单上加盖公章，经手人签字。

⑦ 使用材料与规范及设计要求不符为不符合要求。

⑧ 试验结论与使用品种、强度等级不符为不符合要求。

2．土壤试验报告

土壤试验报告是为保证工程质量，由试验单位对工程中进行的回填夯实类土的干质量密度指标进行测试后出具的质量证明文件。

1）土壤试验报告见表 4-26，土壤击实试验报告见表 4-27。

表 4-26　土壤试验报告

委托单位：　　　　　　　　　　　　　　　　　　　　试验编号：

工程名称				委托日期	
取样部位		试验种类		报告日期	
试样数量		最小干密度/（g/cm^3）		检验类别	
取样编号	取样步次	湿密度/（g/cm^3）	含水率（%）	干密度/（g/cm^3）	单个结论
取样位置示意图：					
依据标准：					
检验结论：					
试验单位：		技术负责人：		审核：	检验：

表 4-27　土壤击实试验报告

委托单位：　　　　　　　　　　　　　　试验编号：

工程名称				取样部位	
土样类别		最大粒径/mm		压实系数	
检验类别		委托日期		报告日期	
ρ_d/（g/cm^3）					
依据标准：					
检验结论： 最佳含水率　　%，最大干密度　　g/cm^3，控制最小干密度　　g/cm^3					
备注：					
试验单位：		技术负责人：		审核：	试验：

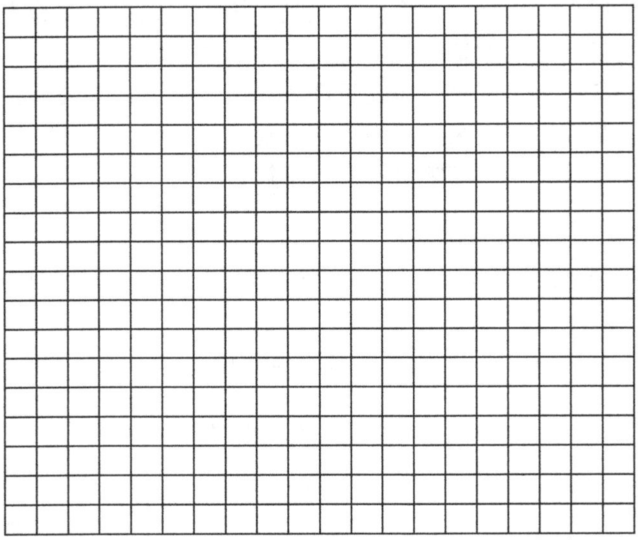

ω（%）

ρ_d—ω关系曲线

2）资料要求：

① 素土回填、灰土及砂石垫层、砂石地基的干密度试验应有取样位置示意图，取点分布应符合评定标准的规定。

② 土壤试验记录要填写齐全；土体试验报告单的子目应齐全，计算数据准确，签证手续完备，鉴定结论明确。

③ 单位工程的素土、砂、砂石等回填必须按每层取样，检验的数量、部位、范围和测试结果应符合设计要求及规范规定。如干质量密度低于质量标准时，必须有补夯措施和重新进行测定的报告。

④ 大型和重要的填方工程，其填料的最大干密度、最佳含水量等技术参数必须通过击实试验确定。

⑤ 检验时，如出现下列情况之一者，该项目应为不符合要求：大型土方或重要的填方工程以及素土、灰土、砂石等地基处理，无干土质量密度试验报告单或报告单中的实测数据不符合质量标准；土壤试验有“缺、漏、无”现象及不符合有关规定的内容和要求。

3．钢筋连接试验报告

钢筋连接试验报告是为保证建筑工程质量，对用于工程的不同形式的钢材连接进行有关指标的测试，由试验单位出具的试验证明文件。

1）钢筋连接试验报告见表 4-28。

表 4-28　钢筋连接试验报告

试样名称				委托编号	
使用部位				试验委托人	
钢材类别		原材料试验编号		试样编号	
接头类型		代表数量		操作人	
公称直径	屈服点	抗拉强度	断口特征及位置	冷弯条件	冷弯结果
检验结论：1．（依据标准） 2． 年　月　日					
备注：（焊工姓名、焊接方法、岗位证书编号）					
检验人：　审核：　技术负责人：　检验单位（公章）：　见证取样人及编号：					

2）资料要求：

① 钢筋或钢材闪光对焊、电弧焊、电渣压力焊等均应按有关规定执行；试验子项齐全，试验数据必须符合要求。

② 钢筋焊接接头按规定每批各取 3 件分别进行抗剪（点焊）、拉伸及弯曲试验，试验报告单的子项应填写齐全。对不合格焊接件应重新复试，对焊件进行补焊。

③ 钢结构构件按设计要求应分别进行一、二、三级焊接质量检验。一、二级焊缝，即承受拉力或压力要求与母材有同等强度的焊缝，必须有超声波检验报告，一级焊缝还应有 X 射线伤检报告。

④ 受力预埋件钢筋 T 形接头必须做拉伸试验，且必须符合设计或规范规定。

⑤ 焊条、焊丝和焊剂的品种、牌号及规格和使用应符合设计要求和规范规定，应有出厂合格证（如包装商标上有技术指示，也可将商标揭下存档，无技术指标时应进行复试）并应注明使用部位及设计要求的型号。质量指标包括机械性能和化学分析。低氢型碱性焊条以及

在运输中受潮的酸性焊条，应烘焙后再用，并填写烘焙记录。

⑥ 不同预应力钢筋的焊接均必须符合设计或规范要求（先焊后拉）。

⑦ 试验编号必须填写，以此作为查询试验室及试验台账，核实焊接试验数据的重要依据。

⑧ 必须实行见证取样，试验室应在见证取样人名单上加盖公章，经手人签字。

⑨ 机械连接或其他连接方式必须按设计要求进行试验，由试验室出具试验报告。

⑩ 无焊工合格证的人员进行施焊为不符合要求。

4．砂浆配合比

1）砂浆配合比通知单见表 4-29。

表 4-29　砂浆配合比通知单

工程名称				委托日期	
使用部位				报告日期	
砂浆种类		设计等级		要求稠度	
水泥品种、强度等级		生产厂家		试验编号	
砂规格				试验编号	
掺合料种类				试验编号	
外加剂种类				试验编号	
配　合　比					
材 料 名 称	水　　泥	砂　　子	掺　合　料	水	外　加　剂
用量/（kg/m^3）					
质量配合比					
实测稠度		分层度		养护条件	
依据标准：					
备注：					
试验单位：	技术负责人：		审核：	试验：	

2）资料要求：

① 凡是要求强度等级的各种砂浆均应出具配合比，并按配合比拌制砂浆，严禁使用经验配合比。

② 配合比采用的原材料必须与施工采用的材料一致。当原材料中水泥、砂子、外加剂出现较大变更时，如水泥的厂家或等级变更、砂子粒径变更等，应另行出具配合比。

③ 试验内容齐全。

④ 配合比签字盖章齐全。

⑤ 配合比按种类、强度等级、报告日期依次排序归档。

5．砂浆试件抗压强度检验报告

砂浆试件抗压强度检验报告是施工单位根据设计要求的砂浆强度等级，在施工现场按标准留置试件，由试验单位进行强度测试后出具的报告单。

1）砂浆试件抗压强度检验报告见表 4-30。

表 4-30　砂浆试件抗压强度检验报告

委托单位：　　　　　　　　　　报告编号：
建设单位：　　　　　　　　　　收样日期：
工程名称：　　　　　　　　　　检验日期：　　　　　　编号：

砂浆种类														
组号	设计等级	工程结构部位	制作日期		试验日期		龄期/d	试件尺寸/mm	受压面积/mm^2	养护条件	立方体破坏压力/kN	砂浆立方体抗压强度/MPa	抗压强度/MPa	达到设计强度（%）
			月	日	月	日								
检验依据和结论														
备　注														

检验人：　　审核：　　技术负责人：　　检验单位（公章）：　　　　见证取样人及编号：

2）资料要求：

① 砂浆强度以标准养护龄期 28d 的试件抗压试验结果为准，在冬季施工条件下养护时应增加同条件养护的试件，并有测温记录。

② 非标养试块应有测温记录，超龄期试件按有关规定换算为 28d 强度进行评定。

③ 砌筑砂浆的验收批，同一类型、强度等级的砂浆试件应不少于 3 组。当同一验收批只有一组试件时，该组试件抗压强度的平均值必须大于或等于设计强度等级所对应的立方体抗压强度。

④ 每一检验批且不超过 250m^3 砌体的各种类型及强度等级的砌筑砂浆，每台搅拌机应至少抽检一次；在砂浆搅拌机出料口随机取样制作砂浆试件（同盘砂浆应只制作一组试件），最后检查试件强度试验报告单。

⑤ 当施工中或验收时出现下列情况，可采用现场检验方法对砂浆和砌体强度进行原位检测或取样检验，并判定其强度：砂浆试件缺乏代表性或试块数量不足；对砂浆试件的试验结果有怀疑或有争议；砂浆试件的试验结果不能满足设计要求。

⑥ 有特殊性能要求的砂浆，应符合相应标准并满足施工规范要求。

⑦ 砌筑砂浆采用重量配合比，如砂浆组成材料有变更，应重新选定砂浆配合比。砂浆所有材料应符合质量检验标准，不同品种的水泥不得混合使用。砂浆的种类、强度等级、稠度、分层度均应符合设计要求和施工规范规定。

6. 混凝土试块试验报告汇总表

混凝土试块试验报告汇总表可核查用于工程的各种品种、强度等级、数量的混凝土试块，其通过汇总可达到便于检查的目的。

1）混凝土试块试验报告汇总表见表 4-31。

表 4-31 混凝土试块试验报告汇总表

工程名称： 年 月 日

序号	试验编号	施工部位	留置组数	设计要求强度等级	试块成型日期	龄期	混凝土试块强度等级	备注
填表单位：				审核：		制表：		

2）资料要求：

① 混凝土试块试验报告汇总表应按施工过程中依次形成的混凝土试块试验报告表式，经核查后全部汇总填写。

② 混凝土试块试验报告汇总表的整理按工程进度为序进行。

③ 用于检查的试件，应在混凝土的浇筑地点随机抽取。

7. 混凝土强度试配报告单

混凝土强度试配报告单是施工单位根据设计要求的混凝土强度等级提请试验单位进行混凝土试配，根据试配结果出具的混凝土强度试配报告单。

1）混凝土强度试配报告单见表 4-32。

表 4-32 混凝土强度试配报告单

委托单位： 试验编号：

工程名称					委托日期			
使用部位					报告日期			
混凝土种类		设计等级			要求坍落度			
水泥品种、强度等级		生产厂家			试验编号			
砂规格					试验编号			
外加剂种类及掺量					试验编号			
掺合料种类及掺量					试验编号			
配 合 比								
材料名称	水泥	砂子	石子	水	外加剂			掺合料
用量/（kg/m^3）								
质量配合比								
搅拌方法		振捣方法			养护条件			
砂率（%）		水灰比			实测坍落度			
依据标准：								
备注：								
试验单位：		技术负责人：		审核：		试（检）验：		

2）资料要求：

① 不论混凝土工程量大小、强度等级高低，均应进行试配，并按配比单拌制混凝土，严禁使用经验配合比；不做试配为不正确。

② 申请试配应提供混凝土的技术要求、原材料的有关性能、混凝土的搅拌、施工方法和养护方法，设计有特殊要求的混凝土应特别予以详细说明。

③ 混凝土试配应在原材料试配试验合格后进行。

④ 试验、审核、技术负责人签字齐全，并加盖试验单位公章。

⑤ 凡现浇框架结构、剪力墙结构、现场预制大型构件、重要混凝土基础以及构筑物、大体积混凝土及其他不同品种、不同强度等级、不同级配的混凝土均应事先送样申请试配，以保证满足设计要求。由试验室根据试配结果签发通知单，施工中如材料与送样有变化应另行送样，申请修改配合比。承接试配的试验室应由省级以上行业主管部门批准。

⑥ 通常情况下，当建筑材料的供应渠道与材质相对稳定时，施工企业可根据本单位常用的材料，由试验室试配出各种混凝土、砂浆配合比备用，作为一般工程的施工实际配合比。在使用过程中根据材料情况及混凝土质量检验结果适当予以调整。遇有下列情况时，应该单独提供混凝土、砂浆试配申请：重要工程或对混凝土性能有特殊要求时，所用原材料的产地、品种和质量有显著变化时，外加剂和掺和料的品种有变化时。

⑦ 混凝土、砂浆配合比严禁采用经验配合比。

8．混凝土试块试验报告

混凝土试块试验报告是为保证工程质量，由试验单位对工程中留置的混凝土试块的强度指标进行测试后出具的质量证明文件。

1）混凝土试块试验报告见表 4-33。

表 4-33　混凝土试块试验报告

委托单位：　　　　　　　　　　　　　　　　　　　　试验编号：

工程名称					委托日期	
结构部位					报告日期	
强度等级		试块边长/mm			检验类别	
配合比编号					养护方法	
试样编号	成型日期	破型日期	龄期/d	强度值/MPa	强度代表值/MPa	达设计强度（%）
依据标准：						
备注：						
试验单位：	技术负责人：		审核：		试（检）验：	

2）资料要求：

① 凡现浇框架结构、剪力墙结构、现场预制大型构件、重要混凝土基础以及构筑物、大体积混凝土及其他不同品种、不同强度等级、不同级配的混凝土均应在浇筑地点随机抽取留置试件。

② 混凝土试件由施工单位提供。

③ 混凝土强度以标准养护龄期 28d 的试件抗压试验结果为准，在冬期施工条件下养护时应增加同条件养护的试件，并有测温记录。

④ 非标准养护试件应有测温记录，超龄期试件按有关规定换算为 28d 强度进行评定。

⑤ 混凝土强度以单位工程按《混凝土结构工程施工质量验收规范》（GB 50204—2002）进行质量验收。

⑥ 必须实行见证取样，试验室应在见证取样人名单上加盖公章，经手人签字。

⑦ 有特殊性能要求的混凝土，应符合相应标准并满足施工规范的要求。

⑧ 混凝土试件试验也称混凝土物理力学性能试验，内容有：抗压强度试验、抗拉强度试验、抗折强度试验、抗冻性试验、抗渗性能试验、干缩试验等。对混凝土的质量检验，一般只进行抗压强度试验，对设计有抗冻、抗渗等要求的混凝土应分别按设计有关要求进行相关试验。

9．混凝土抗渗性能试验报告

混凝土抗渗性能试验报告是为保证防水工程质量，由试验单位对工程中留置的抗渗混凝土试块的强度指标进行测试后出具的质量证明文件。

1）混凝土抗渗性能试验报告见表 4-34。

表 4-34　混凝土抗渗性能试验报告

委托单位：　　　　　　　　　　　　　　　　　　　　试验编号：

<table>
<tr><td>工程名称</td><td colspan="2"></td><td colspan="2">使用部门</td><td colspan="2"></td></tr>
<tr><td>混凝土强度等级</td><td colspan="2"></td><td colspan="2">设计抗渗等级</td><td colspan="2"></td></tr>
<tr><td>混凝土配合比编号</td><td></td><td>成型日期</td><td></td><td colspan="2">委托日期</td><td></td></tr>
<tr><td>养护方法</td><td></td><td>龄期</td><td></td><td colspan="2">报告日期</td><td></td></tr>
<tr><td colspan="3">试件上表面渗水部位及剖开渗水高度/cm</td><td colspan="4">实际达到压力/MPa</td></tr>
<tr><td colspan="7">依据标准：</td></tr>
<tr><td colspan="7">检验结论：</td></tr>
<tr><td colspan="7">备注：</td></tr>
<tr><td colspan="7">试验单位：　　　　技术负责人：　　　　审核：　　　　试（检）验：</td></tr>
</table>

2）资料要求：

① 不同品种、不同强度等级、不同级配的抗渗混凝土均应在混凝土浇筑地点随机留置试块，且至少有 1 组在标准条件下养护，试件的留置数量应符合相应标准的规定。

② 抗渗混凝土强度以标准养护龄期 28d 的试块抗压试验结果为准，在冬期施工条件下养护时应增加同条件养护的试块，并有测温记录。

③ 抗渗混凝土试验报告单子项应填写齐全。

④ 抗渗混凝土强度等级按《混凝土结构工程施工质量验收规范》（GB 50204—2002）和《混凝土强度检验评定标准》（GB/T 50107—2010）进行验收，抗渗性能应符合《地下防水工程质量验收规范》（GB 50208—2011）。

⑤ 抗渗试验必须见证取样，试验室应在见证取样人名单上加盖公章，经手人签字。

10. 混凝土试件抗压强度统计评定表

混凝土试件抗压强度统计评定表是单位工程混凝土强度进行综合检查评定用表。其主要核查水泥等原材料是否与实际相符，混凝土强度等级、试压龄期、养护方法、试件留置的部位及组数等是否符合设计要求和有关标准、规范的规定。

1）混凝土试件抗压强度统计评定表见表 4-35。

表 4-35 混凝土试件抗压强度统计评定表

评定日期： 年 月 日 编号：

工程名称		施工单位	
强度等级		养护方法	
统计日期	年 月 日至 年 月 日	结构部位	

试件组数 n	强度标准值 $f_{cu,k}$/MPa	强度平均值 $m_{f_{cu}}$/MPa	强度最小值 $f_{cu,min}$/MPa	标准差 $s_{f_{cu}}$/MPa	合格判定系数		试件组数 n 10～14	15～24	≥25
					λ_1		1.7	1.65	1.60
					λ_2		0.9	0.85	0.85

每组强度值 /MPa										

评定方法	统计方法			非统计方法	
	$0.90f_{cu,k}$	$m_{f_{cu}}-\lambda_1\times f_{cu,k}$	$\lambda_2\times f_{cu,k}$	$1.15f_{cu,k}$	$0.95f_{cu,k}$
评定公式	$m_{f_{cu}}-\lambda_1\times f_{cu,k}\geqslant 0.90f_{cu,k}$		$f_{cu,min}\geqslant\lambda_2\times f_{cu,k}$	$m_{f_{cu}}\geqslant 1.15f_{cu,k}$	$f_{cu,min}\geqslant 0.95f_{cu,k}$
结果					
结论					

会签栏	监理（建设）单位	施工单位		
		专业技术负责人	审核	统计
	年 月 日			

2）资料要求：

① 正确按《混凝土结构工程施工质量验收规范》（GB 50204—2002）及《混凝土强度检验评定标准》（GB/T 50107—2010）对混凝土进行评定。

② 评定数据准确，评定人员符合要求。

③ 结构实体用同条件试块的汇总、评定纳入结构实体检测资料进行整理归档。

4.3.5 隐蔽工程验收记录

隐蔽工程验收记录是指被下道工序所隐蔽的，关系到结构性能和使用功能的重要部位或项目的隐蔽检查记录。凡本工序操作完毕，将被下道工序所掩盖、包裹而再无从检查的工程项目，在隐蔽前必须进行隐蔽工程验收。

1．土建工程主要隐蔽验收内容

1）土方工程：

① 基槽标高及几何尺寸，土质情况。

② 地基处理的填料配比、厚度、密实度。

③ 回填土的填料配比、厚度、密实度。

2）钢筋工程：

① 纵向受力钢筋的品种、规格、数量、位置等。

② 钢筋的连接方式、接头位置、接头数量、接头面积百分率等。

③ 箍筋、横向钢筋的品种、规格、数量、间距等。

④ 预埋件的规格、数量、位置等。

3）地面工程：地面下的基土、各种防护层及经过防腐处理的结构或连接件。

4）屋面工程：保温隔热层、找平层、防水层。

5）防水工程：卷材防水层及胶结材料防水的基层，地下室外墙防水，厨、卫间防水层。

6）装饰工程，地面下的灰土，装饰隐蔽部位的防腐处理等。

7）完工后无法检查或规范中要求作隐蔽验收的项目。

2．隐蔽工程验收记录见表4-36，钢筋隐蔽工程验收记录见表4-37，地下防水隐蔽工程验收记录见表4-38。

表4-36　隐蔽工程验收记录

施工单位：　　　　　　　　　　　　　　　　　　　　　　　　　　编号：

工程编号			分项工程名称	
施工图名称及编号			项目经理	
施工标准名称及代号			专业技术负责人	
隐蔽工程部位	质量要求	施工单位自查情况	监理（建设）单位验收情况	
施工单位自查结论	施工单位项目技术负责人：　　　年　月　日			
监理（建设）单位验收结论	监理工程师（建设单位项目负责人）：　　　年　月　日			
备　　注				

表 4-37 钢筋隐蔽工程验收记录

年 月 日　　　　　　　　　　　　　　　　　　　　　　编号：

<table>
<tr><td>工程名称</td><td colspan="3"></td><td>隐检项目</td><td></td></tr>
<tr><td>隐蔽验收部位</td><td colspan="3"></td><td>隐检时间</td><td></td></tr>
<tr><td>隐检依据</td><td colspan="5"></td></tr>
<tr><td colspan="6">隐检内容：
1．纵向受力钢筋的品种、规格、数量、位置。
2．钢筋的连接方式、接头位置、接头数量、接头面积百分率。
3．箍筋、横向钢筋的品种、规格、数量、间距，预埋件的规格、数量、位置。
4．设计变更和钢筋保护层厚度等。
5．预应力筋锚具和连接件的品种、规格、数量、位置及护套等。
6．预留孔道的规格、数量、位置、形状及灌浆孔、排水管等。
7．锚固区局部加强构造等。</td></tr>
<tr><td colspan="2" rowspan="6">施工单位自查情况与结论：</td><td colspan="4">钢筋（原材、焊接）检验</td></tr>
<tr><td>规格</td><td colspan="2">合格证编号</td><td>试验报告编号</td></tr>
<tr><td></td><td colspan="2"></td><td></td></tr>
<tr><td></td><td colspan="2"></td><td></td></tr>
<tr><td></td><td colspan="2"></td><td></td></tr>
<tr><td></td><td colspan="2"></td><td></td></tr>
<tr><td colspan="6">监理（建设）单位验收意见与结论：</td></tr>
<tr><td colspan="2">监理（建设）单位（签章）</td><td colspan="4">施工单位（签章）</td></tr>
<tr><td colspan="2" rowspan="2">专业监理工程师：
（建设单位项目专业技术负责人）
年 月 日</td><td>专业技术负责人</td><td colspan="2">质检员</td><td>专业工长</td></tr>
<tr><td></td><td colspan="2"></td><td></td></tr>
</table>

表 4-38 地下防水隐蔽工程验收记录

年 月 日　　　　　　　　　　　　　　　　　　　　　　编号：

<table>
<tr><td>工程名称</td><td></td><td>隐检项目</td><td></td></tr>
<tr><td>隐检部位</td><td></td><td>防水等级</td><td></td></tr>
<tr><td>防水构造</td><td></td><td>隐检时间</td><td></td></tr>
<tr><td colspan="4">隐检内容：
1．卷材、涂料防水层及基层。
2．防水混凝土结构和防水层掩盖的部位。
3．变形缝、施工缝等防水构造的做法。
4．管道设备穿过防水层的封固部位。
5．渗排水层、盲沟和坑槽。
6．衬砌前围岩渗漏水处理。
7．基坑的超挖和回填。</td></tr>
<tr><td colspan="4">施工单位自查情况与结论：</td></tr>
<tr><td colspan="4">监理（建设）单位验收意见与结论：</td></tr>
</table>

<table>
<tr><td>监理（建设）单位（签章）</td><td colspan="3">施工单位（签章）</td></tr>
<tr><td rowspan="2">专业监理工程师：
（建设单位项目专业负责人）
年 月 日</td><td>专业技术负责人</td><td>质检员</td><td>专业工长</td></tr>
<tr><td></td><td></td><td></td></tr>
</table>

3．资料要求

1）隐蔽工程验收记录应按专业，分层、分段、分部位按施工程序进行填写。隐蔽工程验收记录按分项工程检验批填写，内容包括位置、标高、材质、品种、规格、数量、焊接接头、防腐、管盒固定、管口处理等，需附图时应附图。

2）隐蔽工程验收时，施工单位必须附有关分项工程质量验收及测试资料，包括原材料试（化）验单、质量验收记录、出厂合格证等，以备查验。

3）需要进行处理的，处理后必须进行复验，并且办理复验手续，填写复验日期，并做出复验结论。

4）工程具备隐检条件后，由专业工长填写隐蔽工程验收记录，由质检员提前一天报请监理单位，验收时由专业技术负责人组织专业工长、质检员共同参加。验收后由监理单位专业监理工程师（建设单位项目专业技术负责人）签署验收意见及验收结论。

5）凡未经过隐蔽工程验收或验收不合格的工程，不得进入下道工序施工。

6）隐蔽工程验收记录上签字、盖章要齐全，参加验收人员须本人签字，并加盖监理（建设）单位项目部公章和施工单位项目部公章。

4.3.6 施工记录

1．施工记录（通用）

施工记录（通用）为未定专项施工记录表式而又需要在施工过程中进行必要记录的施工项目时采用。

1）施工记录（通用）见表 4-39。

表 4-39 施工记录（通用）

工程名称		验收日期	
施工内容			
施工依据与材质			
问题与处理意见			
鉴定意见与建议			
参加验收单位及人员			
项目技术负责人：	质检员：	记录人：	

2）资料要求：

① 凡相关专业施工质量验收规范中主控项目或一般项目的检查方法中要求进行检查施工记录的项目，均应按资料的要求对该项施工过程完成后的成品质量进行检查并填写施工记录。存在问题时应有处理建议。

② 施工记录应按表式内容逐一填写。

③ 施工记录由项目经理部的专职质量检查员或工长实施记录，由项目技术负责人审定。

2. 地基钎探记录

地基钎探记录是为了探明基底下对沉降影响最大的一定深度内的土层情况而进行的钎探记录。基槽完成后，一般均应按设计要求或施工规范规定进行钎探。

1）地基钎探记录见表 4-40。

表 4-40 地基钎探记录

工程名称：　　　　施工单位：

钎探方式				直径			钎探日期		
探点编号	锤击数								探点布置及处理部位示意图
	合计	0～30 cm	30～60 cm	60～90 cm	90～120 cm	120～150 cm	150～180 cm	180～210 cm	
									结论
工程质量负责人：					质检员：		钎探人：		

2）资料要求：

① 地基钎探记录主要包括钎探点平面布置图和锤击数记录。

② 钎探点平面布置图应与实际基槽一致，应标出方向，基槽各轴线、轴号要与设计基础图一致。确定钎探点布置及编号顺序。钎探点平面布置图也可以在表外另附图。

③ 钎探记录由钎探负责人负责组织钎探并记录，专业二长要对钎探点的布设和各步锤击数进行检查，专业技术负责人审核并签证。

④ 地基钎探记录原则上应用原始记录表，受损严重的可以重新抄写，但原始记录仍要原

样保存，重新抄写好的记录数据、文字应与原件一致，要注明原件处并有抄写人签字。

3．地基验槽记录

地基是建筑物的基石，认真细致地进行地基验槽，及时发现并慎重处理好地基施工中出现的有关问题，是保证地基符合设计要求的一项重要措施，同时也可以丰富和提高工程勘察报告的准确程度。

1）地基验槽记录见表 4-41。

表 4-41　地基验槽记录

工程名称：　　　　　　　　　　　　　　　　　　施工单位：

<table>
<tr><td>建筑面积</td><td></td><td>项目经理</td><td></td></tr>
<tr><td>开挖时间</td><td></td><td>项目技术负责人</td><td></td></tr>
<tr><td>完成时间</td><td></td><td>质检员</td><td></td></tr>
<tr><td>验收时间</td><td></td><td>记录人</td><td></td></tr>
<tr><td>项次</td><td>项目</td><td>查验情况</td><td>附图或说明</td></tr>
<tr><td>1</td><td>土壤类别</td><td></td><td rowspan="8"></td></tr>
<tr><td>2</td><td>基底是否为老土</td><td></td></tr>
<tr><td>3</td><td>地基土的均匀、致密程度</td><td></td></tr>
<tr><td>4</td><td>地下水情况</td><td></td></tr>
<tr><td>5</td><td>有无坑、穴、洞、窑、墓</td><td></td></tr>
<tr><td>6</td><td>其他</td><td></td></tr>
<tr><td>初验结论</td><td colspan="2"></td></tr>
<tr><td>复验结论</td><td colspan="2"></td></tr>
</table>

建设单位	监理单位	设计单位	勘察单位	施工单位

2）资料要求：

① 地基土的均匀、致密程度，有无坑、穴、洞、窑、墓等内容应填写齐全，签字盖章应齐全。

② 地基需处理时，须有设计部门的处理方案；处理后应复验并注明复验意见。

③ 对有地基处理或设计要求处理及注明的地段、处理的方案、要求、实施记录及实施后的验收结果，应作为专门问题进行处理，归档编号。

④ 地基验槽除设计有规定外，均应提供地基钎探记录资料，没有地基钎探时应补探。

⑤ 地基验槽必须在当地质量监督部门监督的情况下进行；有建设、设计、施工、监理各方签证为符合要求，否则为不符合要求。

4．混凝土施工记录

不论混凝土浇筑工程量大小，均应对环境条件、混凝土配合比、浇筑部位、坍落度、试件留置情况等进行真实记录。

1）混凝土施工记录见表 4-42。

表 4-42　混凝土施工记录

编号：

<table>
<tr><td>工程名称</td><td colspan="4"></td><td colspan="2">施工单位</td><td colspan="3"></td></tr>
<tr><td rowspan="2">混凝土强度等级</td><td colspan="2" rowspan="2"></td><td colspan="2" rowspan="2">操作班组</td><td colspan="2" rowspan="2"></td><td colspan="2">气象</td><td></td></tr>
<tr><td colspan="2">风力</td><td></td></tr>
<tr><td rowspan="2">混凝土配比单编号</td><td colspan="2" rowspan="2"></td><td colspan="2" rowspan="2">浇筑部位</td><td colspan="2" rowspan="2"></td><td rowspan="2">气温/℃</td><td>最高</td><td></td></tr>
<tr><td>最低</td><td></td></tr>
<tr><td rowspan="2">材料
混凝土配合比</td><td rowspan="2">水泥/kg</td><td rowspan="2">砂/kg</td><td rowspan="2">石/kg</td><td rowspan="2">水/kg</td><td colspan="3">外加剂名称及用量/kg</td><td colspan="2">掺和料名称及用量/kg</td></tr>
<tr><td></td><td></td><td></td><td></td><td></td></tr>
<tr><td>配合比</td><td></td><td></td><td></td><td></td><td></td><td></td><td></td><td></td><td></td></tr>
<tr><td>每 m^3 用量</td><td></td><td></td><td></td><td></td><td></td><td></td><td></td><td></td><td></td></tr>
<tr><td>每盘用量</td><td></td><td></td><td></td><td></td><td></td><td></td><td></td><td></td><td></td></tr>
<tr><td>浇筑时间</td><td colspan="9">年　月　日　时至　年　月　日　时</td></tr>
<tr><td>搅拌、运输、振捣、养护方法</td><td colspan="9"></td></tr>
<tr><td>当班完成混凝土数量/m^3</td><td colspan="9"></td></tr>
<tr><td>浇筑过程记录</td><td colspan="9">坍落度检测：
试块留置：
施工缝处理：</td></tr>
<tr><td>备注</td><td colspan="9"></td></tr>
<tr><td colspan="10">专业技术负责人：　　质检员：　　施工工长：　　试验员：</td></tr>
</table>

2）资料要求：

① 混凝土施工记录应按表中要求填写浇筑部位、天气情况、配比单编号等。

② 配合比按试验室提供的配合比填写，每盘用量应按施工配合比填写，根据施工情况及时测试砂、石含水率，调整配合比，由试验配合比转变为施工配合比。

③ 在混凝土浇筑过程中要及时检查坍落度，冬期施工时大体积混凝土还要做测温记录。

4.3.7　质量事故处理记录及质量检测、加固处理文件

1．质量事故处理记录

凡因工程质量不符合规定的质量标准，影响使用功能或设计要求的质量事故，在初步调查的基础上应填写工程质量事故报告。

1）工程质量事故报告见表 4-43。

表 4-43　工程质量事故报告

事故部位			报告日期		
事故性质	设计错误		交底不清	违反操作规程	
事故发生日期					
事故等级					
直接责任者		职务		损失金额	
事故经过和原因分析：					
事故处理意见：					
企业负责人：		企业技术负责人：		项目经理：	

2）资料要求：

① 工程质量事故的内容及处理建议应填写具体、清楚。

② 有当事人及有关领导的签字及附件资料。

③ 事故经过和原因分析要尊重事实，尊重科学，实事求是。

3）工程建设重大质量事故：

① 工程建设过程中发生的重大质量事故。

② 由于勘察、设计、施工等过失造成工程质量低劣，在交付使用后发生的重大质量事故。

③ 因工程质量达不到合格标准，而需要加固补强、返工或报废，且经济损失达到重大质量事故级别的重大质量事故。

4）一般工程质量事故：凡造成影响使用功能和工程结构安全，造成永久性缺陷的，均应视为一般质量事故。

2．质量检测、加固处理文件

工程结构、安装等分部中出现需要检测的，其检测文件、设计复核认可文件、加固补强方案以及补强验收文件等，应进行汇总归档。

课题 4　工程质量验收资料的整理

4.4.1　工程质量验收的划分与程序

1．工程质量验收的划分

建设工程质量验收划分为单位（子单位）工程质量竣工验收、分部（子分部）工程质量验收、分项工程质量验收和检验批质量验收。

2．工程质量验收的程序

1）检验批的质量验收。

2）分项工程质量验收。

3）分部（子分部）工程质量验收。

4）单位（子单位）工程质量竣工验收。

单位工程施工质量验收必须按以上顺序依序进行，报送资料逆向依序编制。

4.4.2　单位（子单位）、分部（子分部）、分项工程和检验批的验收

1．检验批的质量验收

1）主控项目和一般项目：

① 主控项目包括重要原材料、成品、半成品、设备及附件的材质证明或检（试）验报告；结构强度、刚度等检验数据，工程质量性能的检测；一些重要的允许偏差项目，必须控制在允许偏差限值之内。

② 一般项目是指允许有一定的偏差或缺陷，以及一些无法定量（如油漆的光亮、光滑项目等），但又不能超过一定数量的项目。

2）检验批质量验收记录见表 4-44。

表 4-44　检验批质量验收记录表

<table>
<tr><td colspan="2">工程名称</td><td></td><td>分项工程名称</td><td></td><td>验收部位</td><td></td></tr>
<tr><td colspan="2">施工单位</td><td></td><td>专业工长</td><td></td><td>项目经理</td><td></td></tr>
<tr><td colspan="2">施工执行标准名称及编号</td><td colspan="5"></td></tr>
<tr><td colspan="2">分包单位</td><td></td><td>分包项目经理</td><td></td><td>施工班组长</td><td></td></tr>
<tr><td rowspan="9">主控项目</td><td colspan="2">质量验收规范的规定</td><td colspan="2">施工单位检查评定记录</td><td colspan="2">监理（建设）单位验收记录</td></tr>
<tr><td>1</td><td></td><td colspan="2"></td><td colspan="2"></td></tr>
<tr><td>2</td><td></td><td colspan="2"></td><td colspan="2"></td></tr>
<tr><td>3</td><td></td><td colspan="2"></td><td colspan="2"></td></tr>
<tr><td>4</td><td></td><td colspan="2"></td><td colspan="2"></td></tr>
<tr><td>5</td><td></td><td colspan="2"></td><td colspan="2"></td></tr>
<tr><td>6</td><td></td><td colspan="2"></td><td colspan="2"></td></tr>
<tr><td>7</td><td></td><td colspan="2"></td><td colspan="2"></td></tr>
<tr><td>8</td><td></td><td colspan="2"></td><td colspan="2"></td></tr>
<tr><td rowspan="4">一般项目</td><td>1</td><td></td><td colspan="2"></td><td colspan="2"></td></tr>
<tr><td>2</td><td></td><td colspan="2"></td><td colspan="2"></td></tr>
<tr><td>3</td><td></td><td colspan="2"></td><td colspan="2"></td></tr>
<tr><td>4</td><td></td><td colspan="2"></td><td colspan="2"></td></tr>
<tr><td colspan="3">施工单位检查评定结果</td><td colspan="4">项目专业质量检查员：
年　月　日</td></tr>
<tr><td colspan="3">监理（建设）单位验收结论</td><td colspan="4">专业监理工程师：
（建设单位项目专业技术负责人）
年　月　日</td></tr>
</table>

注：地基基础、主体结构工程的检验质量验收不填写“分包单位”和“分包项目经理”。

3）资料要求：

① 主控项目和一般项目的质量经抽样检验合格。

② 具有完整的施工操作依据、质量检查记录。

③ 施工执行标准名称及编号填写企业标准或行业推荐性标准。

④ 施工单位检查评定结果，施工单位自行检验合格后，注明“合格”。

⑤ 监理单位在验收时，应对主控项目、一般项目逐项进行验收，对符合验收规范的项目，填写“合格”或“符合要求”，在验收结论里统一填写“同意验收”，并由专业监理工程师（建设单位项目技术负责人）签字，填写验收日期。

2. 分项工程质量验收

1）分项工程质量验收记录见表 4-45。

表 4-45 分项工程质量验收记录表

<table>
<tr><td colspan="2">工程名称</td><td></td><td colspan="3">结构类型</td><td colspan="2"></td><td>检验批数</td><td></td></tr>
<tr><td colspan="2">施工单位</td><td></td><td colspan="3">项目经理</td><td colspan="2"></td><td>项目技术负责人</td><td></td></tr>
<tr><td colspan="2">分包单位</td><td></td><td colspan="3">分包单位负责人</td><td colspan="2"></td><td>分包项目经理</td><td></td></tr>
<tr><td>序号</td><td colspan="3">检验批名称及部位、区段</td><td colspan="4">施工单位检查评定记录</td><td colspan="2">监理（建设）单位验收记录</td></tr>
<tr><td>1</td><td colspan="3"></td><td colspan="4"></td><td colspan="2"></td></tr>
<tr><td>2</td><td colspan="3"></td><td colspan="4"></td><td colspan="2"></td></tr>
<tr><td>3</td><td colspan="3"></td><td colspan="4"></td><td colspan="2"></td></tr>
<tr><td>4</td><td colspan="3"></td><td colspan="4"></td><td colspan="2"></td></tr>
<tr><td>5</td><td colspan="3"></td><td colspan="4"></td><td colspan="2"></td></tr>
<tr><td>6</td><td colspan="3"></td><td colspan="4"></td><td colspan="2"></td></tr>
<tr><td>检查结论</td><td colspan="4">项目专业技术负责人：
年　月　日</td><td colspan="2">验收结论</td><td colspan="3">监理工程师：
（建设单位项目专业技术负责人）
年　月　日</td></tr>
</table>

注：1. 地基基础、主体结构工程的分项工程质量验收不填写“分包单位”和“分包项目经理”。

2. 当同一分项工程存在多项检验批时，应填写检验批名称。

2）资料要求：

① 分项工程所含的检验批均应符合质量要求的规定。

② 分项工程所含的检验批的质量验收记录应完整。

③ 分项工程的验收由施工单位项目专业技术负责人进行检查评定，由监理单位专业监理工程师进行验收。

④ 验收批部位、区段，施工单位检查评定结果，由施工单位项目专业质量检查员填写；检查结论由施工单位的项目专业技术负责人填写并签字；验收结论由专业监理工程师审查后填写，同意项填写“合格”或“符合要求”，并签字确认，不同意项不填写，并提出存在问题和处理意见。

3）分项工程质量的验收是在检验批验收的基础上进行的，只是一个统计过程，但也有一些在检验批验收中没有的内容，在分项验收时应注意：

① 核对检验批的部位、区段是否全部覆盖分项工程的范围，是否有缺漏的部位没有验收到。

② 一些在检验批中无法检验的项目，在分项工程中直接验收，如砖砌体工程中的全高垂

直度、砂浆强度的评定等。

③ 检验批验收记录的内容及签字人是否正确、齐全。

3．分部（子分部）工程质量验收

分部（子分部）工程质量验收是对分项工程的质量进行检查验收后，对有关工程质量控制资料、安全及功能的检验和抽样检测结果的资料核查，以及观感质量进行评价。

1）验收主要内容：

① 分项工程：检查每个分项工程验收是否正确；查对所含分项工程，有没有漏、缺或是没有进行验收的分项工程；检查分项工程的资料是否完整，每部分验收资料的内容是否有缺项、漏项，以及分项验收人员的签字是否齐全及符合规定。

② 质量控制资料核查：核查和归纳各检验批、分项的验收记录资料，查对其是否完整；核对各种资料的内容、数据及验收人员的签字是否规范。

③ 安全和功能检验（检测）资料核查：检查各规范中规定的检测项目是否都进行了验收，不能进行检测的项目应说明原因；检查各项检测记录（报告）是否符合要求，包括检测项目的内容，所遵循的检测方法标准，检测结果的数据是否达到规定的标准；检查资料的检测程序，有关取样人、检测人、审核人、试验负责人，以及公章、签字是否齐全等。

④ 观感质量验收：观感质量验收是一个辅助项目，没有具体标准，由检查人员宏观掌握。可以评为一般、好、差。有影响安全或使用功能的项目，不能评价，应修理后再评价。

2）分部（子分部）工程质量验收记录见表 4-46。

表 4-46　分部（子分部）工程质量验收记录表

<table>
<tr><td colspan="3">工程名称</td><td colspan="2"></td><td>结构类型</td><td></td><td colspan="2">层数</td><td></td></tr>
<tr><td colspan="3">施工单位</td><td colspan="2"></td><td>技术部门负责人</td><td></td><td colspan="2">质量部门负责人</td><td></td></tr>
<tr><td colspan="3">分包单位</td><td colspan="2"></td><td>分包单位负责人</td><td></td><td colspan="2">分包技术负责人</td><td></td></tr>
<tr><td colspan="2">序号</td><td colspan="3">分项工程名称</td><td>检验批数</td><td colspan="2">施工单位检查评定</td><td colspan="2">验收意见</td></tr>
<tr><td colspan="2">1</td><td colspan="3"></td><td></td><td colspan="2"></td><td colspan="2" rowspan="7"></td></tr>
<tr><td colspan="2">2</td><td colspan="3"></td><td></td><td colspan="2"></td></tr>
<tr><td colspan="2">3</td><td colspan="3"></td><td></td><td colspan="2"></td></tr>
<tr><td colspan="2">4</td><td colspan="3"></td><td></td><td colspan="2"></td></tr>
<tr><td colspan="2">5</td><td colspan="3"></td><td></td><td colspan="2"></td></tr>
<tr><td colspan="2">6</td><td colspan="3"></td><td></td><td colspan="2"></td></tr>
<tr><td colspan="2">7</td><td colspan="3"></td><td></td><td colspan="2"></td></tr>
<tr><td colspan="5">质量控制资料</td><td></td><td colspan="2"></td><td colspan="2"></td></tr>
<tr><td colspan="5">安全和功能检验（检测）报告</td><td></td><td colspan="2"></td><td colspan="2"></td></tr>
<tr><td colspan="5">观感质量验收</td><td colspan="5"></td></tr>
<tr><td rowspan="5">验收单位</td><td colspan="3">分包单位</td><td colspan="6">项目经理：　　年　月　日</td></tr>
<tr><td colspan="3">施工单位</td><td colspan="6">项目经理：　　年　月　日</td></tr>
<tr><td colspan="3">勘察单位</td><td colspan="6">项目负责人：　　年　月　日</td></tr>
<tr><td colspan="3">设计单位</td><td colspan="6">项目负责人：　　年　月　日</td></tr>
<tr><td colspan="3">监理（建设）单位</td><td colspan="6">总监理工程师：
（建设单位项目专业负责人）　　年　月　日</td></tr>
</table>

注：地基基础、主体结构分部工程质量验收不填写“分包单位”、“分包单位负责人”和“分包技术负责人”。地基基础、主体结构分部工程验收勘察单位应签认，其他分部工程验收勘察单位可不签认。

3）资料要求：

① 分部（子分部）工程所含分项工程的质量均应验收合格。

② 质量控制资料应完整。

③ 地基与基础、主体结构和设备安装等分部工程，有关安全及功能的检验和抽样检测结果应符合有关规定。

④ 观感质量验收应符合要求。

4．单位（子单位）工程质量竣工验收

单位（子单位）工程质量竣工验收由五部分内容组成，即分部工程、质量控制资料核查、安全和主要使用功能核查及抽查结果、观感质量验收、综合验收结论，每一项内容都有专门的验收记录表。单位（子单位）工程质量竣工验收记录是一个综合性的表，是各项验收合格后填写的。

1）单位（子单位）工程质量竣工验收记录见表 4-47。

表 4-47　单位（子单位）工程质量竣工验收记录

<table>
<tr><td>工程名称</td><td colspan="2"></td><td>结构类型</td><td></td><td>层数/建筑面积</td><td></td></tr>
<tr><td>施工单位</td><td colspan="2"></td><td>技术负责人</td><td></td><td>开工日期</td><td></td></tr>
<tr><td>项目经理</td><td colspan="2"></td><td>项目技术负责人</td><td></td><td>竣工日期</td><td></td></tr>
<tr><td>序　号</td><td colspan="2">项　目</td><td colspan="2">验 收 记 录</td><td colspan="2">验 收 结 论</td></tr>
<tr><td>1</td><td colspan="2">分部工程</td><td colspan="2">共　分部，经查　分部
符合标准及设计要求　分部</td><td colspan="2"></td></tr>
<tr><td>2</td><td colspan="2">质量控制资料核查</td><td colspan="2">共　分部，经查符合要求　项，经核定符合规范要求　项</td><td colspan="2"></td></tr>
<tr><td>3</td><td colspan="2">安全和主要使用功能核查及抽查结果</td><td colspan="2">共核查　项，符合要求　项，
共核查　项，符合要求　项，
经返工处理符合要求　项</td><td colspan="2"></td></tr>
<tr><td>4</td><td colspan="2">观感质量验收</td><td colspan="2">共抽查　项，符合要求　项，
不符合要求　项，
经返工处理符合要求　项</td><td colspan="2"></td></tr>
<tr><td>5</td><td colspan="2">综合验收结论</td><td colspan="4"></td></tr>
<tr><td rowspan="2">参加验收单位</td><td>建设单位
（公章）</td><td colspan="2">监理单位
（公章）</td><td colspan="2">施工单位
（公章）</td><td>设计单位
（公章）</td></tr>
<tr><td>单位（项目）负责人：
年　月　日</td><td colspan="2">总监理工程师：
年　月　日</td><td colspan="2">单位负责人：
年　月　日</td><td>单位（项目）负责人：
年　月　日</td></tr>
</table>

2）资料要求：

① 单位（子单位）工程由建设单位（项目）负责人组织施工单位（含分包单位）、设计单位、监理单位等（项目）负责人进行验收。参加验收单位应加盖公章，并由单位负责人签字。控制资料核查、安全检验资料及观感评定表，由施工单位项目经理和总监理工程师（建设单位项目负责人）签字。

② 验收内容符合要求，验收结论填写“同意验收”；不符合要求的项目，应执行相关程序进行处理。

③ 综合验收结论由建设单位填写，工程满足合格要求时，可填写“通过验收”。

④ 建设单位、监理单位、施工单位、设计单位在工程验收合格后，各单位的项目负责人要亲自签字，并加盖单位公章（注明签字验收的日期）。

5. 单位（子单位）工程质量控制资料核查记录

1）单位（子单位）工程质量控制资料核查记录见表 4-48。

表 4-48　单位（子单位）工程质量控制资料核查记录

工程名称			施工单位		
序　号	项　目	资料名称	份　数	核查意见	核查人
1	建筑与结构	图纸会审、设计变更、洽商记录			
2		工程定位测量、放线记录			
3		原材料出厂合格证书及进场检（试）验报告			
4		施工试验报告及见证检测报告			
5		隐蔽工程验收记录			
6		施工记录			
7		预制构件、预拌混凝土合格证			
8		地基基础、主体结构检验及抽样检测资料			
9		分项、分部工程质量验收记录			
10		工程质量事故及事故调查处理资料			
11		新材料、新工艺施工记录			
1	给排水与采暖	图纸会审、设计变更、洽商记录			
2		材料、配件出厂合格证书及进场检（试）验报告			
3		管道及设备强度试验、严密性试验记录			
4		隐蔽工程验收记录			
5		系统清洗、灌水、通水、通球试验记录			
6		施工记录			
7		分项、分部工程质量验收记录			
1	建筑电气	图纸会审、设计变更、洽商记录			
2		材料、配件出厂合格证书及进场检（试）验报告			
3		设备调试记录			
4		接地、绝缘电阻测试记录			
5		隐蔽工程验收记录			
6		施工记录			
7		分项、分部工程质量验收记录			
1	通风与空调	图纸会审、设 计变更、洽商记录			
2		材料、设备出厂合格证书及进场检（试）验报告			
3		制冷、空调、水管道强度试验、严密性试验记录			
4		隐蔽工程验收记录			
5		系统清洗、灌水、通水、通球试验记录			
6		制冷设备运行调试记录			
7		通风、空调系统调试记录			
8		分项、分部工程质量验收记录			

（续）

序　号	项　目	资 料 名 称	份　数	核 查 意 见	核 查　人
1	电梯	图纸会审、设计变更、洽商记录			
2		设备出厂合格证书及开箱检验记录			
3		隐蔽工程验收记录			
4		施工记录			
5		接地、绝缘电阻测试记录			
6		负荷试验、安全装置检查记录			
7		分项、分部工程质量验收记录			
1	智能建筑	图纸会审、设计变更、洽商记录			
2		材料、设备出厂合格证书和技术文件及进场检（试）验报告			
3		隐蔽工程验收记录			
4		系统功能测定及设备调试记录			
5		系统技术、操作和维护手册			
6		系统管理、操作人员培训记录			
7		系统检测报告			
8		分项、分部工程质量验收记录			
结论： 施工单位项目经理： 年　月　日			总监理工程师： （建设单位项目负责人） 年　月　日		

2）资料要求：

① 单位（子单位）工程质量控制资料核查记录表内容较多，应按《建筑工程施工质量验收统一标准》（GB 50300—2001）附录表 G.0.1-2 逐项进行检查。

② 由总监理工程师组织各专业监理工程师及施工单位项目经理进行核查、汇总，填写资料份数（不能按页数，按项目名称进行汇总）。

③ 核查意见为检查各项资料内容的结果，填写“符合要求”；核查人为各专业监理工程师；有合理缺项时用“/”注明。

④ 结论是对整个工程质量控制资料核查的结论性意见，应为“完整”；不完整时应进行处理。由施工单位的项目经理签字，监理工程师核查后签字生效。

6．单位（子单位）工程安全和功能检验资料核查及主要功能抽查记录表

1）单位（子单位）工程安全和功能检验资料核查及主要功能抽查记录见表 4-49。

表 4-49 单位（子单位）工程安全和功能检验资料核查及主要功能抽查记录

<table>
<tr><td colspan="2">工程名称</td><td colspan="2"></td><td colspan="2">施工单位</td><td colspan="2"></td></tr>
<tr><td>序号</td><td>项目</td><td>安全和功能检查项目</td><td>份数</td><td>核查意见</td><td>抽查结果</td><td colspan="2">核查（抽查）人</td></tr>
<tr><td>1</td><td rowspan="10">建筑与结构</td><td>屋面淋水试验记录</td><td></td><td></td><td></td><td colspan="2"></td></tr>
<tr><td>2</td><td>地下室防水效果检查记录</td><td></td><td></td><td></td><td colspan="2"></td></tr>
<tr><td>3</td><td>有防水要求的地面蓄水试验记录</td><td></td><td></td><td></td><td colspan="2"></td></tr>
<tr><td>4</td><td>建筑物垂直度、标高、全高测量记录</td><td></td><td></td><td></td><td colspan="2"></td></tr>
<tr><td>5</td><td>抽气（风）道检查记录</td><td></td><td></td><td></td><td colspan="2"></td></tr>
<tr><td>6</td><td>幕墙及外窗气密性、水密性、耐风压检测报告</td><td></td><td></td><td></td><td colspan="2"></td></tr>
<tr><td>7</td><td>建筑物沉降观测记录</td><td></td><td></td><td></td><td colspan="2"></td></tr>
<tr><td>8</td><td>节能、保温测试记录</td><td></td><td></td><td></td><td colspan="2"></td></tr>
<tr><td>9</td><td>室内环境检测报告</td><td></td><td></td><td></td><td colspan="2"></td></tr>
<tr><td>10</td><td></td><td></td><td></td><td></td><td colspan="2"></td></tr>
<tr><td>1</td><td rowspan="6">给排水与采暖</td><td>给水管道通水试验记录</td><td></td><td></td><td></td><td colspan="2"></td></tr>
<tr><td>2</td><td>暖气管道、散热器压力试验记录</td><td></td><td></td><td></td><td colspan="2"></td></tr>
<tr><td>3</td><td>卫生器具满水试验记录</td><td></td><td></td><td></td><td colspan="2"></td></tr>
<tr><td>4</td><td>消防管道、燃气管道压力试验记录</td><td></td><td></td><td></td><td colspan="2"></td></tr>
<tr><td>5</td><td>排水干管通球试验记录</td><td></td><td></td><td></td><td colspan="2"></td></tr>
<tr><td>6</td><td></td><td></td><td></td><td></td><td colspan="2"></td></tr>
<tr><td>1</td><td rowspan="5">电气</td><td>照明全负荷试验记录</td><td></td><td></td><td></td><td colspan="2"></td></tr>
<tr><td>2</td><td>大型灯具牢固性试验记录</td><td></td><td></td><td></td><td colspan="2"></td></tr>
<tr><td>3</td><td>避雷接地电阻测试记录</td><td></td><td></td><td></td><td colspan="2"></td></tr>
<tr><td>4</td><td>线路、插座、开关接地检验记录</td><td></td><td></td><td></td><td colspan="2"></td></tr>
<tr><td>5</td><td></td><td></td><td></td><td></td><td colspan="2"></td></tr>
<tr><td>1</td><td rowspan="5">通风与空调</td><td>通风、空调系统试运行记录</td><td></td><td></td><td></td><td colspan="2"></td></tr>
<tr><td>2</td><td>风量、温度测试记录</td><td></td><td></td><td></td><td colspan="2"></td></tr>
<tr><td>3</td><td>洁净室洁净度测试记录</td><td></td><td></td><td></td><td colspan="2"></td></tr>
<tr><td>4</td><td>制冷机组试运行调试记录</td><td></td><td></td><td></td><td colspan="2"></td></tr>
<tr><td>5</td><td></td><td></td><td></td><td></td><td colspan="2"></td></tr>
<tr><td>1</td><td rowspan="2">电梯</td><td>电梯运行记录</td><td></td><td></td><td></td><td colspan="2"></td></tr>
<tr><td>2</td><td>电梯安全装置检测报告</td><td></td><td></td><td></td><td colspan="2"></td></tr>
<tr><td>1</td><td rowspan="3">智能建筑</td><td>系统试运行记录</td><td></td><td></td><td></td><td colspan="2"></td></tr>
<tr><td>2</td><td>系统电源及接地检测报告</td><td></td><td></td><td></td><td colspan="2"></td></tr>
<tr><td>3</td><td></td><td></td><td></td><td></td><td colspan="2"></td></tr>
<tr><td colspan="8">结论：

施工单位项目经理：　　　　　　　　　　　　　　　　　　总监理工程师：
（建设单位项目负责人）
年　月　日　　　　　　　　　　　　　　　　　　年　月　日</td></tr>
</table>

2）资料要求：

① 单位（子单位）工程安全和功能检验资料核查及主要功能抽查记录表，应按《建筑工程施工质量验收统一标准》（GB 50300—2001）附录表 G.0.1-3 逐项进行检查。

② 由总监理工程师组织各专业监理工程师及施工单位项目经理对工程安全和功能检验资料进行核查，验收时对主要功能进行抽查。

③ 份数栏填写工程安全和功能检验资料的核查份数，写明意见，是否“符合要求”应填

入核查意见栏，当不符合要求时应进行处理。

④ 抽查结果是指对工程进行的主要功能抽查的结论性意见，符合要求时将“符合要求”填入抽查结果栏内。

⑤ 核查（抽查）人为各专业监理工程师，有合理缺项时用“/”注明。

⑥ 结论是对整个工程安全和功能检验资料核查及主要功能抽查的结论性意见，应为“完整”，不完整时应进行处理。

7. 单位（子单位）工程观感质量检查记录

1）单位（子单位）工程观感质量检查记录见表 4-50。

表 4-50 单位（子单位）工程观感质量检查记录

工程名称								施工单位							
序号	项目		抽查质量状况										质量评价		
													好	一般	差
1	建筑与结构	室外墙面													
2		变形缝													
3		雨水管、屋面													
4		室内墙面													
5		室内顶棚													
6		室内地面													
7		楼梯、踏步、护栏													
8		门窗													
1	给排水与采暖	管道接口、坡度、支架													
2		卫生器具、支架、阀门													
3		检查口、扫除口、地漏													
4		散热器、支架													
1	建筑电气	配电箱、盘、板、接线盒													
2		设备器具、开关、插座													
3		防雷、接地													
1	通风与空调	风管、支架													
2		风口、风阀													
3		风机、空调设备													
4		阀门、支架													
5		水泵、冷却塔													
6		绝热													
1	电梯	运行、平层、开关门													
2		层门、信号系统													
3		机房													
1	智能建筑	机房设备安装及布局													
2		现场设备安装													
3															
感观质量综合评价															
检查结论	施工单位项目经理： 年 月 日								总监理工程师： （建设单位项目负责人） 年 月 日						

2）资料要求：

① 工程观感质量检查是一个综合验收，包含项目较多，进行检查前应首先确定检查部位和数量。

② 由总监理工程师负责组织各专业监理工程师、项目经理以及相关的主要技术、质量负责人进行检查。

③ “抽查质量状况”栏中，一般每个子项目抽查 10 个点，可以设定代号表示，如“好”、“一般”、“差”分别用“√”、“O”、“△”表示。

④ “质量评价”按抽查质量状况的数理统计结果，权衡给出“好”、“一般”、“差”的评价。

⑤ “观感质量综合评价”可由参加观感质量检查的人员根据子项目质量情况进行评价，权衡得出结果。

课题 5 工程安全和功能检验资料的整理

为确保工程的安全和使用功能，在建设过程中以及竣工时需要对工程进行安全和功能质量项目的抽验检查，工程安全功能检查措施是落实规范中“完善手段”的具体要求。

4.5.1 淋（防）水试验记录

淋（防）水试验记录是在施工过程中对有防水要求的屋面或地面蓄水防水功能检（试）验过程的记录。

1．资料表式

淋（防）水试验记录（通用）见表 4-51。

表 4-51 淋（防）水试验记录（通用）

<table>
<tr><td colspan="2">工程名称</td><td></td><td>施工单位</td><td colspan="2"></td></tr>
<tr><td colspan="2">建筑面积</td><td></td><td>结构形式</td><td colspan="2"></td></tr>
<tr><td colspan="2">试水日期</td><td>年 月 日 时起
年 月 日 时止</td><td>试水部位</td><td colspan="2"></td></tr>
<tr><td colspan="6">试水简况：</td></tr>
<tr><td colspan="6">检查结果：</td></tr>
<tr><td colspan="6">复查结果：</td></tr>
<tr><td colspan="6">评定意见：
年 月 日</td></tr>
<tr><td rowspan="3">会签栏</td><td colspan="2">监理（建设）单位</td><td colspan="3">施工单位</td></tr>
<tr><td colspan="2" rowspan="2">年 月 日</td><td>专业技术负责人</td><td>质检员</td><td>试验员</td></tr>
<tr><td></td><td></td><td></td></tr>
</table>

2．资料要求

1）屋面防水工程均应进行淋（防）水试验，对凸出屋面部分（管根部位、烟道根部等）

应重点进行检查并做好记录。

2）防水工程验收记录应有检查结果，写明有无渗漏。

3）设计对混凝土有抗渗要求时，应提供混凝土抗渗试验报告单。

4）按要求检查，内容、签字齐全为正确，无记录或后补记录为不正确。

有防水要求的地面蓄水试验记录按淋（防）水试验记录（通用）表执行。

4.5.2 地下工程（室）防水效果检查试验记录

地下工程（室）防水效果检查试验记录是在施工过程中对地下工程（室）外墙有防水要求的部位所做的防水试验记录。

1．资料表式

地下工程（室）防水效果检查试验记录（通用）见表 4-52。

表 4-52 地下工程（室）防水效果检查试验记录（通用）

<table>
<tr><td colspan="2">工程名称</td><td></td><td>结构类型</td><td colspan="2"></td></tr>
<tr><td colspan="2">防水等级</td><td></td><td>检查部位</td><td colspan="2"></td></tr>
<tr><td colspan="2">背水内表面
的结构工程
展开图</td><td colspan="4">内墙、地板、拱顶（渗漏水现象描述用的标识符号）:</td></tr>
<tr><td colspan="2" rowspan="3">自查结果</td><td colspan="4">1．裂缝:</td></tr>
<tr><td colspan="4">2．渗漏水现象:</td></tr>
<tr><td colspan="4">3．防水等级标准容许的渗漏水现象位置:</td></tr>
<tr><td colspan="2">处理</td><td colspan="4">经修补，堵漏的渗漏水部位:</td></tr>
<tr><td colspan="2">结论</td><td colspan="4"></td></tr>
<tr><td rowspan="3">会
签
栏</td><td>监理（建设）单位</td><td colspan="4">施工单位</td></tr>
<tr><td rowspan="2">
年　　月　　日</td><td colspan="2">专业技术负责人</td><td>质检员</td><td>试验员</td></tr>
<tr><td colspan="2"></td><td></td><td></td></tr>
</table>

2．资料要求

1）地下工程（室）的防水工程验收时，有条件的应在施工后做花管淋水 2h 试验，或者在回填后以及雨后进行检查，检查后注明有无渗漏现象以及检查结果。

2）按要求检查，内容、签字齐全为正确。

3）设计对混凝土有抗渗要求时，应提供混凝土抗渗试验报告单。

4）无记录或后补记录为不正确。

4.5.3 建筑物垂直度、标高、全高测量记录

建筑物垂直度、标高、全高测量记录是对建筑物垂直度、标高、全高在施工过程中和竣工后进行的测量记录。

1．资料表式

建筑物垂直度、标高、全高测量记录见表 4-53。

表 4-53　建筑物垂直度、标高、全高测量记录

施工单位：　　　　　　　　　　　　　　　　　　　　编号：

工程名称			施工部位			检测日期				
项目 \ 测量部位与编号										
垂直度测量	允许偏差/mm									
	实测值/mm									
标高测量	允许偏差/mm									
	实测值/mm									
全高测量	允许偏差/mm									
	实测值/mm									
检测说明（附检测部位及编号示意图）：										
结论： 年　月　日										
会签栏	监理（建设）单位	施工单位		
		专业技术负责人	质检员	试验员
	年　月　日			

2．资料要求

1）现场测量项目必须在测量现场进行，由施工单位的专业技术负责人牵头，专职质量检查员详细记录，建设单位或监理单位的专业监理工程师参加。

2）现场原始记录须经施工单位的技术负责人和专职质量检查员签字，建设（监理）单位的参加人员签字后生效并存档，作为整理资料的依据以备查。

3）测量记录的主要项目应齐全，不齐全时应重新进行复测。

4.5.4　抽气（风）道检查记录

1．资料表式

抽气（风）道检查记录见表 4-54。

表 4-54　抽气（风）道检查记录

施工单位：　　　　　　　　　　　　　　　　　　　　编号：

工程名称						检查日期		
检查部位和检查结果							检查人	复查人
检查部位	主抽气（风）道		副抽气（风）道		垃圾道			
	抽气道	风道	抽气道	风道				
结论：								
会签栏	监理（建设）单位			施工单位				
				专业技术负责人		质检员	试验员	
	年　月　日							

2．资料要求

1）抽气道、风道必须100%检查，检查数量不足为不符合要求。

2）按要求检查，内容完整、签章齐全为符合要求，无记录或后补记录为不符合要求。

3）检查应做好自检记录。

4）抽气道、风道除进行检查外，还要进行外观检查，两项检验均合格后才可验收。

5）检查项目应齐全，签字有效。

4.5.5 幕墙及外窗气密性、水密性、耐风压检测报告

工程竣工前，具有相应资质的检测单位应对幕墙和外窗进行检测，出具幕墙及外窗气密性、水密性、耐风压检测报告。

1．资料表式

幕墙及外窗气密性、水密性、耐风压检测报告见表4-55。

表4-55 幕墙及外窗气密性、水密性、耐风压检测报告

施工单位：　　　　　　　　　　　　　　　　　　　　编号：

<table>
<tr><td>工程名称</td><td colspan="2"></td><td>试验日期</td><td colspan="2"></td></tr>
<tr><td>幕墙类别</td><td colspan="2"></td><td>试验编号</td><td colspan="2"></td></tr>
<tr><td colspan="3">风压变形性能</td><td colspan="3">雨水渗透性能</td></tr>
<tr><td colspan="3"></td><td colspan="3"></td></tr>
<tr><td colspan="3">空气渗透性能</td><td colspan="3">平面内变形性能</td></tr>
<tr><td colspan="3"></td><td colspan="3"></td></tr>
<tr><td>性能结果评定</td><td colspan="5">依据标准：</td></tr>
<tr><td rowspan="3">会签栏</td><td>监理（建设）单位</td><td colspan="4">施工单位</td></tr>
<tr><td rowspan="2">年　月　日</td><td colspan="2">专业技术负责人</td><td>质检员</td><td>试验员</td></tr>
<tr><td colspan="2"></td><td></td><td></td></tr>
</table>

2．资料要求

1）必须实行见证送样的，试验室应在送样单上加盖公章，经手人、送样人签字，不执行见证送样为不符合要求。

2）应检项目内容应全部检查，不得漏检。

3）表内四项性能检测应由有相应资质的检测机构进行，检测报告附后。

4）性能评定结果按依据标准填写，评定结果为“合格”或“不合格”。

5）所有责任人均应签字，不得代签或漏签。

单元小结

- 施工资料整理
  - 工程施工管理资料
    - 工程开工报审表
    - 施工组织设计
    - 施工现场质量管理检查记录
    - 技术交底记录
    - 施工日志
    - 预检工程记录
    - 工程竣工施工总结
    - 工程质量保修书
    - 竣工图
  - 工程质量控制资料
    - 图纸会审、设计变更、洽商记录
    - 测量放线记录
    - 原材料出厂的质量合格证及进场试验报告
    - 施工试验报告和记录
    - 隐蔽工程验收记录
    - 施工记录
    - 质量事故处理记录及质量检测、加固处理文件
  - 工程质量验收资料
    - 工程质量验收的划分与程序
    - 单位(子单位)、分部(子分部)、分项工程和检验批的验收
  - 工程安全和功能检验资料
    - 淋(防)水试验记录
    - 地下工程(室)防水效果检查试验记录
    - 建筑物垂直度、标高、全高测量记录
    - 抽气(风)道检查记录
    - 幕墙及外窗气密性、水密性、耐风压检测报告

同步测试

一、单项选择题

1．工程开工报审表是（　　）与施工单位共同履行基本建设程序的证明文件，是施工单位承建单位工程施工工期的证明文件。

A．建设单位　　B．设计单位　　C．监理单位　　D．施工单位

2．工程开工报审表一般由（　　）单位填写，报监理单位审批；由建设单位直接分包的工程，开工时也要填写工程开工报审表。

A．建设单位　　B．设计单位　　C．监理单位　　D．施工单位

3．施工现场质量检查记录是（　　）在工程开工前向监理机构提出的对有关制度、技术组织与管理等进行检查和确认的记录。

A．建设单位　　B．设计单位　　C．监理单位　　D．施工单位

4．在正常使用条件下，建设工程的最低保修期限为：屋面防水工程、有防水要求的房间及外墙面，为（　　）年。

A．2　　B．4　　C．5　　D．6

5．房屋建筑工程在保修范围和保修期限内发生质量缺陷，（　　）应当履行保修义务。

A．建设单位　　B．设计单位　　C．监理单位　　D．施工单位

6．水泥从出厂日期起（　　）个月内为有效期，超过（　　）个月（快硬硅酸盐水泥超过 1 个月）另做试验。

A．1　　B．2　　C．3　　D．4

7．钢筋连接试验报告是为保证建筑工程质量，对用于工程的不同形式的钢材连接进行的有关指标的测试，由（　　）出具的试验证明文件。

A．政府部门　　B．试验单位　　C．监理单位　　D．施工单位

8．砂浆试件抗压强度检验报告是根据设计要求的砂浆强度等级，由（　　）在施工现场按标准留置试件，由试验单位进行强度测试后出具的报告单。

A．建设单位　　B．设计单位　　C．监理单位　　D．施工单位

9．技术交底是施工企业进行技术、质量管理的一项重要环节，是把设计要求、施工措施、安全生产贯彻到（　　）的一项管理办法。

A．技术部门　　B．试验单位　　C．基层　　D．领导层

10．电气管线、给水排水管道、设备安装和装修工程，最低保修期限为（　　）年。

A．2　　B．4　　C．5　　D．6

二、简答题

1．检验批质量验收的内容有哪些？

2．施工日志的作用是什么？其内容有哪些？

3．什么是隐蔽工程验收记录？

4．为什么要进行图纸会审？

5．在正常使用条件下，建设工程各部位的最低保修期限为多长时间？

6．土建工程中主要的隐蔽验收内容有哪些？

单元 5

竣工验收资料整理

知识目标

- 了解竣工决算书的编制。
- 理解竣工验收资料的内容。
- 掌握竣工验收资料的编写。

能力目标

通过本单元的教学，使学生能够对归档范围内的竣工验收资料进行汇总，并能够按照要求完成竣工验收资料的编写、收集、整理工作。

课题1　工程竣工总结

5.1.1　工程概况表

工程概况表是对工程基本情况的简要描述，应包括单位工程的一般情况、构造特征、机电系统名称等，见表 5-1。

（1）一般情况　工程名称、建筑用途、建筑地点、建设单位、监理单位、设计单位、施工单位、建筑面积、结构类型和建筑层数等。

表 5-1　工程概况表

一般情况	工程名称		建设单位	
	建设用途		设计单位	
	建设地点		监理单位	
	总建筑面积		施工单位	
	开工日期		竣工日期	
	结构类型		基础类型	
	层数		建筑檐高	
	地上面积		地下室面积	
	人防等级		抗震等级	
构造特征	地基与基础			
	柱、内外墙			
	梁、板、楼盖			
	外墙装饰			
	内墙装饰			
	楼地面装饰			
	屋面构造			
	防火设备			
机电系统名称				
其他				

注：本表由施工单位填写，施工单位、城建档案馆各保存一份。

（2）构造特征　地基与基础、柱、内外墙、梁、板、内外墙装饰、楼地面装饰、屋面构造、防火设备等。

（3）机电系统名称　工程所包括的机电各系统名称。

（4）其他　指需要特殊说明的内容。

5.1.2　工程竣工总结

工程竣工总结是建筑工程的综合性或专题性总结的文字材料，应由建设单位负责组织有关单位编制，一般包括以下内容：

（1）管理方面　根据工程特点与难度，进行项目质量、现场、合同、成本和综合控制等方面的总结。

（2）技术方面　工程技术方面的总结应包括工程采用的新技术、新产品、新工艺、新材料的总结。

（3）经验方面　工程实施过程中各种经验与教训的总结。

课题 2　工程竣工验收资料

5.2.1　建设工程质量验收记录

单位工程完工后，施工单位应组织自检，自检合格后应报请监理单位进行工程预验收，预验收通过后向建设单位提交工程竣工报告，并填报单位（子单位）工程质量竣工验收记录（表 4-47）。

建设单位应组织设计单位、监理单位、施工单位等进行工程质量竣工验收并记录，验收记录上各单位代表必须签字并加盖公章。

单位（子单位）工程质量竣工验收记录应由施工单位填写，验收结论由监理单位填写，综合验收结论由参加验收各方共同商定，并由建设单位填写，主要对工程质量是否符合设计和规范要求及总体质量水平做出评价。

单位（子单位）工程质量竣工验收由五部分内容组成，每一项内容都有专门的验收记录表，而单位（子单位）工程质量竣工验收记录是一个综合性的表，是各项目验收合格后填写的。

进行单位（子单位）工程质量竣工验收时，施工单位应同时填报单位（子单位）工程质量控制资料核查记录、单位（子单位）工程安全和功能检验资料核查及主要功能抽查记录、单位（子单位）工程观感质量检查记录，作为单位（子单位）工程质量竣工验收记录的附表。

建设工程质量验收的内容：

（1）分部工程　对所含分部工程逐项检查，首先由施工单位的项目经理组织有关人员对分部（子分部）逐个进行检查评定，所含分部（子分部）工程检查合格后，由项目经理提交验收；经验收组成员验收后，由施工单位填写“验收记录”栏。注明共验收几个分部，经验收符合标准及设计要求的几个分部。审查验收的分部工程全部符合要求，由监理单位在“验收结论”栏内写上“同意验收”的结论。

（2）质量控制资料核查　这项内容有专门的验收表格（表 4-48），也是先由施工单位检查合格，再提交监理单位验收。其全部内容在分部（子分部）工程中已经审查，通常单位（子单位）工程质量控制资料核查也是按分部（子分部）工程逐项检查和审查。如果一个分部工程只有一个子分部工程时，子分部工程就是分部工程；如果有多个子分部工程时，可一个子分部一个子分部地检查和审查，并将所含子分部工程的名称依次填写清楚。然后将各子分部工程审查的资料逐项进行统计，填入表内。通常不论有多少项资料，经审查都应符合要求，如果出现有核定的项目时，应查明情况。通常严禁验收的事件不会留在单位工程中来处理。

此项核查也是先由施工单位自行检查评定合格后，提交验收，由总监理工程师或建设单位项目负责人组织审查，符合要求后，在“结论”栏内写上“同意验收”的意见。

（3）安全和功能检验资料核查及主要功能抽查　这项内容有专门的验收表格（表 4-49），这个项目包括两个方面的内容：一是分部（子分部）进行了安全和功能检测的项目，要核查其检测报告结论是否符合设计要求；二是单位工程进行的安全和功能抽测项目，要核查其项目是否与设计内容一致，抽测的程序、方法是否符合有关规定，抽测报告的结论是否达到设计要求及规范规定。

此项目也是先由施工单位检查评定合格，再提交验收，由总监理工程师或建设单位项目负责人组织审查。按项目逐个进行核查验收，然后统计核查的项数和抽查的项数，填入表内。如果个别项目的抽测结果达不到设计要求，则需进行返工处理，直至达到符合要求。如果返工处理后仍达不到设计要求，就要按不合格处理程序进行处理。总监理工程师或建设单位项目负责人在“结论”栏内填写“同意验收”的结论。

（4）观感质量验收　这项内容有专门的验收表格（表 4-50）。观感质量检查的方法与分部（子分部）工程相似，不同的是项目比较多，是一个综合性的验收。其目的是复查各分部（子分部）工程验收后到单位工程竣工的质量变化、成品保护以及分部（子分部）工程验收时还没有形成部分的观感质量等。

此项目也是先由施工单位检查评定合格，提交验收。由总监理工程师或建设单位项目负责人在“检查结论”栏内填写“同意验收”的结论。如有不符合要求的项目，应按不合格处理程序进行处理。

（5）综合验收结论　综合验收结论是在前四项内容均验收符合要求后进行的验收。在建设单位的组织下，由建设单位相关专业人员、监理单位专业监理工程师、设计单位和施工单位相关人员分别核查验收有关项目，并由总监理工程师组织进行现场观感质量检查。

以上各项目经审查符合要求后，由监理单位或建设单位在“验收结论”栏内填写“同意验收”的意见。各栏均同意验收且经各参加检验方共同商定同意后，由建设单位填写“综合验收结论”，可填写为“通过验收”。

勘察单位、设计单位、施工单位、监理单位、建设单位都同意验收时，各单位的项目负责人要亲自签字，以示对工程质量负责，并加盖单位公章，注明签字验收的日期。

5.2.2　工程竣工验收证明书

工程竣工验收证明书见表 5-2。

表 5-2　工程竣工验收证明书

<table>
<tr><td>工程名称</td><td></td><td>工程类别</td><td></td><td>工程地点</td><td></td></tr>
<tr><td>建设单位</td><td colspan="2"></td><td>施工单位</td><td colspan="2"></td></tr>
<tr><td>开工日期</td><td></td><td>竣工日期</td><td></td><td>验收日期</td><td></td></tr>
<tr><td colspan="3">工程内容及工程量</td><td colspan="3">验收意见</td></tr>
<tr><td colspan="3"></td><td colspan="3"></td></tr>
<tr><td colspan="2">施工单位</td><td colspan="2">建设单位</td><td colspan="2">监理单位</td></tr>
<tr><td colspan="2">技术负责人：
项目经理：
法人代表：
（公章）</td><td colspan="2">单位负责人：
驻工地代表：
（公章）</td><td colspan="2">总监理工程师：
法人代表：
（公章）</td></tr>
</table>

注：本表一式五份，建设单位、施工单位、设计单位、监理单位、质量监督单位各一份。

5.2.3　工程竣工验收报告

建设单位组织工程验收组对工程进行竣工验收，当形成统一验收意见后，在认为工程合格的基础上，综合各参建方的档案和报告内容，按工程竣工验收的规定写出工程竣工验收报告，作为工程竣工验收备案的主要文件。

1）基本情况：

① 结构形式和竣工期支付工程款额度。

② 工程简要内容。

③ 对整个工程有较完整的概括性说明，如基础、主体结构、采暖、卫生、燃气、通风空调、电气、电梯、通信、玻璃幕墙等。

2）建设单位执行基建程序情况：

① 建设单位是否按下列基建程序执行：项目建议书→可行性研究→立项审批→规划审批→水文地质勘察→编制设计文件→开工许可证→工程的施工阶段、总体验收。

② 在每一个程序中是否执行了具体的承办事项程序，如开工前办理工程用地批件、计划任务书批件、工程规划许可证、环保批件；进行设计、监理、施工招标；施工图设计文件审查；委托工程质量监督以及办理施工许可证等。

③ 在执行上述基建程序中尚存在的问题。

3）对参建各方质量行为评价：

① 对设计、勘察单位质量行为的评价。

② 对施工单位质量行为的评价。

③ 对工程监理单位质量行为的评价。

④ 对工程检测单位质量行为的评价（按双方合同职责分工）。

⑤ 对建设单位合法自行分包施工队伍质量行为的评价。

⑥ 上述单位履行自身应负质量行为的情况，履行合同的情况，实施建设行政主管部门或质量监督机构整改令的情况，奖励和处罚情况。

4）单位工程质量综合评定文件：

① 依据施工单位竣工报告、监理单位质量评估报告和勘察设计单位质量检查报告中的相关部分内容，并按单位工程质量验收的有关结论数据，及通过主体工程检测结果，确认本单位工程质量是否合格及存在的质量缺陷。

② 报告应附有分部工程、单位工程质量验收记录，地基基础、主体结构验收记录及检测部门出具的工程主体结构检测报告。

③ 单位工程使用功能的相关部分质量认定结果。

5）建设、监理、勘察、设计、施工分别签署的质量合格文件及验收人员签署的竣工验收原始文件：

① 对监理单位、勘察设计单位、施工单位做出的三个竣工报告和各方档案资料，在本报告中应给予说明和质量评估。

② 参加竣工验收人员在会议中统一验收意见的签字书。

6）工程验收备案管理部门认为需要提供的有关资料：

① 有特殊使用功能的工程、工程上的特殊或重要部位必须提供的有关资料，如智能化房屋布线与功能测试、隔声防震动、防化学腐蚀、防辐射、防电干扰、防尘、防毒、防爆、恒温、恒湿等成果测试资料。

② 用文字表述出测试单位、资料名称、测试结论，测试报告作为本报告附件附后。

7）竣工验收时间、内容和组织形式：

① 验收时间、内容、组成人员、验收组织程序的安排，是否按原计划进行（指报送工程质量监督站的报告），有变动时说明其原因。

② 验收会议中有哪些不同意见的争议，如何进行意见统一的。

③ 质量监督机构对验收组织全过程是否有不同建议。

8）需要补充说明的问题：

① 应提交的备案资料齐备程度和质量情况，如工程质量保修书、房屋开发的质量保证书、工程使用说明书及参验各单位发出的准用证件情况。

② 工程竣工期主体结构的变异情况等。

5.2.4　竣工验收备案

建设工程经验收合格后办理竣工验收备案手续前，还应填写竣工验收备案书。

5.2.5　工程质量保修

工程质量保修是指对建设工程（新建、扩建、改建及装修工程）竣工验收后，在保修期限内出现的质量缺陷（指工程质量不符合工程建设强制性标准以及合同的约定）予以修复。

根据《建设工程质量管理条例》和《房屋建筑工程质量管理办法》的规定，为保护建设单位、施工单位、房屋建筑所有人和使用人的合法权益，维护公共安全和公众利益，施工单位和建设单位应签署工程质量保修书。

课题 3　竣工决算书

5.3.1　竣工决算概述

1．竣工决算的概念

竣工决算是建设工程经济效益的全面反映，是项目法人核定各类新增资产价值、办理其交付使用的依据。通过竣工决算，一方面能够正确反映建设工程的实际造价和投资结果；另一方面可以通过竣工决策与概算、预算的对比分析，考核投资控制的工作成效，总结经验教训，积累技术经济方面的基础资料，提高未来建设工程的投资效益。

工程项目竣工决算书是由建设单位编制的反映工程项目实际造价和投资效果的文件，是竣工验收文件的重要组成部分。其包括从筹划到竣工投产全过程的全部实际费用，即建筑工程费用、安装工程费用、设备工具及器具购置费用和工程建设其他费用，以及预备费和投资方向调节税支出费用等。

竣工决算书编制格式：封面，封皮，竣工决算书汇总表，竣工决算编制说明。

竣工决算书汇总表包含工程内容：主体工程、6m 外超深基础、增加建筑面积和钢材补差价、现场签证增减工程、设计变更增减工程、附属零星工程、其他增减工程的金额，以及合计大小写和审定价。建设单位、法定代表人、现场代表、预算审核人盖公章，施工单位、法定代表人、现场代表、预算编制人盖公章及造价员章。竣工决算书汇总表中工程内容的每一项应附带其依据，如施工合同、桩孔检查记录、工程量签证单、会议记录、钢筋明细表等资料。

2．竣工决算的内容

竣工决算是建设工程从筹建到竣工投产全过程中发生的所有实际支出，包括设备工器具购置费、建筑安装工程费和其他费用等。竣工决算由竣工财务决算报表、竣工财务决算说明书、竣工工程平面示意图、工程造价比较分析四部分组成。

3．竣工决算的编制依据

1）经批准的可行性研究报告及其投资估算。

2）经批准的初步设计或扩大初步设计及其概算或修正概算。

3）经批准的施工图设计及其施工图预算。

4）设计交底或图纸会审纪要。

5）招投标的标底、承包合同、工程结算资料。

6）施工记录或施工签证单，以及其他施工中发生的费用记录，如索赔报告与记录、停（交）工报告等。

7）竣工图及各种竣工验收资料。

8）历年基建资料、历年财务决算及批复文件。

9）设备、材料调价文件和调价记录。

10）有关财务核算制度、办法和其他有关资料、文件等。

4. 竣工决算的编制步骤

1）收集、整理、分析原始资料。从建设工程开始就按编制依据的要求，收集、清点、整理有关资料，主要包括建设工程档案资料等。

2）对照、核实工程变动情况，重新核实各单位工程、单项工程造价。将竣工资料与原设计图纸进行查对、核实，必要时可实地测量，确认实际变更情况；根据经审定的施工单位竣工结算等原始资料，按照有关规定对原概（预）算进行增减调整，重新核定工程造价。

3）将审定后的待摊投资、设备工器具投资、建筑安装工程投资、工程建设其他投资严格划分和核定后，分别计入相应的建设成本栏目内。

4）编制竣工财务决算说明书，力求内容全面、简明扼要、文字流畅、能够说明问题。

5）填报竣工财务决算报表。

6）做好工程造价对比分析。

7）清理、装订好竣工图。

8）按国家规定上报、审批、存档。

5.3.2 竣工财务决算的编制

工程项目竣工财务决算由竣工财务决算报表和竣工财务决算说明书两部分组成。

我国财政部财基字〔1998〕498 号文件对建设工程竣工财务决算报表的格式作了统一规定，对竣工财务决算说明书的内容提出了统一要求。

竣工财务决算报表的格式根据大、中型项目和小型工程项目的不同情况分别制定，共有六种表。

1. 工程项目竣工财务决算审批表

工程项目竣工财务决算审批表为决算审批部门用表，见表 5-3。有关部门应对决算进行认真审查后，将签署的审核意见填列于该表中。

表 5-3 工程项目竣工财务决算审批表

<table>
<tr><td>项目法人（建设单位）</td><td></td><td>建设性质</td><td></td></tr>
<tr><td>工程项目名称</td><td></td><td>主管部门</td><td></td></tr>
<tr><td colspan="4">开户银行意见：
盖章
年　月　日</td></tr>
<tr><td colspan="4">专员办（审批）审查意见：
盖章
年　月　日</td></tr>
<tr><td colspan="4">主管部门或地方财政部门审批意见：
盖章
年　月　日</td></tr>
</table>

2. 大中型工程项目概况表

大中型工程项目概况表综合反映建成的大中型工程项目的基本概况。

3. 大中型工程项目竣工财务决算表

大中型工程项目竣工财务决算表反映竣工的大中型项目全部资金来源和资金占用情况。对于跨年度的项目，在编制该表前，一般应先编制出项目竣工年度财务决算，根据编出的竣工年度财务决算和历年财务决算编制出该项目的竣工财务决算。

4. 大中型工程项目交付使用资产总表

大中型工程项目交付使用资产总表反映工程项目建成后新增固定资产、流动资产、无形资产和其他资产价值，作为财产交接的依据。小型项目不编制此表，直接编制交付使用资产明细表。

5. 工程项目交付使用资产明细表

工程项目交付使用资产明细表反映交付使用资产及其价值的更详细的情况，适用于大、中、小型工程项目。该表既是交付单位办理资产交接的依据，也是接收单位登记资产账目的依据。因此，编制此表应做到固定资产部分逐项盘点填列，工器具和家具等低值易耗品可分类填列。

6. 小型工程项目竣工财务决算总表

小型工程项目竣工财务决算总表主要反映小型工程项目的全部工程和财务情况。该表比照大、中型工程项目概况表指标和大、中型工程项目竣工财务决算表指标口径填列。

单元小结

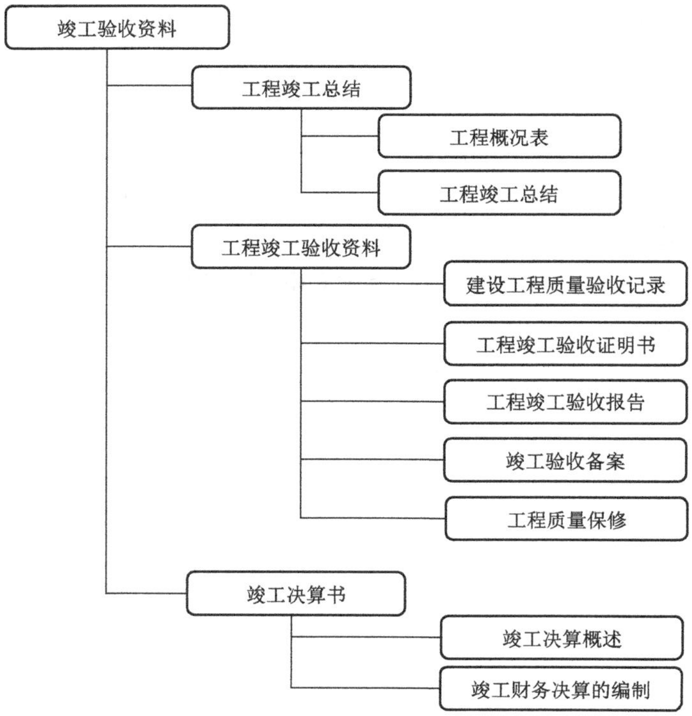

同步测试

一、单项选择题

1．工程竣工总结是建筑工程的综合性或专题性总结的文字材料，应由（　　）负责组织有关单位编制。

A．设计单位　　B．建设单位　　C．施工单位　　D．监理单位

2．单位工程完工后，施工单位应组织（　　），合格后报监理单位进行工程预验收，预验收通过后向建设单位提交工程竣工报告，并填报单位（子单位）工程质量竣工验收记录。

A．验收　　B．检验　　C．自检　　D．检查

3．单位（子单位）工程质量竣工验收记录应由施工单位填写，验收结论由监理单位填写，综合验收结论应由（　　）共同商定，并由建设单位填写，主要对工程质量是否符合设计规范要求及总体质量水平做出评价。

A．设计单位　　B．建设单位　　C．施工单位　　D．参加验收各方

4．单位（子单位）工程质量竣工验收由（　　）部分内容组成，每一项内容都有专门的验收记录表，而单位（子单位）工程质量竣工验收记录表是一个综合性的表，是各项目验收合格后填写的。

A．2　　B．3　　C．4　　D．5

5．单位（子单位）工程验收内容之一是“分部工程”，对所含分部工程逐项检查，首先由施工单位的（　　）组织有关人员对分部（子分部）逐个进行检查评定。

A．技术负责人　　B．项目经理　　C．安全负责人　　D．工程师

6．观感质量验收是由施工单位检查评定合格后，提交验收，由（　　）或建设单位项目负责人在“检查结论”栏内填写“同意验收”的结论。

A．技术负责人　　B．项目经理　　C．总监理工程师　　D．工程师

7．单位（子单位）工程质量验收中各项目经审查符合要求后，由监理单位或建设单位在“验收结论”栏内填写（　　）。

A．同意　　B．同意验收　　C．通过验收　　D．合格

8．建设单位组织工程验收组对工程进行竣工验收，当形成统一验收意见后，在认为工程合格的基础上，综合各参建方的档案和报告内容，按工程竣工验收的规定写出（　　）。

A．竣工验收备案书　　B．工程竣工决算书
C．工程竣工验收报告　　D．工程质量保修书

9．工程质量保修是指对建设工程竣工验收后，在保修期限内出现的（　　）予以修复。

A．质量问题　　B．质量不合格
C．质量缺陷　　D．质量不符合要求

10．工程项目竣工决算书是由（　　）编制的反映工程项目实际造价和投资效果的文件，是竣工验收文件的重要组成部分。

A．建设单位　　B．施工单位
C．设计单位　　D．监理单位

二、多项选择题

1．工程概况表是对工程基本情况的简要描述，应包括单位工程的（　　）。

A．一般情况　　B．构造特征　　C．工程造价　　D．机电系统名称

2．工程概况表中的一般情况包括工程名称、（　　）、建设单位、监理单位、设计单位、施工单位、结构类型和建筑层数等。

A．建筑用途　　B．建筑地点　　C．建筑面积　　D．细部构造

3．工程竣工总结一般包括的内容有（　　）。

A．资质方面　　B．管理方面　　C．技术方面　　D．经验方面

4．建设单位应组织（　　）等进行工程质量竣工验收并记录，验收记录上各单位代表必须签字并加盖公章。

A．设计单位　　B．监理单位　　C．施工单位　　D．勘察单位

5．单位（子单位）工程验收由建设单位负责人组织（　　）负责人进行验收，由参加验收的单位盖公章，并由负责人签字。

A．设计单位　　B．监理单位　　C．施工单位　　D．勘察单位

6．（　　）、建设单位都同意验收时，各单位的项目负责人要亲自签字，以示对工程质量负责，并加盖单位公章，注明签字验收的日期。

A．设计单位　　B．监理单位　　C．施工单位　　D．勘察单位

单元 6

建筑工程资料管理软件及应用

知识目标

- 了解建筑工程资料管理软件应用的意义。
- 熟悉建筑工程资料管理软件的特点和主要功能。

能力目标

通过本单元的教学，使学生了解建筑工程资料管理软件应用的意义，能够运用建筑工程资料管理软件完成建筑全过程的资料填写工作。

课题 1　了解建筑工程资料管理软件

当前整个建筑行业中建筑工程资料的编制与管理仍是一个比较薄弱的环节：编制手段落后，效率低下；书写工具不符合要求，字迹模糊；资料管理混乱，漏填、丢失现象严重。目前，建筑工程资料的编制与管理，无法满足建筑工程档案整理、归档的基本要求，而且制约了建筑工程施工企业及监理企业的进一步发展。

建筑工程资料管理软件就是根据《建筑工程施工质量验收统一标准》、《建设工程文件归档整理规范》，并结合各省市的工程资料管理标准或规程及其施工质量验收规范的标准用表等，分别编制的适合各省市具体情况的软件系统。建筑工程资料管理软件的应用彻底改变了过去落后的手工资料填制方式，极大地提高了资料员的工作效率，并且制作的资料样式美观，归档规范。

目前建设工程资料管理软件有北京筑业新技术有限责任公司开发的工程资料管理系统、杭州品茗科技有限公司研究开发的品茗施工资料制作与管理软件、中国建筑科学研究院建筑工程软件研究所开发的 PKPM 建筑工程资料管理软件、上海神机妙算软件有限公司开发的神机妙算工程资料管理系统等。这些软件大都具有以下功能。

1）自定义工程概况信息。按照质量表格填写要求，一次性定义工程概况信息，所有表格中有关信息自动填写完成，大大减少了表格填写工作量。

2）自动显示规范条文及填表指南。人性化的资料填写辅助工具，实时查阅表格填写指南及相应规范条目，根据规范要求实时指导填写符合规范要求的表格。

3）专家评语模板。质量验收规范组专家编制表格填写的规范结论，降低手工表格填写工作量，保障表格填写符合规范要求。

4）自动判定监测点。根据规范要求，监测点自动进行判定是否符合规范要求，并可扩充至50个监测点。

5）权限管理。根据规范要求可实现表格填写权限的全面分配，做到工程项目中各尽其职。

6）图形及文件插入。自由插入各种图像及CAD工程矢量图，支持扫描仪输入，配备数码设备输入支持。

7）汇总和组卷。自动进行分项、分部（子分部）、单位工程汇总统计，自动生成有关各方及城建档案馆所需案卷。

8）数据传递与表格打印。数据可实时通过磁盘、电子邮件等途径与参建各方进行交换；所见即所得的打印功能，能输出精致美观的标准文件表格。

9）技术资料库。收录了强制性条文原文、大量施工规范及施工工艺、通病防治等资料；设置施工技术交底模板；适用于全国的多种地方版本，可根据需要在全国各地进行资料库切换。

课题2　筑业建筑工程资料管理软件

6.2.1　筑业建筑工程资料管理软件的主要功能

筑业建筑工程资料管理软件可用于建筑、安装、市政工程等，施工企业或监理企业可使用软件编制内业技术资料、安全资料，其主要功能如下：

1）自动填表。自动导入工程常用信息。

2）自动计算。所有包含计算的表格，用户只需填写基础数据，软件将自动计算；用户也可以自行输入或修改计算公式。

3）导入、导出。软件可方便地导入、导出到文本文件和Excel文件。

4）智能评定。软件根据国家标准或企业标准自动评定检验批质量验收表格的检测值等级，自动添加“○”和“△”，标记不合格点值。

5）验收数据逐级生成。检验批数据自动生成分项工程评定表数据、分部工程评定表数据。

6）企业标准设置。用户可以修改检验批资料中的国家标准数据，转换为企业标准，软件自动根据企业标准进行评定。

7）自定义打印。可以按选定的表格打印，也可以选择高级批量打印整个工程表格。

8）电子组卷及组卷目录。软件可对工程数据进行分类组卷，同时可以打印输出组卷目录。

9）画图。支持 Auto CAD；软件提供绘制工程平面图功能，节省了几个软件的相互切换；可用软件自带的画图工具画常用施工图，也可在画图工具中导入图片再次编辑。

10）盖章、电子签名。根据当地规定的设置盖章、电子签名，可实现电子存档。

11）安全表格自动评分。可以自动根据国家有关标准对安全表格进行评分。

12）模板管理功能。系统提供模块管理，用户可以直接取用模板中的数据，也可以扩充模板库中的数据。利用模板管理功能可以迅速填写工程资料。

13）市政工序评定。包含道路、桥梁、排水、供热管网、金属管道工程中需要的所有工序评定内容，通过规范条文内容自动导入、数据自动计算等全新的智能化设计，可比手工填写资料提高工效 10 倍以上。

筑业建筑工程资料管理软件工作界面如图 6-1 所示。

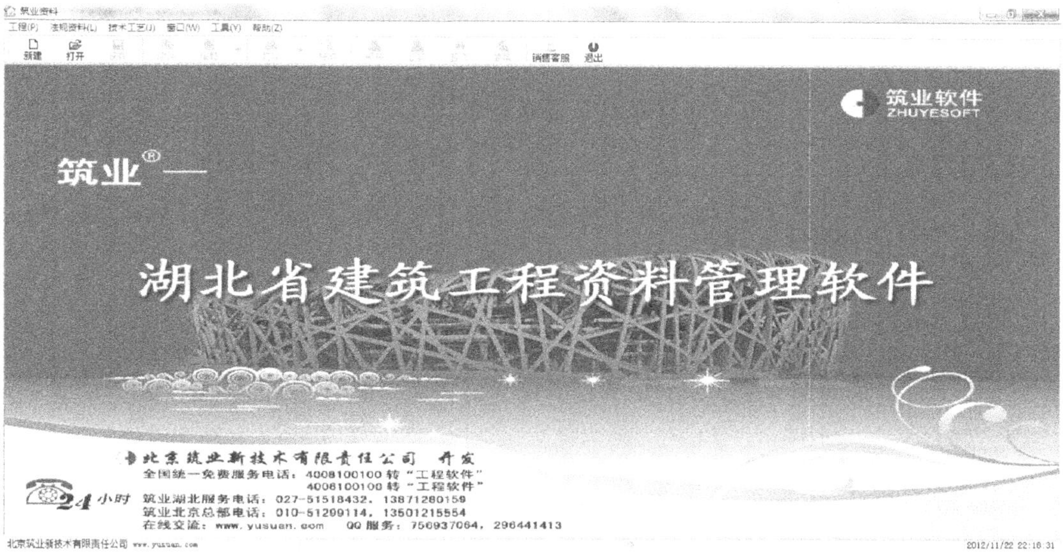

图 6-1 筑业建筑工程资料管理软件工作界面

6.2.2 基本操作流程

1. 新建工程

单击工具栏上的 按钮将弹出如图 6-2 所示的“新建工程”窗口。

“选择加载项目”中默认为“全部项目”，用户可以通过选择是否打勾来决定新建工程时所需要创建的模板，并在“工程名称”栏输入所要新建的工程的名称，单击“新建”，一个新的工程将被加入到工程目录树窗口中。

2. 输入工程信息

在工程创建完成后，将会自动弹出如图 6-3 所示的“工程信息”窗口，填写所有工程信息。

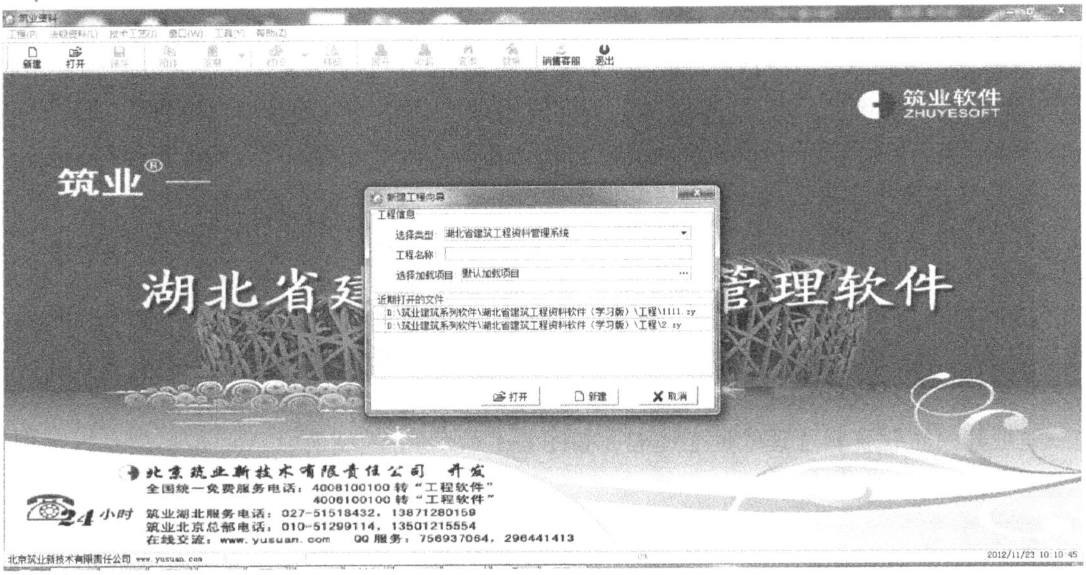

图 6-2 “新建工程”窗口

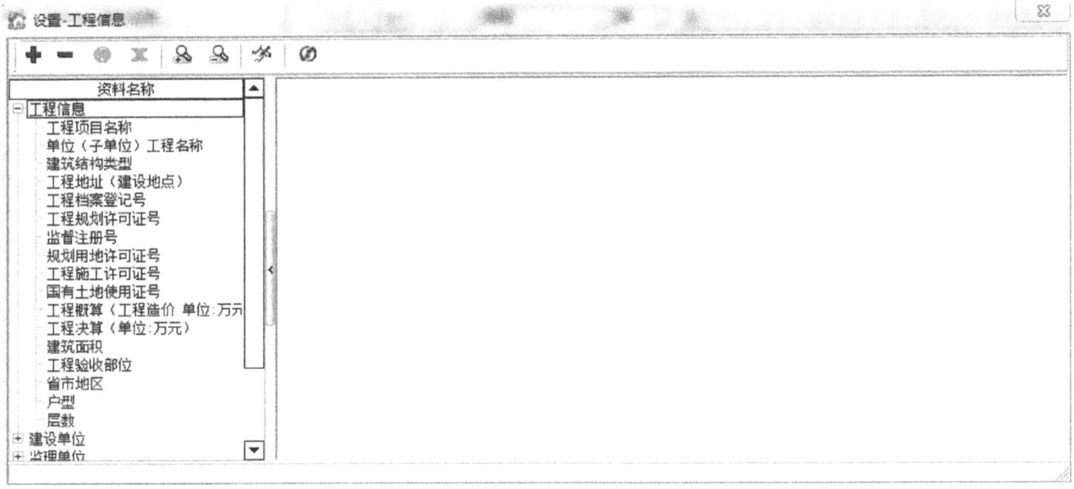

图 6-3 “工程信息”窗口

一份规范的工程资料，在填写工程基本信息时应注意以下两点：工程信息必须填写正确；在同一项中有多条内容时，可按回车键换行加入多条内容。

在填写工程信息退出后，若需要再次编辑可在【系统维护】→【工程信息】或在工具栏中点击“信息”按钮，对工程信息进行编辑修改。

信息列表主要包括 “工程基本信息”和“相关单位信息”，这些信息都是填写表格时所必需的，并且在新建一张表格时将由系统自动导入到表格中。因此，完整、规范地输入这些信息将会极大地提高填表效率。

3．填制资料

如果用户知道资料的具体名称和所属章节，可以直接单击各章节前面的“+”逐级找到要填写的资料。但是，一般情况下用户不会记住所有的表格名称或编号，所以软件提供了查找的功能。单击“查找” 按钮，在弹出的查找窗口中输入要查找的资料名称所包含的部分文字，如图 6-4 所示。

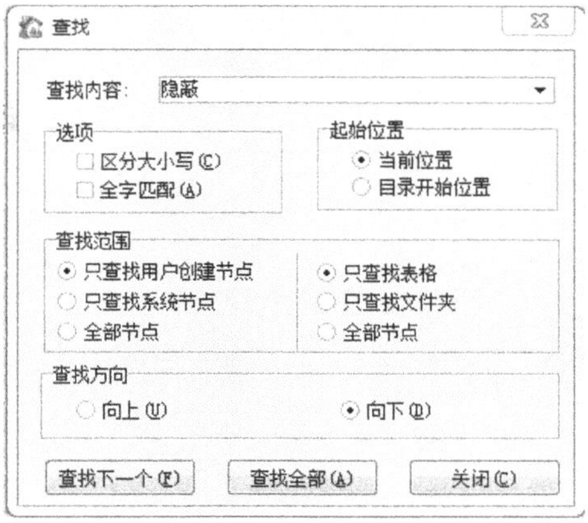

图 6-4　“查找”窗口

如要填写“隐蔽工程检查记录表”，可输入“隐蔽”两个字，软件会把目录中包含“隐蔽”字样的所有资料依次查找出来，如图 6-5 所示。

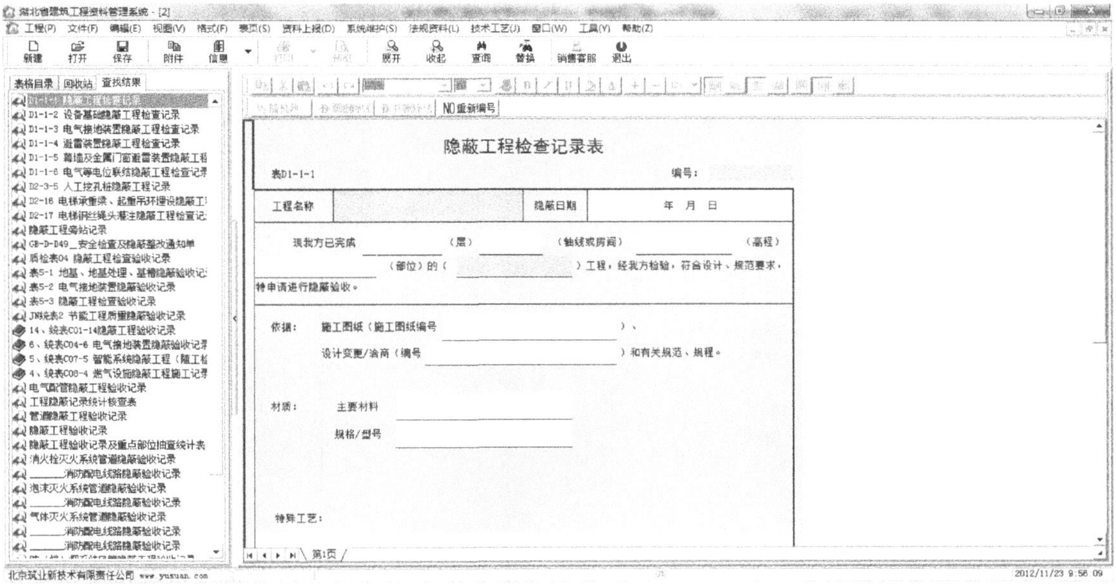

图 6-5　查找出的文件

选择要填写的资料双击或右击“新建表格”，软件将提示输入验收部位，例如，可输入“地基①～⑥”，轴线号等特殊符号可按“特”字、键盘上的“F8”键输入，或按键盘上的“Ctrl+F8”键输入 Windows 特殊字符，如图 6-6 所示。

输入表格名称之后单击“确定”，软件增加了一份新的表格，此时自动进入表格编辑状态，并且工程信息、编号等表头数据已自动填写好，如图 6-7 所示。

图 6-6　输入表格名称

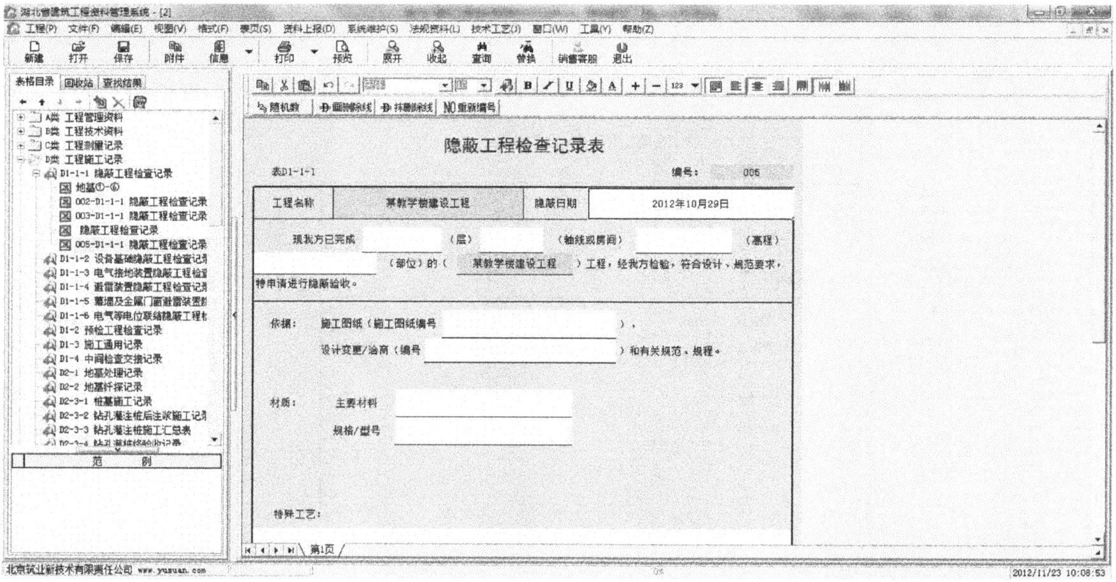

图 6-7　增加的新表格

用户可以在“表格名称”栏中修改要新建表格的名称（模板名称是软件默认不允许改动的），在窗口中用户可以看到有两个选项（Cell 表格、Word 表格），用户可以根据需要选择，如图 6-8 所示。

Cell 表格、Word 表格的选项在一些模板表格中（如技术交底）需要填写的文字比较多，在 Cell 编辑区中操作不太方便，此时可以选择 Word 表格选项。

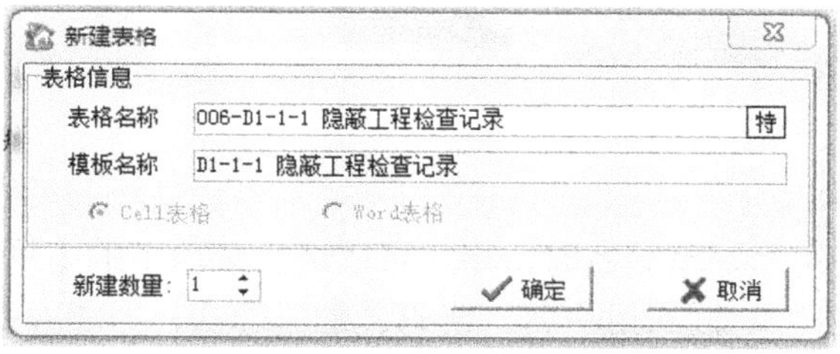

图 6-8　“新建表格”的选项

筑业工程资料管理系统已经根据最新国家标准对评定标准进行了设置，一般用户只需直接评定即可，对于超出国家标准的数据，系统会自动打“△”标志，设置企业标准后，系统对于超出企业标准但未超过国家标准的数据，会自动打“○”标志，评定结果将被自动填入对应位置。

检验批表格中，除了填写实测数据的量测项目外，还要填写描述检查内容的描述性项目。如表格中“施工单位检查评定结果”单元格为“专家评语单元格”，如果当地要求填写检验批描述性项目时，只需打“√”或“×”，则只要双击该单元格，选择“√”或“×”即可；但是有些地区要求描述性项目必须用规范、详细的语言来填写，则可以在专家评语单元格上双击，调出专家评语，选择需要的内容即可，当然用户也可以增加自己的语言或删除、修改原有专家评语，如图 6-9 所示。

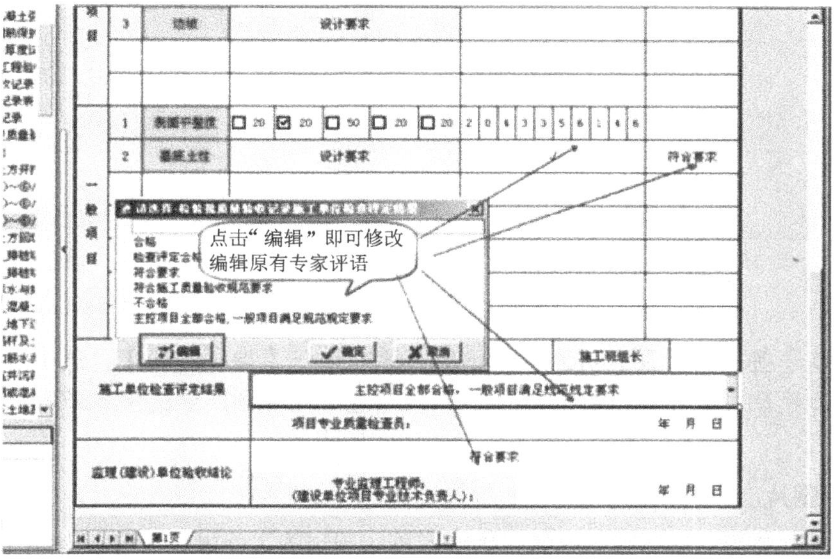

图 6-9　检验批表格填写

对于填表日期，可双击日期单元格，选择日期，如图 6-10 所示。

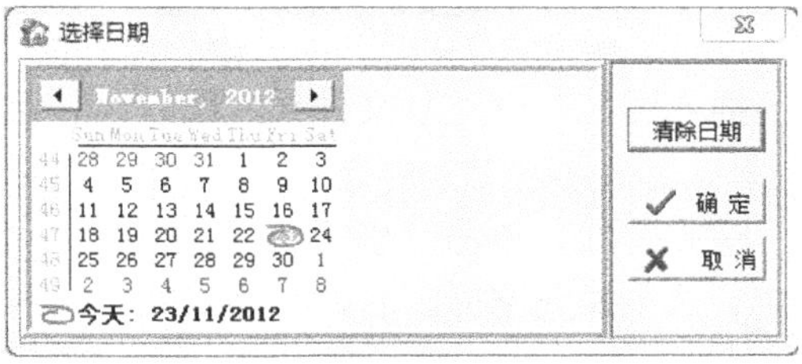

图 6-10　选择日期

6.2.3 其他功能介绍

1. 设置电子签名

当有签字单元格使用手写笔签名时，用户可以选择菜单下的【系统维护】→【设置电子签名】，点击“添加签名”，输入用户名、密码、密码确认，如图 6-11 所示。

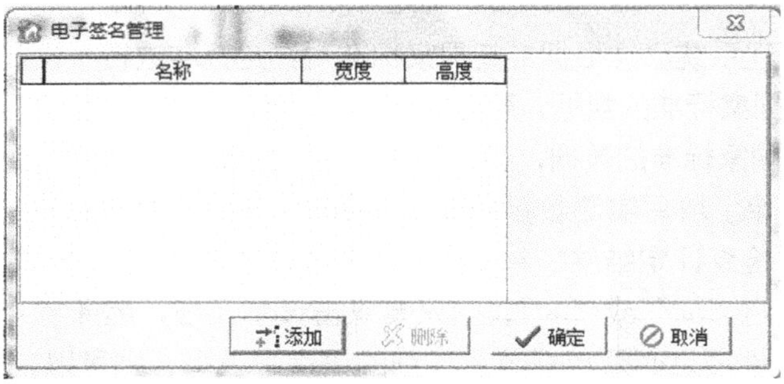

a）

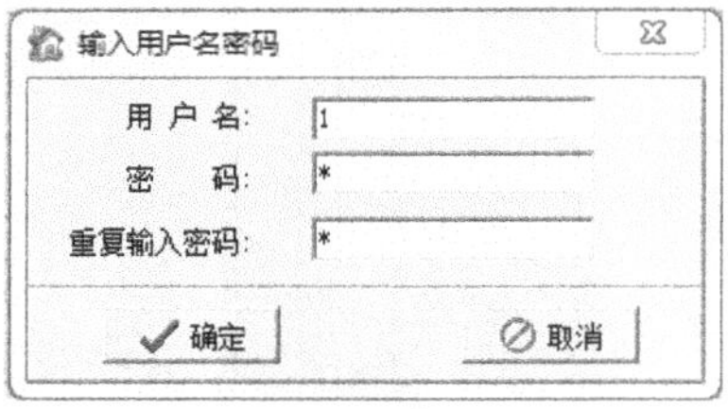

b）

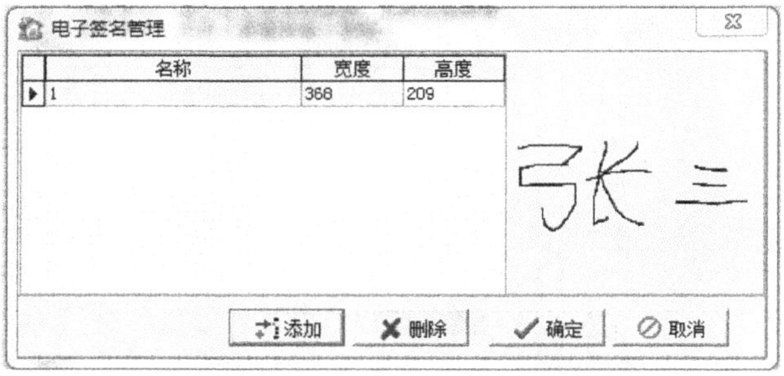

c）

图 6-11　设置电子签名窗口

添加了电子签名图片后，进入菜单下的【编辑】→【电子签名】，选中添加的电子签名图片，输入密码并确定即可在表格内显示，拖住此图片到所要的签字单元格位置并双击即可。

2. 插入图片

当做“基槽验线记录”等表格时，需要在表格中插入示意图。本软件提供了导入图片功能。用户可以把用系统的“施工平面图”软件画的示意图、用 Windows 系统自带的画图程序画的图、用 CAD 软件画的图插入到表格中的需要位置。

（1）直接导入图片　选择“基槽平面”、“剖面简图”下要插入图片的单元格，点击“导入图片”工具或右击选择“插入图片”→“从文件导入图片”，选择用户所要插入的图片，如图 6-12 所示。

另外还可以选择样式、对齐方式，单击“确定”，如图 6-13 所示。

（2）画图板　在表格中，选中单元格时，右击“插入图片”→“绘制图片”，如图 6-14 所示。

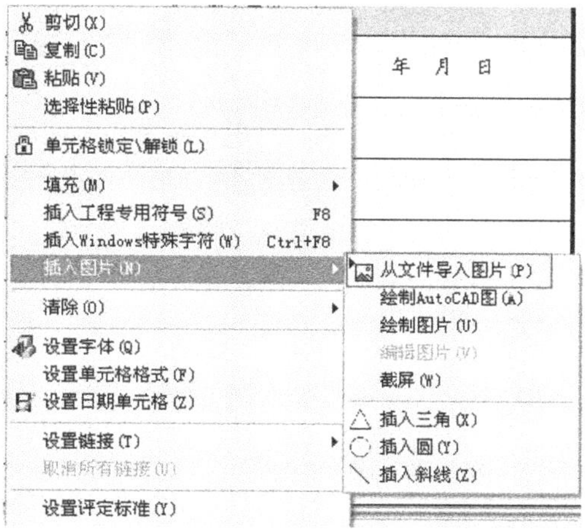

图 6-12　文件导入图片窗口

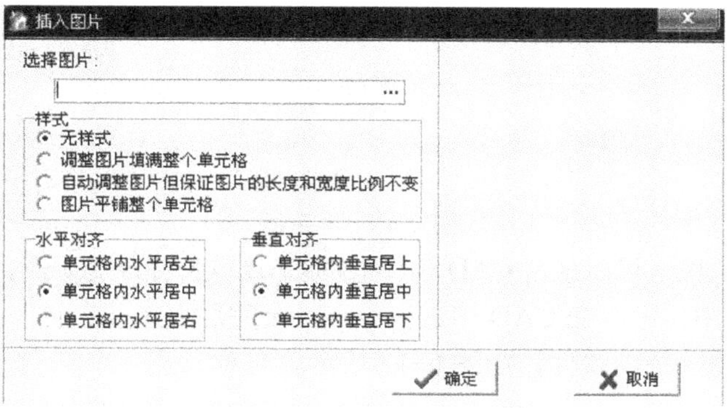

图 6-13　选择导入图片窗口

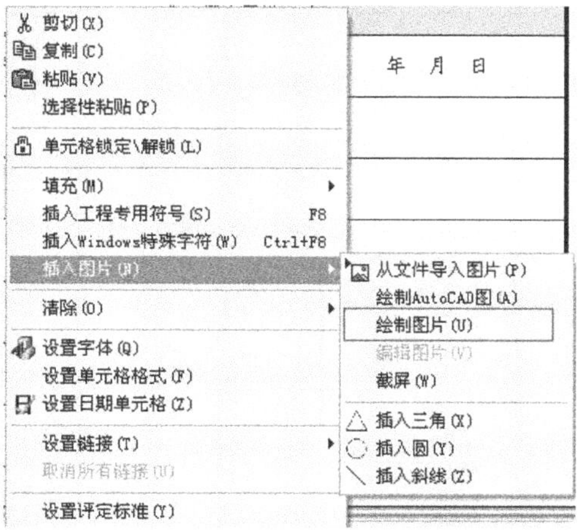

图 6-14　选择“绘制图片”

进入资料画图界面程序后，用户可直接在如图 6-15 所示的画图板上进行画图操作。

画完之后，选择【文件】→【更新到单元格】即可插入图片；也可以通过【文件】→【导入图形】，导入 CAD 文件或其他图形文件再次编辑。

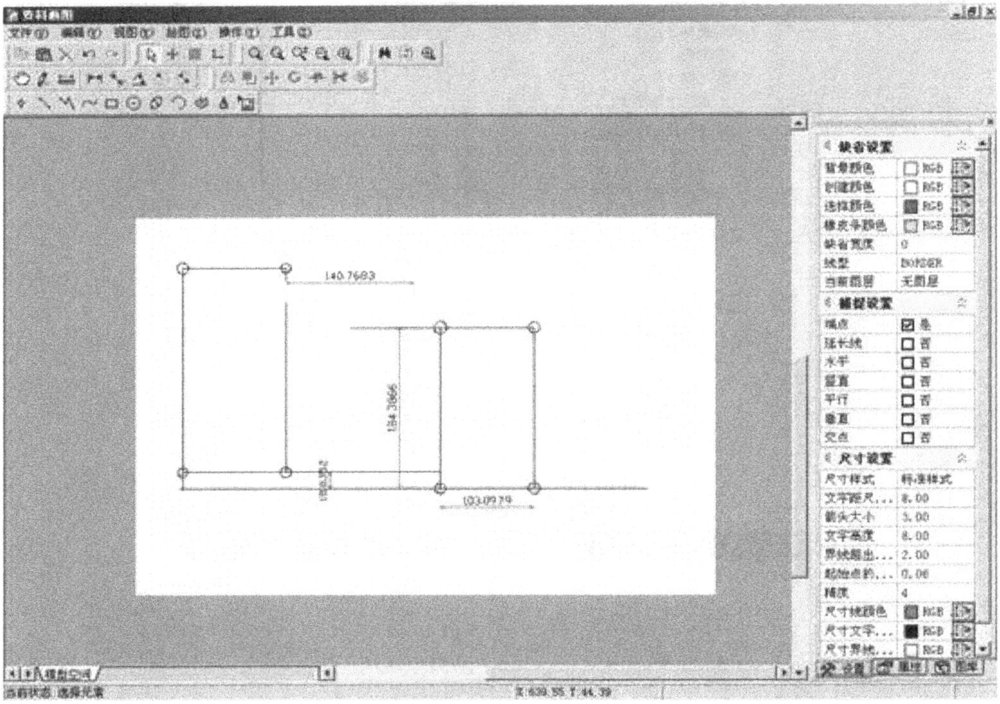

图 6-15　画图板

（3）CAD 软件插图　可以结合 CAD 软件，在 CAD 软件中画施工图，如图 6-16 所示。

进入 CAD 软件中，可以在 CAD 中进行画图，画完后点击“文件”按钮下的“更新筑业资料软件”，然后退出 CAD 软件，如图 6-17 所示。

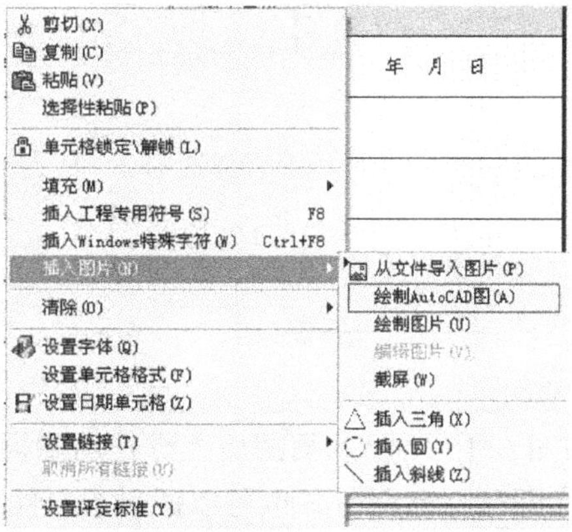

图 6-16　选择 CAD 画图

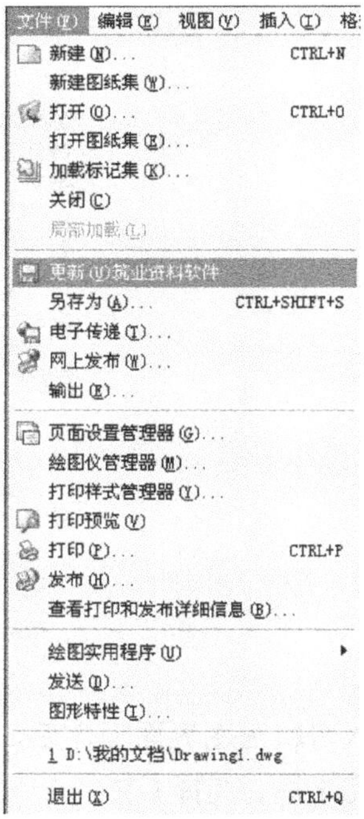

图 6-17　选择“更新筑业资料软件”

课题3 品茗施工资料制作与管理软件

“品茗施工资料制作与管理软件”是杭州品茗科技有限公司研究开发的一套建筑行业施工现场资料管理软件，其采用了最新的建筑工程施工质量验收检查用表和建设工程（施工阶段）监理工作基本表式等建设工程质量监督站规定的规范的建筑施工资料标准样式，是一套新版“《建筑工程施工质量验收规范》配套软件”，并且涵盖了施工现场所需的所有资料，包括检验批资料、质量保证资料、工程管理资料、安全资料、监理资料等。

6.3.1 品茗施工资料制作与管理软件的特点

品茗施工资料能快速实现表格填写、打印输出、多类型汇总统计、资料表格库管理（修改、添加模板文件）、工程备份及恢复等操作，同时又兼容 Word、Excel，满足不同的施工资料编制与管理的需要。

软件的主要功能介绍：

1）表头信息自动导入。按照质量资料表格填写要求，一次性定义工程概况信息，所有表格中相关表头信息自动填写完成，减少了表格填写工作量。

2）示例工程查询。品茗软件提供了一套填写规范、表格齐全的示例工程，方便用户在实际工作中参考。

3）插入或绘制图片。插入图片时无需考虑图片格式，可直接插入任意图片文件，包括 Auto CAD 格式的文件；也可调用“品茗画图程序”或“画笔程序”直接进行图形绘制。

4）企业标准设置。施工企业技术主管部门可以利用该软件配置贯彻企业标准，实现资料管理一体化，达到数据统一。配置后，软件可以根据用户修改后的数据对每一个实测点进行评定，对超过企业标准且未超过国家标准的点，自动添加“○”，并提示原国家标准的数值。

5）填表说明。涵盖浙江省《建筑工程施工质量验收规范检查用表实用手册》中所有的施工技术资料表格及填表说明；涵盖浙江省建设工程施工现场所需用表的全部表式及相应的使用说明。“填表说明”针对每张表式，点击鼠标右键可随时查看。

6）施工日记、报验申请表同步生成。软件在分项工程下可以自动生成当日施工日记，确保使用者的施工日记与当日资料在施工部位、施工日期等方面一一对应；也可快速调出报验申请表。

7）快速添加相似表格。相似表格可以快速生成，可以一次一张，也可以一次多张。

8）批量打印。该软件可实现批量打印。

9）工程备份、表格异地操作。可以将整个工程或者单张、部分表格导入导出，在不同的电脑上实现资料数据的共享。

10）实测项目评定。质量验收资料（检验批）实测点根据国家标准自动评定等级。

11）分部（子分部）、分项汇总表自动生成。分项评定、分部（子分部）统计等评定汇总表，可通过本软件的智能化设计一键生成。

12）表格的计算功能。砌筑砂浆试块及标养、同条件养护的混凝土试块强度评定表可进行自动计算。

13）电子签名。可以直接将使用者的签名以电子格式插入到表格签字栏内。

14）虚拟归档功能。虚拟文件柜，可进行资料整理归档。

15）兼容 Word、Excel 文件格式。

16）资料库。资料库包括施工资料编制与管理过程中所需的标准规范、图库、方案素材。

6.3.2 品茗施工资料制作与管理软件的通用功能介绍

1．软件进入

安装好品茗软件后，运行桌面上的品茗施工资料制作与管理软件，出现如图 6-18 所示的启动画面。

图 6-18　品茗施工资料制作与管理软件启动界面

品茗施工资料制作与管理软件有 15 个模块。单击所要操作的资料模块按钮，会弹出软件登录窗口，缺省操作员用户名、密码。使用者也可以管理员身份登录，通过“系统”下的“操作员管理”创建或更改用户名及密码来保护工作成果。正确登录后，进入到工程资料管理主界面，如图 6-19 所示。主界面主要由菜单栏、工具栏、工程管理结构树、表格预览窗口、状态栏组成。

2．软件操作四步骤

软件操作四步骤如图 6-20 所示，通过新建工程→工程概况录入→资料填写→打印输出操作即可快速建立一张资料表。

如图 6-21 所示的检验批表格是通过这四个步骤建好的一张土方开挖工程检验批表格，预览确认没有问题后，打印即可。

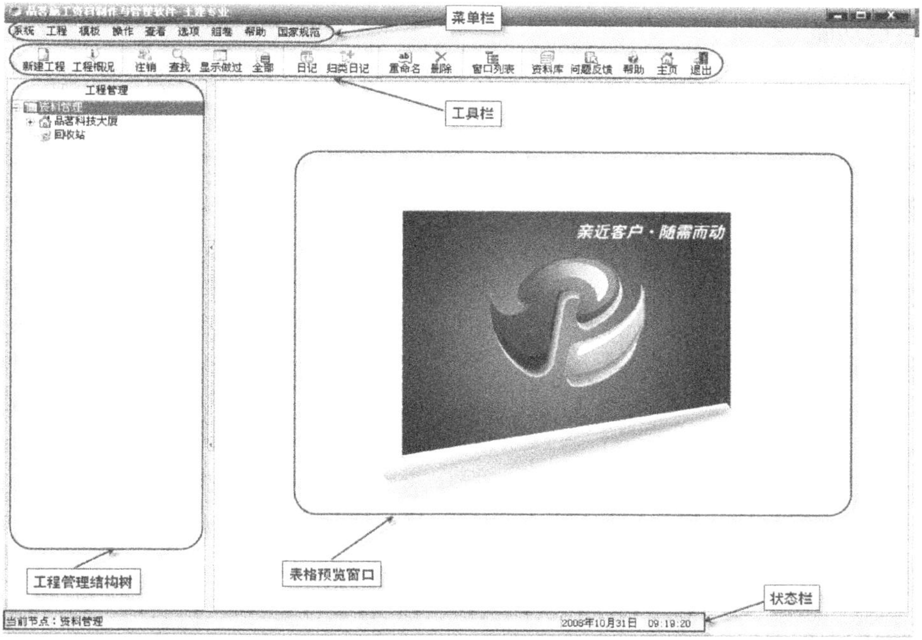

图 6-19　品茗施工资料制作与管理软件主界面

图 6-20　软件操作四步骤

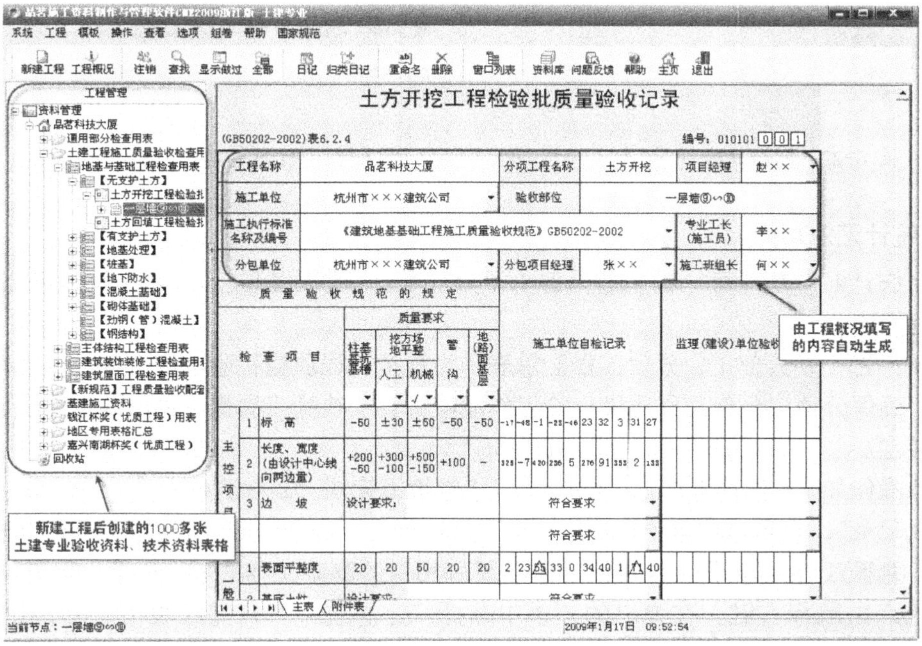

图 6-21　检验批表格

3. 右键功能

1）进入表格编辑后的右键功能如图 6-22 所示，常用的功能有导入示例数据、插入图片、更改企标设定、查看填表说明。

2）工程管理界面的右键菜单的常用功能有填写施工日记、生成报验申请表、快增加、批量快增加、导出等，如图 6-23 所示。

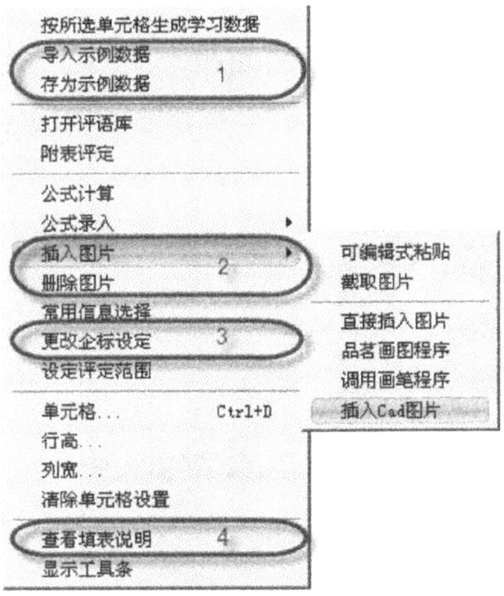

图 6-22　右键功能

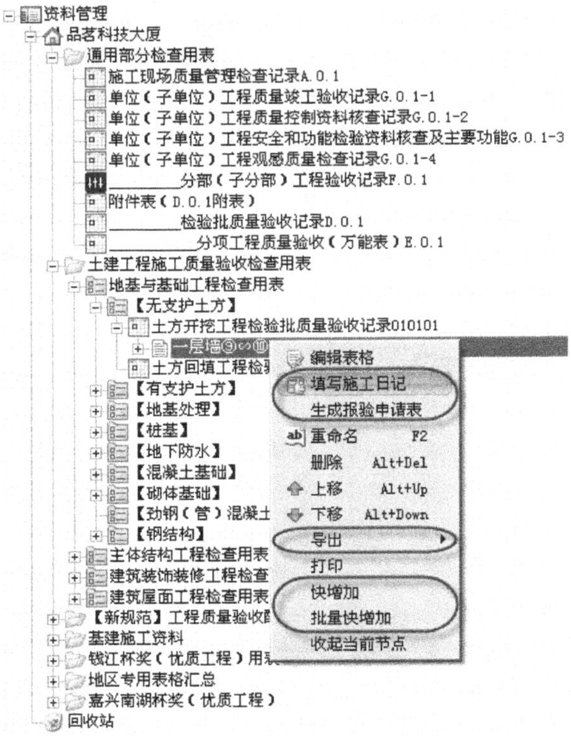

图 6-23　工程管理界面的右键菜单

4. 统计汇总功能

使用统计汇总功能可一键生成分部（子分部）、分项工程汇总表；隐蔽工程汇总表；技术复核等报表。

（1）分部（子分部）、分项工程汇总表　为规范工程质量检验工作，加强施工工序的质量控制，确保分项、分部工程质量检验工作能够真实反映施工质量，所以要对分项、分部工程进行评定。

具体操作如下：①将要汇总的检验批表格都填写完毕；②右键点击“____分部（子分部）工程验收记录”，在弹出的菜单中点击“一次性统计”，统计汇总的效果如图 6-24 所示。

（2）隐蔽工程汇总表　首先按要求填写好相应的隐蔽工程表格，然后在“隐蔽工程汇总表”处点击鼠标右键，在弹出的菜单中选择“汇总统计”，完成表格汇总，如图 6-25 所示。

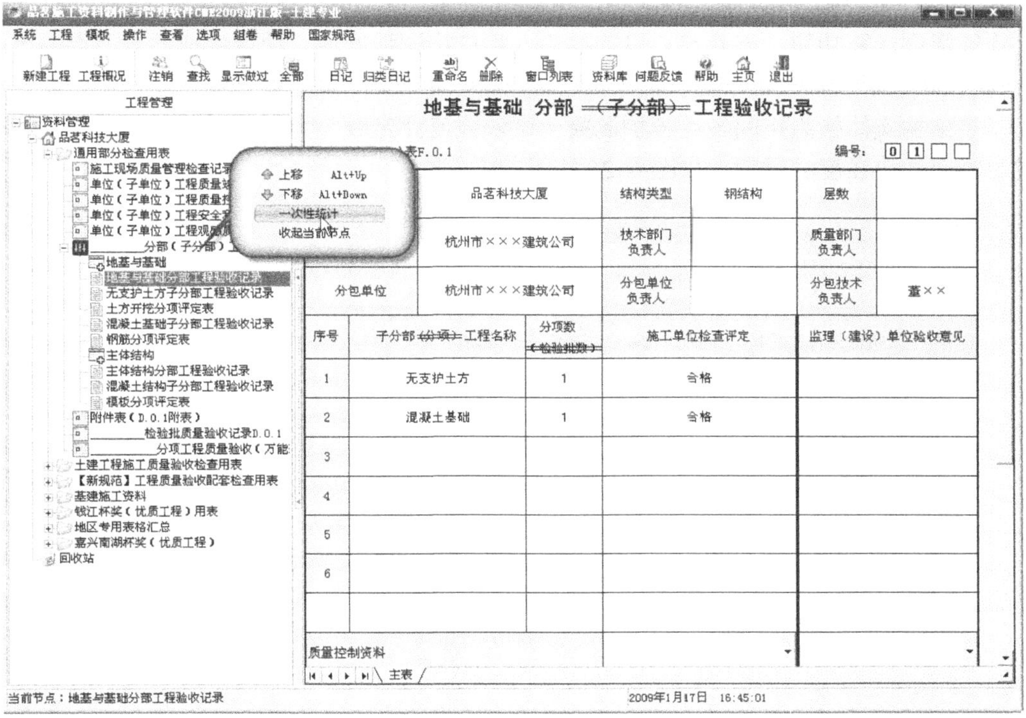

图 6-24　分部（子分部）工程汇总表

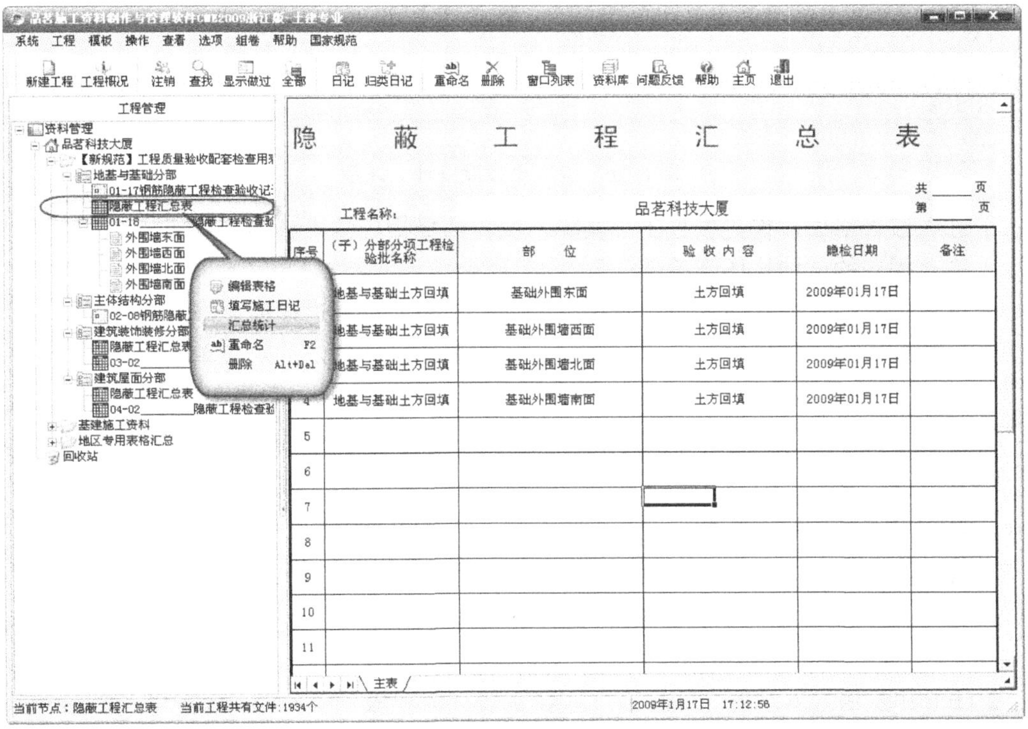

图 6-25　隐蔽工程汇总表

5．砂浆及混凝土抗压强度的统计、评定

软件提供计算功能，因此用户只需要输入相应抗压强度值，便可生成砂浆及混凝土强度统计表。

以“结构实体检验用同条件养护混凝土试块强度评定表”为例，讲述如何利用品茗软件完成混凝土试块强度的评定，如图 6-26 所示。

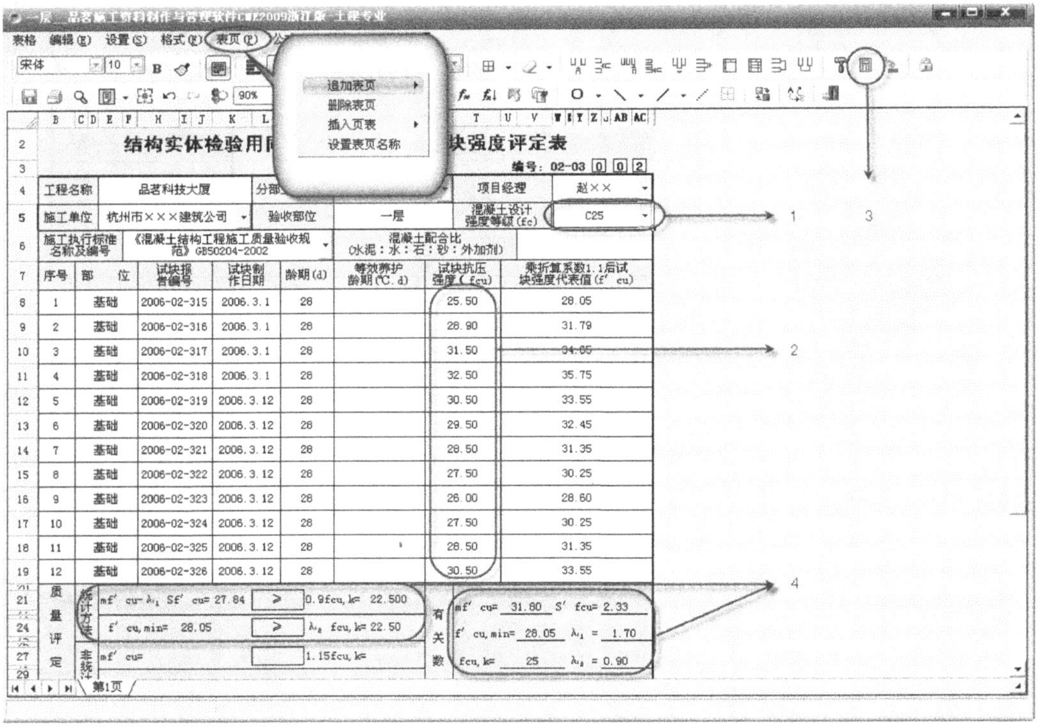

图 6-26　混凝土强度统计、评定

1）进入该表格后，首先根据工程实际情况，选择相应的设计强度等级如 C25。

2）输入相应的试块抗压强度值。

3）点击工具条上的计算混凝土强度检测评定按钮，计算过程便完成。

4）计算结果显示在质量评定区域统计方法或者非统计方法的对应单元格内。

如果抗压数据组数比较多，需要在多页上进行计算，此时，需要在工具条上的“表页”选项中选择“追加表页”增加到相应的页数后，再输入抗压强度值，同上述操作一样，选择计算按钮即可，结果显示在最后一页。

6．Word、Excel 回导技术

（1）Word 表格导入功能　可以将原有的 Word 表格导入软件。操作如下：首先选中要导入 Word 表格所在文件夹的节点，单击右键，选择导入 Word 文件，导入的 Word 文件可以在软件中进行整理、新建、编辑等操作。

（2）Excel 表格导入功能　如果有一些特殊表格需要放到软件中，批量导入 Excel 表格的功能将解决这一问题，智能回导如图 6-27 所示。

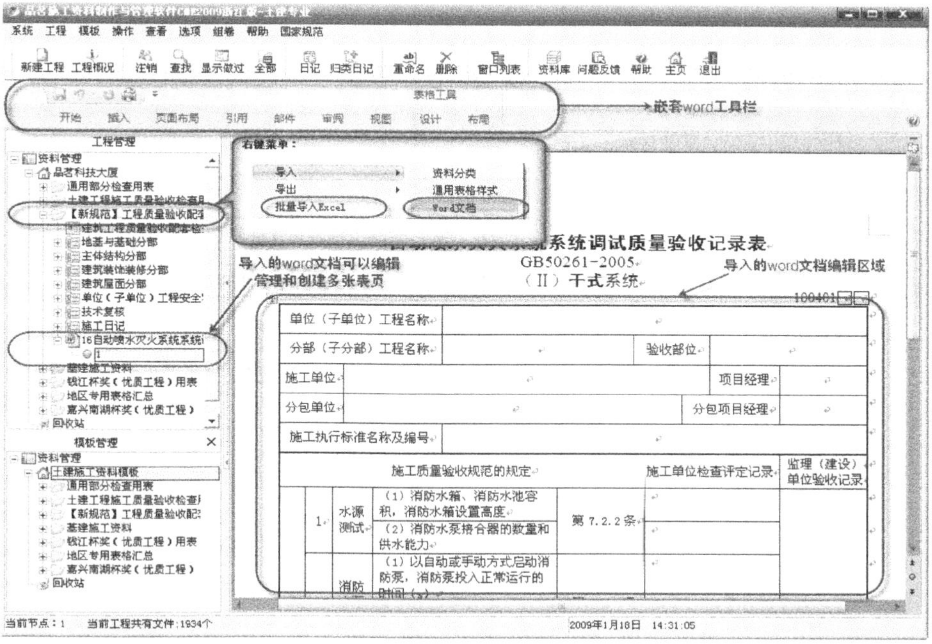

图 6-27　智能回导

7. 工程备份、表格异地操作

很多用户在实际操作过程中会遇到工程异地操作的情况，软件通过导入导出和生成只做过的表格这两个功能来解决这一问题。如图 6-28 所示是用生成只做过的表格功能所导出的整个工程的文件，点击桌面上生成的文件“品茗科技大厦”即可进入，可以浏览打印。

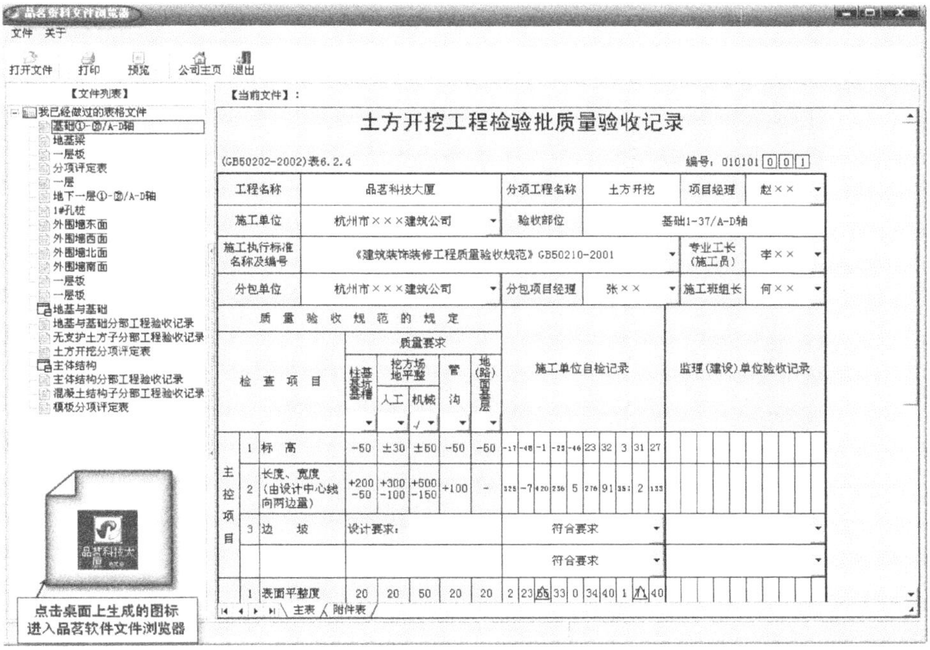

图 6-28　工程文件

单元小结

- 建筑工程资料管理软件及应用
  - 建筑工程资料管理软件
    - 使用建筑工程资料管理软件的必要性
    - 建筑工程资料管理软件的基本功能
  - 筑业建筑工程资料管理软件
    - 筑业建筑工程资料管理软件的主要功能
    - 筑业建筑工程资料管理软件的基本操作流程
    - 筑业建筑工程资料管理软件的其他功能
  - 品茗施工资料制作与管理软件
    - 品茗施工资料制作与管理软件的特点
    - 品茗施工资料制作与管理软件通用功能介绍

同步测试

1．建筑工程资料管理软件应用的意义是什么?

2．建筑工程资料管理软件有哪些特点?

3．根据本单元所介绍的资料管理软件，练习基本操作功能，完成建筑工程全过程的资料填写工作。

单元 7

建筑工程施工资料编制实例（目录部分）

建筑工程施工资料是在工程施工过程中形成的，如编制一个完整的工程资料实例篇幅太大，为了既能节省篇幅，又能将施工资料实例的全貌展示出来，本单元将××市未来城 1～7 号商住楼实例工程的资料目录做为一个较完整的实例，并按照三级目录（目录、分目录、细目）的形式详细地进行示范。

目录主要展示分部、子分部工程的施工资料一级目录，分目录主要展示分部、子分部工程的施工资料二级目录，细目主要展示分部、子分部工程的施工资料三级目录。

三级目录汇总后形成二级目录，二级目录汇总后形成一级目录，通过目录的逐级汇总，使施工资料更具有系统性和条理性。

××市未来城 1～7 号商住楼施工资料共分八册：

第一册　地基及基础工程施工资料
第二册　主体结构工程施工资料
第三册　建筑装饰装修工程施工资料
第四册　屋面工程施工资料
第五册　建筑给水、排水与采暖工程施工资料
第六册　建筑电气工程施工资料（略）
第七册　施工物资资料
第八册　建设工程竣工验收与备案资料

建 筑 工 程 施 工 资 料

第一册

工程名称：××市未来城 1～7 号商住楼
案卷题名：地基及基础工程施工资料

编制单位：××市建筑工程公司
技术主管：×××

编制日期：20××年×月×日起 20××年×月×日止
保管期限：长期　　　　　　　　密级：
保存档号：××××××

共八册　第一册

地基及基础工程施工资料　目录					
工程名称	××市未来城 1～7 号商住楼				
序号	施工资料名称	编制单位	编制日期	页次	备注
一	工程管理资料	××项目部	20××年×月×日	96	有分目录
二	工程图纸、变更记录	××项目部	20××年×月×日	17	有分目录
三	工程定位测量及复测资料	××项目部	20××年×月×日	5	有分目录
四	地基处理记录	××项目部	20××年×月×日	4	有分目录
五	基础施工试验报告及见证取样记录	××项目部	20××年×月×日	36	有分目录
六	基础隐蔽工程验收记录	××项目部	20××年×月×日	7	有分目录
七	基础施工记录	××项目部	20××年×月×日	74	有分目录
八	地基基础检验及抽样检测资料	××项目部	20××年×月×日	4	有分目录
九	地基与基础分部工程质量验收记录	××项目部	20××年×月×日	1	有分目录
十	无支护土方子分部工程、分项工程验收资料	××项目部	20××年×月×日	4	有分目录
十一	地基处理子分部工程、分项工程验收资料	××项目部	20××年×月×日	3	有分目录
十二	混凝土基础子分部工程、分项工程验收资料	××项目部	20××年×月×日	32	有分目录
十三	砌体基础子分部工程、分项工程验收资料	××项目部	20××年×月×日	5	有分目录
十四	基础结构验收记录	××项目部	20××年×月×日	1	有分目录
十五	其他必须提供的资料或记录	××项目部	20××年×月×日	1	有分目录

一、工程管理资料　分目录					
工程名称	××市未来城 1～7 号商住楼				
序号	资料名称	编制单位	编制日期	页数	备注
1	工程开工报审表	××市建筑工程公司	20××年×月×日	1	
2	施工组织设计	××市建筑工程公司	20××年×月×日	68	
3	技术交底记录	××项目部	20××年×月×日	17	有细目
4	预检工程记录	××项目部	20××年×月×日	9	有细目
5	施工现场质量管理记录	××市建筑工程公司	20××年×月×日	1	

一、3 技术交底记录　细目					
工程名称	××市未来城 1～7 号商住楼				
序号	资料名称	编制单位	编制日期	页数	备注
1	土方开挖、回填技术交底	××项目部	20××年×月×日	2	
2	基础 C10 垫层技术交底	××项目部	20××年×月×日	1	
3	基础模板工程技术交底	××项目部	20××年×月×日	2	
4	水暖管道安装技术交底	××项目部	20××年×月×日	4	
5	基础钢筋工程技术交底	××项目部	20××年×月×日	3	
6	地基处理技术交底	××项目部	20××年×月×日	2	
7	基础混凝土技术交底	××项目部	20××年×月×日	2	
8	基础砌砖工程技术交底	××项目部	20××年×月×日	1	

一、4 预检工程记录　细目					
工程名称	××市未来城1～7号商住楼				
序号	资料名称	编制单位	编制日期	页数	备注
1	定位放线预检记录	××项目部	20××年×月×日	1	
2	基础放线预检工程记录	××项目部	20××年×月×日	1	
3	基础垫层支模预检工程记录	××项目部	20××年×月×日	1	
4	基础垫层混凝土施工缝留置、位置、接槎处理预检工程记录	××项目部	20××年×月×日	3	
5	基础底板支模预检工程记录	××项目部	20××年×月×日	1	
6	基础底板混凝土施工缝留置、位置、接槎处理预检工程记录	××项目部	20××年×月×日	2	

二、工程图纸、变更记录　分目录					
工程名称	××市未来城1～7号商住楼				
序号	资料名称	编制单位	编制日期	页数	备注
1	图纸会审记录	××市建筑工程公司	20××年×月×日	3	
2	设计变更单××号	××市建筑设计院	20××年×月×日	6	
3	设计变更单××号	××市建筑设计院	20××年×月×日	5	
4	工程洽商记录××号	××项目部	20××年×月×日	3	

三、工程定位测量及复测资料　分目录					
工程名称	××市未来城1～7号商住楼				
序号	资料名称	编制单位	编制日期	页数	备注
1	工程定位测量及复测记录	××项目部	20××年×月×日	2	
2	基槽、各层放线测量及复测记录	××项目部	20××年×月×日	3	

四、地基处理记录　分目录					
工程名称	××市未来城1～7号商住楼				
序号	资料名称	编制单位	编制日期	页数	备注
1	地基处理设计变更、洽商记录	××项目部	20××年×月×日	2	
2	地基处理施工记录	××项目部	20××年×月×日	2	

五、基础施工试验报告及见证取样记录 分目录					
工程名称	××市未来城 1~7 号商住楼				
序号	资料名称	编制单位	编制日期	页数	备注
1	钢材连接试验报告	××市检测中心	20××年×月×日	3	
2	土工试验报告	××市检测中心	20××年×月×日	5	
3	混凝土试块试验报告汇总表	××项目部	20××年×月×日	1	
4	混凝土试块试验报告（标准养护）	××市检测中心	20××年×月×日	3	有细目
5	混凝土试块试验报告（同条件养护）	××市检测中心	20××年×月×日	3	有细目
6	混凝土强度评定表	××项目部	20××年×月×日	1	
7	砂浆抗压强度试验报告汇总表	××项目部	20××年×月×日	1	
8	砂浆试块试验报告	××市检测中心	20××年×月×日	1	有细目
9	砂浆配合比通知单	××市检测中心	20××年×月×日	1	
10	地基基础见证取样记录	××项目部	20××年×月×日	17	有细目

五、4 混凝土试块试验报告 细目				
工程名称	××市未来城 1~7 号商住楼			
序号	施工部位、资料名称	编制日期	页数	备注
1	基础垫层 1~20/A~D 轴混凝土试块试验报告（标准养护）	20××年×月×日	1	
2	基础底板 1~20/A~D 轴混凝土试块试验报告（标准养护）	20××年×月×日	1	
3	基础圈梁 1~20/A~D 轴混凝土试块试验报告（标准养护）	20××年×月×日	1	

五、5 混凝土试块试验报告 细目				
工程名称	××市未来城 1~7 号商住楼			
序号	施工部位、资料名称	编制日期	页数	备注
1	基础垫层 1~20/A~D 轴混凝土试块试验报告（同条件养护）	20××年×月×日	1	
2	基础底板 1~20/A~D 轴混凝土试块试验报告（同条件养护）	20××年×月×日	1	
3	基础圈梁 1~20/A~D 轴混凝土试块试验报告（同条件养护）	20××年×月×日	1	

五、8 砂浆试块试验报告 细目				
工程名称	××市未来城 1~7 号商住楼			
序号	施工部位、资料名称	编制日期	页数	备注
1	基础 1~20/A~D 轴砌砖 M7.5 水泥砂浆试块试验报告	20××年×月×日	1	

五、10 地基基础见证取样记录　细目					
工程名称	××市未来城 1～7 号商住楼				
序号	资料名称	编制单位	编制日期	页数	备注
1	基础垫层混凝土试块见证取样记录	××项目部	20××年×月×日	1	
2	基础底板混凝土试块取样见证记录	××项目部	20××年×月×日	1	
3	基础圈梁混凝土试块取样见证记录	××项目部	20××年×月×日	1	
4	基础砂浆试块取样见证记录	××项目部	20××年×月×日	1	
5	钢筋见证取样记录	××项目部	20××年×月×日	1	
6	钢筋焊接接头见证取样记录	××项目部	20××年×月×日	1	
7	焊条、焊剂见证取样记录	××项目部	20××年×月×日	1	
8	水泥见证取样记录	××项目部	20××年×月×日	1	
9	混凝土外加剂见证取样记录	××项目部	20××年×月×日	1	
10	碱含量测试见证取样记录	××项目部	20××年×月×日	1	
11	砂子见证取样记录	××项目部	20××年×月×日	1	
12	石子见证取样记录	××项目部	20××年×月×日	1	
13	水泥碱活性检验见证取样记录	××项目部	20××年×月×日	1	
14	砂子碱活性检验见证取样记录	××项目部	20××年×月×日	1	
15	石子碱活性检验见证取样记录	××项目部	20××年×月×日	1	
16	水质分析见证取样记录	××项目部	20××年×月×日	1	
17	混凝土膨胀剂检测见证取样记录	××项目部	20××年×月×日	1	

六、基础隐蔽工程验收记录　分目录					
工程名称	××市未来城 1～7 号商住楼				
序号	资料名称	编制单位	编制日期	页数	备注
1	土方开挖隐蔽工程验收记录	××项目部	20××年×月×日	1	
2	灰土垫层隐蔽工程验收记录	××项目部	20××年×月×日	1	
3	基础混凝土垫层隐蔽工程验收记录	××项目部	20××年×月×日	1	
4	基础底板钢筋绑扎、钢筋焊接隐蔽工程验收记录	××项目部	20××年×月×日	1	
5	基础圈梁钢筋隐蔽工程验收记录	××项目部	20××年×月×日	1	
6	基础底板混凝土隐蔽工程验收记录	××项目部	20××年×月×日	1	
7	土方回填隐蔽工程验收记录	××项目部	20××年×月×日	1	

七、基础施工记录　分目录					
工程名称	××市未来城 1～7 号商住楼				
序号	资料名称	编制单位	编制日期	页数	备注
1	施工记录	××项目部	20××年×月×日	13	
2	地基钎探记录	××项目部	20××年×月×日	10	
3	地基验槽记录	××项目部	20××年×月×日	1	
4	混凝土浇灌申请书	××项目部	20××年×月×日	2	
5	混凝土开盘鉴定	××项目部	20××年×月×日	1	
6	混凝土工程施工记录	××项目部	20××年×月×日	6	
7	混凝土坍落度检查记录	××项目部	20××年×月×日	2	
8	冬期混凝土搅拌及浇灌测温记录	××项目部	20××年×月×日	2	
9	混凝土养护测温记录	××项目部	20××年×月×日	2	
10	基础工程自检互检记录	××项目部	20××年×月×日	25	有细目
11	工序交接单	××项目部	20××年×月×日	10	有细目

七、10 基础工程自检互检记录　细目					
工程名称	××市未来城 1～7 号商住楼				
序号	资料名称	编制单位	编制日期	页数	备注
1	基础 1～20/A～D 轴 土方开挖检验批自检互检记录	××项目部	20××年×月×日	1	
2	土方基础 1～20/A～D 轴 土方回填检验批自检互检记录	××项目部	20××年×月×日	1	
3	基础 1～20/A～D 轴 灰土检验批自检互检记录	××项目部	20××年×月×日	1	
4	基础垫层 1～20/A～D 轴 模板安装检验批自检互检记录	××项目部	20××年×月×日	1	
5	基础垫层 1～20/A～D 轴 模板拆除检验批自检互检记录	××项目部	20××年×月×日	1	
6	基础底板 1～20/A～D 轴 模板安装检验批自检互检记录	××项目部	20××年×月×日	1	
7	基础底板 1～20/A～D 轴 模板拆除检验批自检互检记录	××项目部	20××年×月×日	1	
8	基础圈梁 1～20/A～D 轴 模板安装检验批自检互检记录	××项目部	20××年×月×日	1	
9	基础圈梁 1～20/A～D 轴 模板拆除检验批自检互检记录	××项目部	20××年×月×日	1	
10	基础底板 1～20/A～D 轴 钢筋原材料检验批自检互检记录	××项目部	20××年×月×日	1	
11	基础底板 1～20/A～D 轴 钢筋加工检验批自检互检记录	××项目部	20××年×月×日	1	
12	基础底板 1～20/A～D 轴 钢筋安装检验批自检互检记录	××项目部	20××年×月×日	1	
13	基础构造柱 1～20/A～D 轴 钢筋原材料检验批自检互检记录	××项目部	20××年×月×日	1	
14	基础构造柱 1～20/A～D 轴 钢筋加工检验批自检互检记录	××项目部	20××年×月×日	1	
15	基础构造柱 1～20/A～D 轴 钢筋安装检验批自检互检记录	××项目部	20××年×月×日	1	
16	基础圈梁 1～20/A～D 轴 钢筋原材料检验批自检互检记录	××项目部	20××年×月×日	1	
17	基础圈梁 1～20/A～D 轴 钢筋加工检验批自检互检记录	××项目部	20××年×月×日	1	

（续）

序号	资料名称	编制单位	编制日期	页数	备注
18	基础圈梁 1～20/A～D 轴 钢筋安装检验批自检互检记录	××项目部	20××年×月×日	1	
19	基础圈梁 1～20/A～D 轴 钢筋连接检验批自检互检记录	××项目部	20××年×月×日	1	
20	基础底板 1～20/A～D 轴 混凝土原材料及配合比设计检验批自检互检记录	××项目部	20××年×月×日	1	
21	基础构造柱 1～20/A～D 轴 混凝土施工检验批自检互检记录	××项目部	20××年×月×日	1	
22	基础构造柱 1～20/A～D 轴 混凝土现浇结构外观尺寸偏差检验批自检互检记录	××项目部	20××年×月×日	1	
23	基础后浇带混凝土 9/A～D 轴 混凝土施工检验批自检互检记录	××项目部	20××年×月×日	1	
24	基础 1～20/A～D 轴 基础砌砖检验批自检互检记录	××项目部	20××年×月×日	1	
25	基础 1～20/A～D 轴 基础配筋砌体检验批自检互检记录	××项目部	20××年×月×日	1	

七、11 工序交接单　细目

工程名称	××市未来城 1～7 号商住楼				
序号	资料名称	编制单位	编制日期	页数	备注
1	（基础挖土→地基钎探）工序交接单	××项目部	20××年×月×日	1	
2	（地基钎探→灰土垫层地基处理）工序交接单	××项目部	20××年×月×日	1	
3	（灰土垫层地基处理→基础混凝土垫层）工序交接单	××项目部	20××年×月×日	1	
4	（基础混凝土垫层→基础底板支模）工序交接单	××项目部	20××年×月×日	1	
5	（基础底板支模→基础底板钢筋）工序交接单	××项目部	20××年×月×日	1	
6	（基础底板钢筋→基础底板混凝土）工序交接单	××项目部	20××年×月×日	1	
7	（基础底板混凝土→基础砌砖）工序交接单	××项目部	20××年×月×日	1	
8	（基础砌砖→地圈梁模板）工序交接单	××项目部	20××年×月×日	1	
9	（地圈梁模板→地圈梁钢筋）工序交接单	××项目部	20××年×月×日	1	
10	（地圈梁钢筋→地圈梁混凝土）工序交接单	××项目部	20××年×月×日	1	

八、地基基础检验及抽样检测资料　分目录					
工程名称	××市未来城1～7号商住楼				
序号	资料名称	编制单位	编制日期	页数	备注
1	地基基础检验及抽样检测记录	××项目部	20××年×月×日	1	
2	地基基础分部工程质量控制资料核查记录	××项目部	20××年×月×日	1	
3	地基基础工程主要功能抽查记录	××项目部	20××年×月×日	1	
4	地基基础工程观感质量检查记录	××项目部	20××年×月×日	1	

九、地基与基础分部工程质量验收记录　分目录					
工程名称	××市未来城1～7号商住楼				
序号	资料名称	编制单位	编制日期	页数	备注
1	地基与基础分部工程质量验收记录	××项目部	20××年×月×日	1	

十、无支护土方子分部工程、分项工程验收资料　分目录					
工程名称	××市未来城1～7号商住楼				
序号	资料名称	编制单位	编制日期	页数	备注
1	无支护土方子分部工程质量验收记录	××项目部	20××年×月×日	1	
2	土方开挖分项工程质量验收记录	××项目部	20××年×月×日	1	
3	基础1～20/A～D轴 土方开挖检验批质量验收记录	××项目部	20××年×月×日	1	
4	基础1～20/A～D轴 土方回填分项工程质量验收记录	××项目部	20××年×月×日	1	

十一、地基处理子分部工程、分项工程验收资料　分目录					
工程名称	××市未来城1～7号商住楼				
序号	资料名称	编制单位	编制日期	页数	备注
1	地基处理子分部工程质量验收记录	××项目部	20××年×月×日	1	
2	灰土地基分项工程质量验收记录	××项目部	20××年×月×日	1	
3	基础1～20/A～D轴 灰土检验批质量验收记录	××项目部	20××年×月×日	1	

十二、混凝土基础子分部工程、分项工程验收资料　分目录					
工程名称	××市未来城1～7号商住楼				
序号	资料名称	编制单位	编制日期	页数	备注
1	混凝土基础子分部工程质量验收记录	××项目部	20××年×月×日	1	
2	模板安装分项工程质量验收记录	××项目部	20××年×月×日	1	
3	基础垫层1～20/A～D轴 模板安装检验批质量验收记录	××项目部	20××年×月×日	1	
4	基础底板1～20/A～D轴 模板安装检验批质量验收记录	××项目部	20××年×月×日	1	
5	基础圈梁1～20/A～D轴 模板安装检验批质量验收记录	××项目部	20××年×月×日	1	
6	模板拆除分项工程质量验收记录	××项目部	20××年×月×日	1	
7	基础垫层1～20/A～D轴 模板拆除检验批质量验收记录	××项目部	20××年×月×日	1	
8	基础底板1～20/A～D轴 模板拆除检验批质量验收记录	××项目部	20××年×月×日	1	
9	钢筋原材料分项工程质量验收记录	××项目部	20××年×月×日	1	
10	基础底板1～20/A～D轴 钢筋原材料检验批质量验收记录	××项目部	20××年×月×日	1	
11	基础构造柱1～20/A～D轴 钢筋原材料检验批质量验收记录	××项目部	20××年×月×日	1	
12	基础圈梁1～20/A～D轴 钢筋原材料检验批质量验收记录	××项目部	20××年×月×日	1	
13	钢筋加工分项工程质量验收记录	××项目部	20××年×月×日	1	
14	基础底板1～20/A～D轴 钢筋加工检验批质量验收记录	××项目部	20××年×月×日	1	
15	基础构造柱1～20/A～D轴 钢筋加工检验批质量验收记录	××项目部	20××年×月×日	1	
16	基础圈梁1～20/A～D轴 钢筋加工检验批质量验收记录	××项目部	20××年×月×日	1	
17	钢筋安装分项工程质量验收记录	××项目部	20××年×月×日	1	
18	基础底板1～20/A～D轴 钢筋安装检验批质量验收记录	××项目部	20××年×月×日	1	
19	基础构造柱1～20/A～D轴 钢筋安装检验批质量验收记录	××项目部	20××年×月×日	1	
20	基础圈梁1～20/A～D轴 钢筋安装检验批质量验收记录	××项目部	20××年×月×日	1	
21	混凝土原材料及配合比设计分项工程质量验收记录	××项目部	20××年×月×日	1	
22	基础底板1～20/A～D轴 混凝土原材料及配合比设计检验批质量验收记录	××项目部	20××年×月×日	1	
23	基础构造柱1～20/A～D轴 混凝土原材料及配合比设计检验批质量验收记录	××项目部	20××年×月×日	1	

（续）

序号	资料名称	编制单位	编制日期	页数	备注
24	基础圈梁 1～20/A～D 轴 混凝土原材料及配合比设计检验批质量验收记录	××项目部	20××年×月×日	1	
25	混凝土施工分项工程质量验收记录	××项目部	20××年×月×日	1	
26	基础底板 1～20/A～D 轴 混凝土施工检验批质量验收记录	××项目部	20××年×月×日	1	
27	基础构造柱 1～20/A～D 轴 混凝土施工检验批质量验收记录	××项目部	20××年×月×日	1	
28	基础圈梁 1～20/A～D 轴 混凝土施工检验批质量验收记录	××项目部	20××年×月×日	1	
29	后浇带混凝土分项工程质量验收记录	××项目部	20××年×月×日	1	
30	基础后浇带混凝土 9/A～D 轴 混凝土施工检验批质量验收记录	××项目部	20××年×月×日	1	
31	混凝土结构缝处理分项工程质量验收记录	××项目部	20××年×月×日	1	
32	9/A～D 轴 混凝土结构缝处理施工检验批质量验收记录	××项目部	20××年×月×日	1	

十三、砌体基础子分部工程、分项工程验收资料　分目录					
工程名称	××市未来城 1～7 号商住楼				
序号	资料名称	编制单位	编制日期	页数	备注
1	砌体基础子分部工程质量验收记录	××项目部	20××年×月×日	1	
2	砖砌体分项工程质量验收记录	××项目部	20××年×月×日	1	
3	基础 1～20/A～D 轴 基础砌砖检验批质量验收记录	××项目部	20××年×月×日	1	
4	配筋砖砌体分项工程质量验收记录	××项目部	20××年×月×日	1	
5	基础 1～20/A～D 轴 基础配筋砌体检验批质量验收记录	××项目部	20××年×月×日	1	

十四、基础结构验收记录　分目录					
工程名称	××市未来城 1～7 号商住楼				
序号	资料名称	编制单位	编制日期	页数	备注
1	地基基础结构验收记录	××项目部	20××年×月×日	1	

十五、其他必须提供的资料或记录　分目录					
工程名称	××市未来城 1～7 号商住楼				
序号	资料名称	编制单位	编制日期	页数	备注
1	质量事故处理记录	××项目部	20××年×月×日	1	

建 筑 工 程 施 工 资 料

第二册

名　　称：××市未来城 1～7 号商住楼
案卷题名：主体结构工程施工资料

编制单位：××市建筑工程公司
技术主管：×××

编制日期：20××年×月×日起 20××年×月×日止
保管期限：长期　　　　　　　　　密级：
保存档号：××××××

共八册　第二册

主体结构工程施工资料　目录					
工程名称	××市未来城1～7号商住楼				
序号	施工资料名称	编制单位	编制日期	页次	备注
一	主体结构分部工程质量验收记录	××项目部	20××年×月×日	1	
二	主体结构工程质量控制检查记录	××项目部	20××年×月×日	1	
三	主体结构工程主要功能抽查记录	××项目部	20××年×月×日	1	
四	主体结构工程观感质量检查记录	××项目部	20××年×月×日	1	
（一）混凝土结构子分部工程施工资料					
五	工程图纸、变更记录	××项目部	20××年×月×日	6	有分目录
六	工程管理资料	××项目部	20××年×月×日	132	有分目录
七	施工试验报告及见证取样记录	××项目部	20××年×月×日	51	有分目录
八	隐蔽工程验收记录	××项目部	20××年×月×日	18	有分目录
九	施工记录	××项目部	20××年×月×日	186	有分目录
十	混凝土结构实体检验记录	××市质量检测中心	20××年×月×日	2	有分目录
十一	主体工程结构验收记录	××项目部	20××年×月×日	1	有分目录
十二	混凝土结构子分部工程、分项工程验收资料	××项目部	20××年×月×日	85	有分目录
十三	其他必须提供的资料或记录	××项目部	20××年×月×日	10	有分目录
（二）砌体结构子分部工程施工资料					
十四	工程图纸、变更记录	××项目部	20××年×月×日	5	有分目录
十五	工程测量及复测记录	××项目部	20××年×月×日	7	有分目录
十六	施工试验报告及见证取样记录	××项目部	20××年×月×日	31	有分目录
十七	隐蔽工程验收记录	××项目部	20××年×月×日	7	有分目录
十八	施工记录	××项目部	20××年×月×日	61	有分目录
十九	施工试验记录	××项目部	20××年×月×日	72	有分目录
二十	砌体结构子分部工程、分项工程验收资料	××项目部	20××年×月×日	23	有分目录
二十一	其他必须提供的资料或记录	××项目部	20××年×月×日	1	有分目录

（一）混凝土结构子分部工程施工资料

五、工程图纸、变更记录　分目录					
工程名称	××市未来城1～7号商住楼				
序号	资料名称	编制单位	编制日期	页数	备注
1	图纸会审记录	××市建筑工程公司	20××年×月×日	1	
2	设计变更单××号	××设计院	20××年×月×日	3	
3	设计变更单××号	××设计院	20××年×月×日	1	
4	工程洽商记录××号	××项目部	20××年×月×日	1	

六、工程管理资料　分目录					
工程名称	××市未来城1～7号商住楼				
序号	资料名称	编制单位	编制日期	页数	备注
1	技术交底记录	××项目部	20××年×月×日	90	有细目
2	预检工程记录	××项目部	20××年×月×日	13	有细目
3	模板施工方案	××项目部	20××年×月×日	6	
4	钢筋施工方案	××项目部	20××年×月×日	5	
5	混凝土施工方案	××项目部	20××年×月×日	6	
6	雨季施工方案	××项目部	20××年×月×日	6	
7	冬期施工方案	××项目部	20××年×月×日	6	

六、1 技术交底记录　细目				
工程名称	××市未来城1～7号商住楼			
序号	施工部位、资料名称	编制日期	页数	备注
1	一层框架钢筋技术交底	20××年×月×日	5	
2	一层框架模板技术交底	20××年×月×日	4	
3	一层框架混凝土技术交底	20××年×月×日	6	
4	一层现浇结构技术交底	20××年×月×日	3	
5	一层装配式结构技术交底	20××年×月×日	2	
6	一层砖砌体与配筋砌体技术交底	20××年×月×日	4	
7	一层填充墙砌体技术交底	20××年×月×日	2	
8	一层管线预埋技术交底	20××年×月×日	1	
9	一层混凝土养护测温技术交底	20××年×月×日	2	
10	二至五层砌砖与配筋砌体技术交底	20××年×月×日	2	
11	二至五层钢筋技术交底	20××年×月×日	3	
12	二至五层模板技术交底	20××年×月×日	3	
13	二至五层混凝土技术交底	20××年×月×日	5	
14	二至五层现浇结构技术交底	20××年×月×日	3	
15	二至五层装配式结构技术交底	20××年×月×日	2	
16	二至五层管线预埋技术交底	20××年×月×日	1	
17	二至五层混凝土养护测温技术交底	20××年×月×日	2	
18	六层砌砖与配筋砌体技术交底	20××年×月×日	2	
19	六层钢筋技术交底	20××年×月×日	3	
20	六层模板技术交底	20××年×月×日	3	
21	六层混凝土技术交底	20××年×月×日	5	
22	六层现浇结构技术交底	20××年×月×日	3	
23	六层装配式结构技术交底	20××年×月×日	2	
24	六层管线预埋技术交底	20××年×月×日	1	
25	六层混凝土养护测温技术交底	20××年×月×日	2	
26	坡屋顶钢筋技术交底	20××年×月×日	3	
27	坡屋顶模板技术交底	20××年×月×日	3	
28	坡屋顶混凝土技术交底	20××年×月×日	5	
29	坡屋顶现浇结构技术交底	20××年×月×日	3	
30	坡屋顶装配式结构技术交底	20××年×月×日	2	
31	坡屋顶管线预埋技术交底	20××年×月×日	1	
32	坡屋顶混凝土养护测温技术交底	20××年×月×日	2	

六、2 预检工程记录　细目				
工程名称	××市未来城 1～7 号商住楼			
序号	施工部位、资料名称	编制日期	页数	备注
1	一层 1～20/A～D 轴柱模板安装预检工程记录	20××年×月×日	1	
2	一层 1～20/A～D 轴梁、板模板安装预检工程记录	20××年×月×日	1	
3	二层 1～20/A～D 轴+50cm 线预检工程记录	20××年×月×日	1	
4	二层 1～20/A～D 轴柱、梁、板模板安装预检工程记录	20××年×月×日	1	
5	三层 1～20/A～D 轴+50cm 线预检工程记录	20××年×月×日	1	
6	三层 1～20/A～D 轴柱、梁、板模板安装预检工程记录	20××年×月×日	1	
7	四层 1～20/A～D 轴+50cm 线预检工程记录	20××年×月×日	1	
8	四层 1～20/A～D 轴柱、梁、板模板安装预检工程记录	20××年×月×日	1	
9	五层 1～20/A～D 轴+50cm 线预检工程记录	20××年×月×日	1	
10	五层 1～20/A～D 轴柱、梁、板模板安装预检工程记录	20××年×月×日	1	
11	六层 1～20/A～D 轴+50cm 线预检工程记录	20××年×月×日	1	
12	六层 1～20/A～D 轴柱、梁、板模板安装预检工程记录	20××年×月×日	1	
13	坡屋顶 1～20/A～D 轴支模预检工程记录	20××年×月×日	1	

七、施工试验报告及见证取样记录　分目录					
工程名称	××市未来城 1～7 号商住楼				
序号	资料名称	编制单位	编制日期	页数	备注
1	钢材连接试验报告	××市检测中心	20××年×月×日	9	有细目
2	混凝土试块试验报告汇总表	××项目部	20××年×月×日	2	
3	混凝土试块试验报告	××市检测中心	20××年×月×日	7	有细目
4	混凝土配合比通知单	××市检测中心	20××年×月×日	3	有细目
5	混凝土强度评定表	××项目部	20××年×月×日	2	
6	见证取样记录	××项目部	20××年×月×日	28	有细目

七、1 钢材连接试验报告　细目					
工程名称	××市未来城 1～7 号商住楼				
序号	资料名称	编制单位	编制日期	页数	备注
1	Φ20 钢筋连接试验报告	××市检测中心	20××年×月×日	4	
2	Φ22 钢筋连接试验报告	××市检测中心	20××年×月×日	2	
3	Φ25 钢筋连接试验报告	××市检测中心	20××年×月×日	3	

七、3 混凝土试块试验报告　细目				
工程名称	××市未来城 1～7 号商住楼			
序号	施工部位、资料名称	编制日期	页数	备注
1	一层 1～20/A～D 轴柱、梁、板混凝土试块试验报告（同条件养护）	20××年×月×日	1	
2	二层 1～20/A～D 轴柱、梁、板混凝土试块试验报告（同条件养护）	20××年×月×日	1	
3	三层 1～20/A～D 轴柱、梁、板混凝土试块试验报告（同条件养护）	20××年×月×日	1	
4	四层 1～20/A～D 轴柱、梁、板混凝土试块试验报告（同条件养护）	20××年×月×日	1	
5	五层 1～20/A～D 轴柱、梁、板混凝土试块试验报告（同条件养护）	20××年×月×日	1	
6	六层 1～20/A～D 轴柱、梁、板混凝土试块试验报告（同条件养护）	20××年×月×日	1	
7	坡屋顶柱、梁、板混凝土试块试验报告（同条件养护）	20××年×月×日	1	

七、4 混凝土配合比通知单 细目					
工程名称	××市未来城 1~7 号商住楼				
序号	资料名称	编制单位	编制日期	页数	备注
1	C10 混凝土配合比通知单	××市检测中心	20××年×月×日	1	
2	C25 混凝土配合比通知单	××市检测中心	20××年×月×日	1	
3	C20 混凝土配合比通知单	××市检测中心	20××年×月×日	1	

七、6 见证取样记录 细目					
工程名称	××市未来城 1~7 号商住楼				
序号	资料名称	编制单位	编制日期	页数	备注
1	一层混凝土试块见证取样记录	××市检测中心	20××年×月×日	1	
2	二层混凝土试块见证取样记录	××市检测中心	20××年×月×日	1	
3	三层混凝土试块见证取样记录	××市检测中心	20××年×月×日	1	
4	四层混凝土试块见证取样记录	××市检测中心	20××年×月×日	1	
5	五层混凝土试块见证取样记录	××市检测中心	20××年×月×日	1	
6	六层混凝土试块见证取样记录	××市检测中心	20××年×月×日	1	
7	钢筋见证取样记录	××市检测中心	20××年×月×日	1	
8	钢筋焊接接头见证取样记录	××市检测中心	20××年×月×日	1	
9	焊条、焊剂见证取样记录	××市检测中心	20××年×月×日	1	
10	水泥见证取样记录	××市检测中心	20××年×月×日	1	
11	混凝土外加剂见证取样记录	××市检测中心	20××年×月×日	1	
12	碱含量测试试验见证取样记录	××市检测中心	20××年×月×日	1	
13	预制混凝土构件见证取样记录	××市检测中心	20××年×月×日	1	
14	砂子见证取样记录	××市检测中心	20××年×月×日	1	
15	石子见证取样记录	××市检测中心	20××年×月×日	1	
16	多孔砖、粘土砖见证取样记录	××市检测中心	20××年×月×日	1	
17	蒸压粉煤灰加气混凝土砌块见证取样记录	××市检测中心	20××年×月×日	1	
18	粉煤灰见证取样记录	××市检测中心	20××年×月×日	1	
19	防水材料见证取样记录	××市检测中心	20××年×月×日	1	
20	聚苯乙烯泡沫板见证取样记录	××市检测中心	20××年×月×日	1	
21	混凝土界面处理剂见证取样记录	××市检测中心	20××年×月×日	1	
22	止水带见证取样记录	××市检测中心	20××年×月×日	1	
23	水泥碱活性检验见证取样记录	××市检测中心	20××年×月×日	1	
24	砂子碱活性检验见证取样记录	××市检测中心	20××年×月×日	1	
25	石子碱活性检验见证取样记录	××市检测中心	20××年×月×日	1	
26	水质分析见证取样记录	××市检测中心	20××年×月×日	1	
27	混凝土膨胀剂见证取样记录	××市检测中心	20××年×月×日	1	
28	外加剂见证取样记录	××市检测中心	20××年×月×日	1	

八、隐蔽工程验收记录 分目录				
工程名称	××市未来城1～7号商住楼			
序号	施工部位、资料名称	编制日期	页数	备注
1	一层1～20/A～D轴柱钢筋隐蔽工程验收记录	20××年×月×日	1	
2	一层1～20/A～D轴梁、板钢筋隐蔽工程验收记录	20××年×月×日	1	
3	一层1～20/A～D轴楼板管线预埋隐蔽工程验收记录	20××年×月×日	1	
4	二层1～20/A～D轴拉结筋隐蔽工程验收记录	20××年×月×日	1	
5	二层1～20/A～D轴柱、梁、板钢筋隐蔽工程验收记录	20××年×月×日	1	
6	二层1～20/A～D轴管线预埋隐蔽工程验收记录	20××年×月×日	1	
7	三层1～20/A～D轴拉结筋隐蔽工程验收记录	20××年×月×日	1	
8	三层1～20/A～D轴柱、梁、板钢筋隐蔽工程验收记录	20××年×月×日	1	
9	三层1～20/A～D轴管线预埋隐蔽工程验收记录	20××年×月×日	1	
10	四层1～20/A～D轴拉结筋隐蔽工程验收记录	20××年×月×日	1	
11	四层1～20/A～D轴柱、梁、板钢筋隐蔽工程验收记录	20××年×月×日	1	
12	四层1～20/A～D轴管线预埋隐蔽工程验收记录	20××年×月×日	1	
13	五层1～20/A～D轴拉结筋隐蔽工程验收记录	20××年×月×日	1	
14	五层1～20/A～D轴柱、梁、板钢筋隐蔽工程验收记录	20××年×月×日	1	
15	五层1～20/A～D轴管线预埋隐蔽工程验收记录	20××年×月×日	1	
16	六层1～20/A～D轴拉结筋隐蔽工程验收记录	20××年×月×日	1	
17	六层1～20/A～D轴柱、梁、板钢筋隐蔽工程验收记录	20××年×月×日	1	
18	六层1～20/A～D轴管线预埋隐蔽工程验收记录	20××年×月×日	1	

九、施工记录 分目录					
工程名称	××市未来城1～7号商住楼				
序号	资料名称	编制单位	编制日期	页数	备注
1	施工记录	××项目部	20××年×月×日	20	
2	构件吊装记录	××项目部	20××年×月×日	6	
3	混凝土浇灌申请书	××项目部	20××年×月×日	6	
4	混凝土开盘鉴定	××项目部	20××年×月×日	1	
5	混凝土工程施工记录	××项目部	20××年×月×日	18	
6	混凝土坍落度检查记录	××项目部	20××年×月×日	12	有细目
7	混凝土冬期施工测温记录	××项目部	20××年×月×日	14	有细目
8	模板安装分项工程自检互检记录	××项目部	20××年×月×日	7	有细目
9	模板拆除分项工程自检互检记录	××项目部	20××年×月×日	7	有细目
10	钢筋原材料分项工程自检互检记录	××项目部	20××年×月×日	14	有细目
11	钢筋加工分项工程自检互检记录	××项目部	20××年×月×日	14	有细目
12	钢筋安装分项工程自检互检记录	××项目部	20××年×月×日	14	有细目
13	混凝土原材料及配合比设计分项工程自检互检记录	××项目部	20××年×月×日	8	有细目
14	混凝土施工分项工程自检互检记录	××项目部	20××年×月×日	8	有细目
15	混凝土现浇结构及外观尺寸偏差分项工程自检互检记录	××项目部	20××年×月×日	8	有细目
16	工序交接单	××项目部	20××年×月×日	29	有细目

九、6 混凝土坍落度检查记录　细目					
工程名称	××市未来城 1～7 号商住楼				
序号	资料名称	编制单位	编制日期	页数	备注
1	一层混凝土坍落度检查记录	××市检测中心	20××年×月×日	2	
2	二层混凝土坍落度检查记录	××市检测中心	20××年×月×日	2	
3	三层混凝土坍落度检查记录	××市检测中心	20××年×月×日	2	
4	四层混凝土坍落度检查记录	××市检测中心	20××年×月×日	2	
5	五层混凝土坍落度检查记录	××市检测中心	20××年×月×日	2	
6	六层混凝土坍落度检查记录	××市检测中心	20××年×月×日	2	

九、7 混凝土冬期施工测温记录　细目				
工程名称	××市未来城 1～7 号商住楼			
序号	施工部位、资料名称	编制日期	页数	备注
1	一层 1～20/A～D 轴柱、梁、板混凝土冬期浇灌测温记录	20××年×月×日	1	
2	二层 1～20/A～D 轴柱、梁、板混凝土冬期浇灌测温记录	20××年×月×日	1	
3	三层 1～20/A～D 轴柱、梁、板混凝土冬期浇灌测温记录	20××年×月×日	1	
4	四层 1～20/A～D 轴柱、梁、板混凝土冬期浇灌测温记录	20××年×月×日	1	
5	五层 1～20/A～D 轴柱、梁、板混凝土冬期浇灌测温记录	20××年×月×日	1	
6	六层 1～20/A～D 轴柱、梁、板混凝土冬期浇灌测温记录	20××年×月×日	1	
7	坡屋面 1～20/A～D 轴混凝土冬期浇灌测温记录	20××年×月×日	1	
8	一层 1～20/A～D 轴柱、梁、板混凝土同条件养护天气温度记录	20××年×月×日	1	
9	二层 1～20/A～D 轴柱、梁、板混凝土同条件养护天气温度记录	20××年×月×日	1	
10	三层 1～20/A～D 轴柱、梁、板混凝土同条件养护天气温度记录	20××年×月×日	1	
11	四层 1～20/A～D 轴柱、梁、板混凝土同条件养护天气温度记录	20××年×月×日	1	
12	五层 1～20/A～D 轴柱、梁、板混凝土同条件养护天气温度记录	20××年×月×日	1	
13	六层 1～20/A～D 轴柱、梁、板混凝土同条件养护天气温度记录	20××年×月×日	1	
14	坡屋面 1～20/A～D 轴混凝土同条件养护天气温度记录	20××年×月×日	1	

九、8 模板安装分项工程自检互检记录　细目				
工程名称	××市未来城 1～7 号商住楼			
序号	施工部位、资料名称	编制日期	页数	备注
1	一层 1～20/A～D 轴柱、梁、板模板安装检验批自检互检记录	20××年×月×日	1	
2	二层 1～20/A～D 轴柱、梁、板模板安装检验批自检互检记录	20××年×月×日	1	
3	三层 1～20/A～D 轴柱、梁、板模板安装检验批自检互检记录	20××年×月×日	1	
4	四层 1～20/A～D 轴柱、梁、板模板安装检验批自检互检记录	20××年×月×日	1	
5	五层 1～20/A～D 轴柱、梁、板模板安装检验批自检互检记录	20××年×月×日	1	
6	六层 1～20/A～D 轴柱、梁、板模板安装检验批自检互检记录	20××年×月×日	1	
7	坡屋面 1～20/A～D 轴柱、梁、板模板安装检验批自检互检记录	20××年×月×日	1	

九、9 模板拆除分项工程自检互检记录　细目				
工程名称	××市未来城 1～7 号商住楼			
序号	施工部位、资料名称	编制日期	页数	备注
1	一层 1～20/A～D 轴柱、梁、板模板拆除检验批自检互检记录	20××年×月×日	1	
2	二层 1～20/A～D 轴柱、梁、板模板拆除检验批自检互检记录	20××年×月×日	1	
3	三层 1～20/A～D 轴柱、梁、板模板拆除检验批自检互检记录	20××年×月×日	1	
4	四层 1～20/A～D 轴柱、梁、板模板拆除检验批自检互检记录	20××年×月×日	1	
5	五层 1～20/A～D 轴柱、梁、板模板拆除检验批自检互检记录	20××年×月×日	1	
6	六层 1～20/A～D 轴柱、梁、板模板拆除检验批自检互检记录	20××年×月×日	1	
7	坡屋面 1～20/A～D 轴柱、梁、板模板拆除检验批自检互检记录	20××年×月×日	1	

九、10 钢筋原材料分项工程自检互检记录　细目				
工程名称	××市未来城 1～7 号商住楼			
序号	施工部位、资料名称	编制日期	页数	备注
1	一层 1～20/A～D 轴柱钢筋原材料检验批自检互检记录	20××年×月×日	1	
2	一层 1～20/A～D 轴梁、板钢筋原材料检验批自检互检记录	20××年×月×日	1	
3	二层 1～20/A～D 轴柱钢筋原材料检验批自检互检记录	20××年×月×日	1	
4	二层 1～20/A～D 轴梁、板钢筋原材料检验批自检互检记录	20××年×月×日	1	
5	三层 1～20/A～D 轴柱钢筋原材料检验批自检互检记录	20××年×月×日	1	
6	三层 1～20/A～D 轴梁、板钢筋原材料检验批自检互检记录	20××年×月×日	1	
7	四层 1～20/A～D 轴柱钢筋原材料检验批自检互检记录	20××年×月×日	1	
8	四层 1～20/A～D 轴梁、板钢筋原材料检验批自检互检记录	20××年×月×日	1	
9	五层 1～20/A～D 轴柱钢筋原材料检验批自检互检记录	20××年×月×日	1	
10	五层 1～20/A～D 轴梁、板钢筋原材料检验批自检互检记录	20××年×月×日	1	
11	六层 1～20/A～D 轴柱钢筋原材料检验批自检互检记录	20××年×月×日	1	
12	六层 1～20/A～D 轴梁、板钢筋原材料检验批自检互检记录	20××年×月×日	1	
13	坡屋面 1～20/A～D 轴柱钢筋原材料检验批自检互检记录	20××年×月×日	1	
14	坡屋面 1～20/A～D 轴梁、板钢筋原材料检验批自检互检记录	20××年×月×日	1	

九、11 钢筋加工分项工程自检互检记录　细目				
工程名称	××市未来城 1～7 号商住楼			
序号	施工部位、资料名称	编制日期	页数	备注
1	一层 1～20/A～D 轴柱钢筋加工检验批自检互检记录	20××年×月×日	1	
2	一层 1～20/A～D 轴梁、板钢筋加工检验批自检互检记录	20××年×月×日	1	
3	二层 1～20/A～D 轴柱钢筋加工检验批自检互检记录	20××年×月×日	1	
4	二层 1～20/A～D 轴梁、板钢筋加工检验批自检互检记录	20××年×月×日	1	
5	三层 1～20/A～D 轴柱钢筋加工检验批自检互检记录	20××年×月×日	1	
6	三层 1～20/A～D 轴梁、板钢筋加工检验批自检互检记录	20××年×月×日	1	
7	四层 1～20/A～D 轴柱钢筋加工检验批自检互检记录	20××年×月×日	1	
8	四层 1～20/A～D 轴梁、板钢筋加工检验批自检互检记录	20××年×月×日	1	
9	五层 1～20/A～D 轴柱钢筋加工检验批自检互检记录	20××年×月×日	1	
10	五层 1～20/A～D 轴梁、板钢筋加工检验批自检互检记录	20××年×月×日	1	
11	六层 1～20/A～D 轴柱钢筋加工检验批自检互检记录	20××年×月×日	1	
12	六层 1～20/A～D 轴梁、板钢筋加工检验批自检互检记录	20××年×月×日	1	
13	坡屋面 1～20/A～D 轴柱钢筋加工检验批自检互检记录	20××年×月×日	1	
14	坡屋面 1～20/A～D 轴梁、板钢筋加工检验批自检互检记录	20××年×月×日	1	

九、12 钢筋安装分项工程自检互检记录　细目				
工程名称	××市未来城 1～7 号商住楼			
序号	施工部位、资料名称	编制日期	页数	备注
1	一层 1～20/A～D 轴柱钢筋安装检验批自检互检记录	20××年×月×日	1	
2	一层 1～20/A～D 轴梁、板钢筋安装检验批自检互检记录	20××年×月×日	1	
3	二层 1～20/A～D 轴柱钢筋安装检验批自检互检记录	20××年×月×日	1	
4	二层 1～20/A～D 轴梁、板钢筋安装检验批自检互检记录	20××年×月×日	1	
5	三层 1～20/A～D 轴柱钢筋安装检验批自检互检记录	20××年×月×日	1	
6	三层 1～20/A～D 轴梁、板钢筋安装检验批自检互检记录	20××年×月×日	1	
7	四层 1～20/A～D 轴柱钢筋安装检验批自检互检记录	20××年×月×日	1	
8	四层 1～20/A～D 轴梁、板钢筋安装检验批自检互检记录	20××年×月×日	1	
9	五层 1～20/A～D 轴柱钢筋安装检验批自检互检记录	20××年×月×日	1	
10	五层 1～20/A～D 轴梁、板钢筋安装检验批自检互检记录	20××年×月×日	1	
11	六层 1～20/A～D 轴柱钢筋安装检验批自检互检记录	20××年×月×日	1	
12	六层 1～20/A～D 轴梁、板钢筋安装检验批自检互检记录	20××年×月×日	1	
13	坡屋面 1～20/A～D 轴柱钢筋安装检验批自检互检记录	20××年×月×日	1	
14	坡屋面 1～20/A～D 轴梁、板钢筋安装检验批自检互检记录	20××年×月×日	1	

九、13 混凝土原材料及配合比设计分项工程自检互检记录　细目				
工程名称	××市未来城 1～7 号商住楼			
序号	施工部位、资料名称	编制日期	页数	备注
1	一层 1～20/A～D 轴柱混凝土原材料及配合比设计检验批自检互检记录	20××年×月×日	1	
2	一层 1～20/A～D 轴梁、板混凝土原材料及配合比设计检验批自检互检记录	20××年×月×日	1	
3	二层 1～20/A～D 轴柱、梁、板混凝土原材料及配合比设计检验批自检互检记录	20××年×月×日	1	
4	三层 1～20/A～D 轴柱、梁、板混凝土施工及配合比设计检验批自检互检记录	20××年×月×日	1	
5	四层 1～20/A～D 轴柱、梁、板混凝土原材料及配合比设计检验批自检互检记录	20××年×月×日	1	
6	五层 1～20/A～D 轴柱、梁、板混凝土原材料及配合比设计检验批自检互检记录	20××年×月×日	1	
7	六层 1～20/A～D 轴柱、梁、板混凝土原材料及配合比设计检验批自检互检记录	20××年×月×日	1	
8	坡屋面 1～20/A～D 轴柱、梁、板混凝土原材料及配合比设计检验批自检互检记录	20××年×月×日	1	

九、14 混凝土施工分项工程自检互检记录　细目				
工程名称	××市未来城 1～7 号商住楼			
序号	施工部位、资料名称	编制日期	页数	备注
1	一层 1～20/A～D 轴柱混凝土施工检验批自检互检记录	20××年×月×日	1	
2	一层 1～20/A～D 轴梁、板混凝土施工检验批自检互检记录	20××年×月×日	1	
3	二层 1～20/A～D 轴柱、梁、板混凝土施工检验批自检互检记录	20××年×月×日	1	
4	三层 1～20/A～D 轴柱、梁、板混凝土施工检验批自检互检记录	20××年×月×日	1	
5	四层 1～20/A～D 轴柱、梁、板混凝土施工检验批自检互检记录	20××年×月×日	1	
6	五层 1～20/A～D 轴柱、梁、板混凝土施工检验批自检互检记录	20××年×月×日	1	
7	六层 1～20/A～D 轴柱、梁、板混凝土施工检验批自检互检记录	20××年×月×日	1	
8	坡屋面 1～20/A～D 轴柱、梁、板混凝土施工检验批自检互检记录	20××年×月×日	1	

九、15 混凝土现浇结构及外观尺寸偏差分项工程自检互检记录　细目				
工程名称	××市未来城 1～7 号商住楼			
序号	施工部位、资料名称	编制日期	页数	备注
1	一层 1～20/A～D 轴柱混凝土现浇结构及外观尺寸偏差检验批自检互检记录	20××年×月×日	1	
2	一层 1～20/A～D 轴梁、板混凝土现浇结构及外观尺寸偏差检验批自检互检记录	20××年×月×日	1	
3	二层 1～20/A～D 轴柱、梁、板混凝土现浇结构及外观尺寸偏差检验批自检互检记录	20××年×月×日	1	
4	三层 1～20/A～D 轴柱、梁、板混凝土现浇结构及外观尺寸偏差检验批自检互检记录	20××年×月×日	1	
5	四层 1～20/A～D 轴柱、梁、板混凝土现浇结构及外观尺寸偏差检验批自检互检记录	20××年×月×日	1	
6	五层 1～20/A～D 轴柱、梁、板混凝土现浇结构及外观尺寸偏差检验批自检互检记录	20××年×月×日	1	
7	六层 1～20/A～D 轴柱、梁、板混凝土现浇结构及外观尺寸偏差检验批自检互检记录	20××年×月×日	1	
8	坡屋面 1～20/A～D 轴柱、梁、板混凝土现浇结构及外观尺寸偏差检验批自检互检记录	20××年×月×日	1	

九、16 工序交接单　细目				
工程名称	××市未来城 1～7 号商住楼			
序号	施工部位、资料名称	编制日期	页数	备注
1	（一层放线→1～4 单元柱钢筋安装）工序交接单	20××年×月×日	1	
2	（一层 1～20/A～D 轴柱钢筋加工→1～20/A～D 轴柱钢筋安装）工序交接单	20××年×月×日	1	
3	（一层 1～20/A～D 轴柱钢筋安装→1～20/A～D 轴柱、梁、板支模）工序交接单	20××年×月×日	1	
4	（一层 1～20/A～D 轴柱、梁、板支模→1～20/A～D 轴梁、板钢筋安装）工序交接单	20××年×月×日	1	
5	（一层 1～20/A～D 轴梁、板钢筋安装→1～20/A～D 轴柱、梁、板浇筑混凝土）工序交接单	20××年×月×日	1	
6	（一层 1～20/A～D 轴柱钢筋安装→1～20/A～D 轴砌砖）工序交接单	20××年×月×日	1	
7	（二层放线→1～4 单元柱钢筋安装）工序交接单	20××年×月×日	1	
8	（二层柱钢筋加工→二层柱钢筋安装）工序交接单	20××年×月×日	1	
9	（二层 1～20/A～D 轴砌砖→二层 1～20/A～D 轴柱、梁、板模板安装）工序交接单	20××年×月×日	1	
10	（二层 1～20/A～D 轴柱、梁、板模板安装→二层 1～20/A～D 轴柱、梁、板浇灌混凝土）工序交接单	20××年×月×日	1	
11	（三层放线→1～4 单元柱钢筋安装）工序交接单	20××年×月×日	1	
12	（三层柱钢筋加工→三层柱钢筋安装）工序交接单	20××年×月×日	1	
13	（三层 1～20/A～D 轴砌砖→三层 1～20/A～D 轴柱、梁、板模板安装）工序交接单	20××年×月×日	1	
14	（三层 1～20/A～D 轴柱、梁、板模板安装→三层 1～20/A～D 轴柱、梁、板浇灌混凝土）工序交接单	20××年×月×日	1	
15	（四层放线→1～4 单元柱钢筋安装）工序交接单	20××年×月×日	1	
16	（四层柱钢筋加工→四层柱钢筋安装）工序交接单	20××年×月×日	1	
17	（四层 1～20/A～D 轴砌砖→四层 1～20/A～D 轴柱、梁、板模板安装）工序交接单	20××年×月×日	1	
18	（四层 1～20/A～D 轴柱、梁、板模板安装→四层 1～20/A～D 轴柱、梁、板浇灌混凝土）工序交接单	20××年×月×日	1	
19	（五层放线→1～4 单元柱钢筋安装）工序交接单	20××年×月×日	1	
20	（五层柱钢筋加工→五层柱钢筋安装）工序交接单	20××年×月×日	1	
21	（五层 1～20/A～D 轴砌砖→五层 1～20/A～D 轴柱、梁、板模板安装）工序交接单	20××年×月×日	1	
22	（五层 1～20/A～D 轴柱、梁、板模板安装→五层 1～20/A～D 轴柱、梁、板浇灌混凝土）工序交接单	20××年×月×日	1	
23	（六层放线→1～4 单元柱钢筋安装）工序交接单	20××年×月×日	1	
24	（六层柱钢筋加工→六层柱钢筋安装）工序交接单	20××年×月×日	1	
25	（六层 1～20/A～D 轴砌砖→六层 1～20/A～D 轴柱、梁、板模板安装）工序交接单	20××年×月×日	1	
26	（六层 1～20/A～D 轴柱、梁、板模板安装→六层 1～20/A～D 轴柱、梁、板浇灌混凝土）工序交接单	20××年×月×日	1	
27	（坡屋面放线→坡屋面支模）工序交接单	20××年×月×日	1	
28	（坡屋面支模→坡屋面绑钢筋）工序交接单	20××年×月×日	1	
29	（坡屋面绑钢筋→坡屋面混凝土浇筑）工序交接单	20××年×月×日	1	

十、混凝土结构实体检验记录 分目录					
工程名称	××市未来城 1~7 号商住楼				
序号	资料名称	编制单位	编制日期	页数	备注
1	混凝土结构实体检验记录	××质量检测中心	20××年×月×日	1	
2	混凝土保护层检查记录	××质量检测中心	20××年×月×日	1	

十一、主体工程结构验收记录 分目录					
工程名称	××市未来城 1~7 号商住楼				
序号	资料名称	编制单位	编制日期	页数	备注
1	主体工程结构验收记录	××项目部	20××年×月×日	1	

十二、混凝土结构子分部工程、分项工程验收资料 分目录					
工程名称	××市未来城 1~7 号商住楼				
序号	资料名称	编制单位	编制日期	页数	备注
1	混凝土结构子分部工程质量验收记录	××项目部	20××年×月×日	1	
2	模板安装分项工程质量验收记录	××项目部	20××年×月×日	7	有细目
3	模板拆除分项工程质量验收记录	××项目部	20××年×月×日	7	有细目
4	钢筋原材料分项工程质量验收记录	××项目部	20××年×月×日	14	有细目
5	钢筋加工分项工程质量验收记录	××项目部	20××年×月×日	14	有细目
6	钢筋安装分项工程质量验收记录	××项目部	20××年×月×日	14	有细目
7	混凝土原材料及配合比设计分项工程质量验收记录	××项目部	20××年×月×日	7	有细目
8	混凝土施工分项工程质量验收记录	××项目部	20××年×月×日	7	有细目
9	混凝土现浇结构及外观尺寸偏差分项工程质量验收记录	××项目部	20××年×月×日	7	有细目
10	装配式结构分项工程质量验收记录	××项目部	20××年×月×日	7	有细目

十二、2 模板安装分项工程质量验收记录 细目				
工程名称	××市未来城 1~7 号商住楼			
序号	施工部位、资料名称	编制日期	页数	备注
1	一层 1~20/A~D 轴柱、梁、板模板安装检验批质量验收记录	20××年×月×日	1	
2	二层 1~20/A~D 轴柱、梁、板模板安装检验批质量验收记录	20××年×月×日	1	
3	三层 1~20/A~D 轴柱、梁、板模板安装检验批质量验收记录	20××年×月×日	1	
4	四层 1~20/A~D 轴柱、梁、板模板安装检验批质量验收记录	20××年×月×日	1	
5	五层 1~20/A~D 轴柱、梁、板模板安装检验批质量验收记录	20××年×月×日	1	
6	六层 1~20/A~D 轴柱、梁、板模板安装检验批质量验收记录	20××年×月×日	1	
7	坡屋面 1~20/A~D 轴柱、梁、板模板安装检验批质量验收记录	20××年×月×日	1	

十二、3 模板拆除分项工程质量验收记录　细目				
工程名称	××市未来城 1～7 号商住楼			
序号	施工部位、资料名称	编制日期	页数	备注
1	一层 1～20/A～D 轴柱、梁、板模板拆除检验批质量验收记录	20××年×月×日	1	
2	二层 1～20/A～D 轴柱、梁、板模板拆除检验批质量验收记录	20××年×月×日	1	
3	三层 1～20/A～D 轴柱、梁、板模板拆除检验批质量验收记录	20××年×月×日	1	
4	四层 1～20/A～D 轴柱、梁、板模板拆除检验批质量验收记录	20××年×月×日	1	
5	五层 1～20/A～D 轴柱、梁、板模板拆除检验批质量验收记录	20××年×月×日	1	
6	六层 1～20/A～D 轴柱、梁、板模板拆除检验批质量验收记录	20××年×月×日	1	
7	坡屋面 1～20/A～D 轴柱、梁、板模板拆除检验批质量验收记录	20××年×月×日	1	

十二、4 钢筋原材料分项工程质量验收记录　细目				
工程名称	××市未来城 1～7 号商住楼			
序号	施工部位、资料名称	编制日期	页数	备注
1	一层 1～20/A～D 轴柱钢筋原材料检验批质量验收记录	20××年×月×日	1	
2	一层 1～20/A～D 轴梁、板钢筋原材料检验批质量验收记录	20××年×月×日	1	
3	二层 1～20/A～D 轴柱钢筋原材料检验批质量验收记录	20××年×月×日	1	
4	二层 1～20/A～D 轴梁、板钢筋原材料检验批质量验收记录	20××年×月×日	1	
5	三层 1～20/A～D 轴柱钢筋原材料检验批质量验收记录	20××年×月×日	1	
6	三层 1～20/A～D 轴梁、板钢筋原材料检验批质量验收记录	20××年×月×日	1	
7	四层 1～20/A～D 轴柱钢筋原材料检验批质量验收记录	20××年×月×日	1	
8	四层 1～20/A～D 轴梁、板钢筋原材料检验批质量验收记录	20××年×月×日	1	
9	五层 1～20/A～D 轴柱钢筋原材料检验批质量验收记录	20××年×月×日	1	
10	五层 1～20/A～D 轴梁、板钢筋原材料检验批质量验收记录	20××年×月×日	1	
11	六层 1～20/A～D 轴柱钢筋原材料检验批质量验收记录	20××年×月×日	1	
12	六层 1～20/A～D 轴梁、板钢筋原材料检验批质量验收记录	20××年×月×日	1	
13	坡屋面 1～20/A～D 轴柱钢筋原材料检验批质量验收记录	20××年×月×日	1	
14	坡屋面 1～20/A～D 轴梁、板钢筋原材料检验批质量验收记录	20××年×月×日	1	

十二、5 钢筋加工分项工程质量验收记录　细目				
工程名称	××市未来城 1～7 号商住楼			
序号	施工部位、资料名称	编制日期	页数	备注
1	一层 1～20/A～D 轴柱钢筋加工检验批质量验收记录	20××年×月×日	1	
2	一层 1～20/A～D 轴梁、板钢筋加工检验批质量验收记录	20××年×月×日	1	
3	二层 1～20/A～D 轴柱钢筋加工检验批质量验收记录	20××年×月×日	1	
4	二层 1～20/A～D 轴梁、板钢筋加工检验批质量验收记录	20××年×月×日	1	
5	三层 1～20/A～D 轴柱钢筋加工检验批质量验收记录	20××年×月×日	1	
6	三层 1～20/A～D 轴梁、板钢筋加工检验批质量验收记录	20××年×月×日	1	
7	四层 1～20/A～D 轴柱钢筋加工检验批质量验收记录	20××年×月×日	1	
8	四层 1～20/A～D 轴梁、板钢筋加工检验批质量验收记录	20××年×月×日	1	
9	五层 1～20/A～D 轴柱钢筋加工检验批质量验收记录	20××年×月×日	1	
10	五层 1～20/A～D 轴梁、板钢筋加工检验批质量验收记录	20××年×月×日	1	
11	六层 1～20/A～D 轴柱钢筋加工检验批质量验收记录	20××年×月×日	1	
12	六层 1～20/A～D 轴梁、板钢筋加工检验批质量验收记录	20××年×月×日	1	
13	坡屋面 1～20/A～D 轴柱钢筋加工检验批质量验收记录	20××年×月×日	1	
14	坡屋面 1～20/A～D 轴梁、板钢筋加工检验批质量验收记录	20××年×月×日	1	

十二、6钢筋安装分项工程质量验收记录　细目				
工程名称	××市未来城1～7号商住楼			
序号	施工部位、资料名称	编制日期	页数	备注
1	一层1～20/A～D轴柱钢筋安装检验批质量验收记录	20××年×月×日	1	
2	一层1～20/A～D轴梁、板钢筋安装检验批质量验收记录	20××年×月×日	1	
3	二层1～20/A～D轴柱钢筋安装检验批质量验收记录	20××年×月×日	1	
4	二层1～20/A～D轴梁、板钢筋安装检验批质量验收记录	20××年×月×日	1	
5	三层1～20/A～D轴柱钢筋安装检验批质量验收记录	20××年×月×日	1	
6	三层1～20/A～D轴梁、板钢筋安装检验批质量验收记录	20××年×月×日	1	
7	四层1～20/A～D轴柱钢筋安装检验批质量验收记录	20××年×月×日	1	
8	四层1～20/A～D轴梁、板钢筋安装检验批质量验收记录	20××年×月×日	1	
9	五层1～20/A～D轴柱钢筋安装检验批质量验收记录	20××年×月×日	1	
10	五层1～20/A～D轴梁、板钢筋安装检验批质量验收记录	20××年×月×日	1	
11	六层1～20/A～D轴柱钢筋安装检验批质量验收记录	20××年×月×日	1	
12	六层1～20/A～D轴梁、板钢筋安装检验批质量验收记录	20××年×月×日	1	
13	坡屋面1～20/A～D轴柱钢筋安装检验批质量验收记录	20××年×月×日	1	
14	坡屋面1～20/A～D轴梁、板钢筋安装检验批质量验收记录	20××年×月×日	1	

十二、7混凝土原材料及配合比设计分项工程质量验收记录　细目				
工程名称	××市未来城1～7号商住楼			
序号	施工部位、资料名称	编制日期	页数	备注
1	一层1～20/A～D轴柱、梁、板混凝土原材料及配合比设计检验批质量验收记录	20××年×月×日	1	
2	二层1～20/A～D轴柱、梁、板混凝土原材料及配合比设计检验批质量验收记录	20××年×月×日	1	
3	三层1～20/A～D轴柱、梁、板混凝土原材料及配合比设计检验批质量验收记录	20××年×月×日	1	
4	四层1～20/A～D轴柱、梁、板混凝土原材料及配合比设计检验批质量验收记录	20××年×月×日	1	
5	五层1～20/A～D轴柱、梁、板混凝土原材料及配合比设计检验批质量验收记录	20××年×月×日	1	
6	六层1～20/A～D轴柱、梁、板混凝土原材料及配合比设计检验批质量验收记录	20××年×月×日	1	
7	坡屋面1～20/A～D轴柱、梁、板混凝土原材料及配合比设计检验批质量验收记录	20××年×月×日	1	

十二、8混凝土施工分项工程质量验收记录　细目				
工程名称	××市未来城1～7号商住楼			
序号	施工部位、资料名称	编制日期	页数	备注
1	一层1～20/A～D轴柱、梁、板混凝土施工检验批质量验收记录	20××年×月×日	1	
2	二层1～20/A～D轴柱、梁、板混凝土施工检验批质量验收记录	20××年×月×日	1	
3	三层1～20/A～D轴柱、梁、板混凝土施工检验批质量验收记录	20××年×月×日	1	
4	四层1～20/A～D轴柱、梁、板混凝土施工检验批质量验收记录	20××年×月×日	1	
5	五层1～20/A～D轴柱、梁、板混凝土施工检验批质量验收记录	20××年×月×日	1	
6	六层1～20/A～D轴柱、梁、板混凝土施工检验批质量验收记录	20××年×月×日	1	
7	坡屋面1～20/A～D轴柱、梁、板混凝土施工检验批质量验收记录	20××年×月×日	1	

十二、9 混凝土现浇结构及外观尺寸偏差分项工程质量验收记录　细目				
工程名称	××市未来城 1～7 号商住楼			
序号	施工部位、资料名称	编制日期	页数	备注
1	一层 1～20/A～D 轴柱、梁、板混凝土现浇结构及外观尺寸偏差检验批质量验收记录	20××年×月×日	1	
2	二层 1～20/A～D 轴柱、梁、板混凝土现浇结构及外观尺寸偏差检验批质量验收记录	20××年×月×日	1	
3	三层 1～20/A～D 轴柱、梁、板混凝土现浇结构及外观尺寸偏差检验批质量验收记录	20××年×月×日	1	
4	四层 1～20/A～D 轴柱、梁、板混凝土现浇结构及外观尺寸偏差检验批质量验收记录	20××年×月×日	1	
5	五层 1～20/A～D 轴柱、梁、板混凝土现浇结构及外观尺寸偏差检验批质量验收记录	20××年×月×日	1	
6	六层 1～20/A～D 轴柱、梁、板混凝土现浇结构及外观尺寸偏差检验批质量验收记录	20××年×月×日	1	
7	坡屋面 1～20/A～D 轴柱、梁、板混凝土现浇结构及外观尺寸偏差检验批质量验收记录	20××年×月×日	1	

十二、10 装配式结构分项工程质量验收记录　细目				
工程名称	××市未来城 1～7 号商住楼			
序号	施工部位、资料名称	编制日期	页数	备注
1	一层 1～20/A～D 轴装配式结构检验批质量验收记录	20××年×月×日	1	
2	二层 1～20/A～D 轴装配式结构检验批质量验收记录	20××年×月×日	1	
3	三层 1～20/A～D 轴装配式结构检验批质量验收记录	20××年×月×日	1	
4	四层 1～20/A～D 轴装配式结构检验批质量验收记录	20××年×月×日	1	
5	五层 1～20/A～D 轴装配式结构检验批质量验收记录	20××年×月×日	1	
6	六层 1～20/A～D 轴装配式结构检验批质量验收记录	20××年×月×日	1	
7	坡屋面 1～20/A～D 轴装配式结构检验批质量验收记录	20××年×月×日	1	

十三、其他必须提供的资料或记录　分目录					
工程名称	××市未来城 1～7 号商住楼				
序号	资料名称	编制单位	编制日期	页数	备注
1	新材料、新工艺施工记录	××项目部	20××年×月×日	10	

（二）砌体结构子分部工程施工资料

十四、工程图纸、变更记录　分目录					
工程名称	××市未来城 1～7 号商住楼				
序号	资料名称	编制单位	编制日期	页数	备注
1	设计变更单××号	××市建筑设计院	20××年×月×日	1	
2	设计变更单××号	××市建筑设计院	20××年×月×日	1	
3	工程洽商记录××号	××项目部	20××年×月×日	2	
4	工程洽商记录××号	××项目部	20××年×月×日	1	

十五、工程测量及复测记录　分目录					
工程名称	××市未来城 1～7 号商住楼				
序号	资料名称	编制单位	编制日期	页数	备注
1	一层放线测量及复测记录	××项目部	20××年×月×日	1	
2	二层放线测量及复测记录	××项目部	20××年×月×日	1	
3	三层放线测量及复测记录	××项目部	20××年×月×日	1	
4	四层放线测量及复测记录	××项目部	20××年×月×日	1	
5	五层放线测量及复测记录	××项目部	20××年×月×日	1	
6	六层放线测量及复测记录	××项目部	20××年×月×日	1	
7	坡屋面放线测量及复测记录	××项目部	20××年×月×日	1	

十六、施工试验报告及见证取样记录　分目录					
工程名称	××市未来城1~7号商住楼				
序号	资料名称	编制单位	编制日期	页数	备注
1	砂浆试块试验报告汇总表	××市检测中心	20××年×月×日	8	
2	砂浆试块试验报告	××项目部	20××年×月×日	2	
3	砂浆配合比通知单	××市检测中心	20××年×月×日	3	有细目
4	砂浆强度评定表	××市检测中心	20××年×月×日	2	
5	见证取样记录	××项目部	20××年×月×日	16	有细目

十六、3 砂浆配合比通知单　细目					
工程名称	××市未来城1~7号商住楼				
序号	资料名称	编制单位	编制日期	页数	备注
1	M10水泥砂浆配合比通知单	××项目部	20××年×月×日	1	
2	M7.5混合砂浆配合比通知单	××项目部	20××年×月×日	1	
3	M5.0混合砂浆配合比通知单	××项目部	20××年×月×日	1	

十六、5见证取样记录　细目					
工程名称	××市未来城1~7号商住楼				
序号	资料名称	编制单位	编制日期	页数	备注
1	一层砂浆试块见证取样记录	××市检测中心	20××年×月×日	1	
2	二层砂浆试块见证取样记录	××市检测中心	20××年×月×日	1	
3	三层砂浆试块见证取样记录	××市检测中心	20××年×月×日	1	
4	四层砂浆试块见证取样记录	××市检测中心	20××年×月×日	1	
5	五层砂浆试块见证取样记录	××市检测中心	20××年×月×日	1	
6	六层砂浆试块见证取样记录	××市检测中心	20××年×月×日	1	
7	水泥见证取样记录	××市检测中心	20××年×月×日	1	
8	砂子见证取样记录	××市检测中心	20××年×月×日	1	
9	多孔砖、粘土砖见证取样记录	××市检测中心	20××年×月×日	1	
10	蒸压粉煤灰加气混凝土砌块见证取样记录	××市检测中心	20××年×月×日	1	
11	粉煤灰见证取样记录	××市检测中心	20××年×月×日	1	
12	水泥碱活性检验见证取样记录	××市检测中心	20××年×月×日	1	
13	砂子碱活性检验见证取样记录	××市检测中心	20××年×月×日	1	
14	石子碱活性检验见证取样记录	××市检测中心	20××年×月×日	1	
15	粉煤灰检测见证取样记录	××市检测中心	20××年×月×日	1	
16	外加剂见证取样记录	××市检测中心	20××年×月×日	1	

十七、隐蔽工程验收记录　分目录					
工程名称	××市未来城1~7号商住楼				
序号	资料名称	编制单位	编制日期	页数	备注
1	一层1~20/A~D轴砖砌体内拉结筋隐蔽工程验收记录	××项目部	20××年×月×日	1	
2	二层1~20/A~D轴砖砌体内拉结筋隐蔽工程验收记录	××项目部	20××年×月×日	1	
3	三层1~20/A~D轴砖砌体内拉结筋隐蔽工程验收记录	××项目部	20××年×月×日	1	
4	四层1~20/A~D轴砖砌体内拉结筋隐蔽工程验收记录	××项目部	20××年×月×日	1	
5	五层1~20/A~D轴砖砌体内拉结筋隐蔽工程验收记录	××项目部	20××年×月×日	1	
6	六层1~20/A~D轴砖砌体内拉结筋隐蔽工程验收记录	××项目部	20××年×月×日	1	
7	坡屋面1~20/A~D轴砖砌体内拉结筋隐蔽工程验收记录	××项目部	20××年×月×日	1	

十八、施工记录　分目录					
工程名称	××市未来城1～7号商住楼				
序号	资料名称	编制单位	编制日期	页数	备注
1	工序交接单	××项目部	20××年×月×日	6	有细目
2	质量验收记录	××项目部	20××年×月×日	13	
3	构件吊装记录	××项目部	20××年×月×日	6	有细目
4	烟道、垃圾道检查记录	××项目部	20××年×月×日	4	
5	建筑物垂直度、标高、全高测量记录	××项目部	20××年×月×日	8	
6	抽气（风）道检查记录	××项目部	20××年×月×日	12	
7	主体结构分部工程冬期混凝土浇灌测温记录	××项目部	20××年×月×日	12	

十八、1 工序交接单　细目					
工程名称	××市未来城1～7号商住楼				
序号	资料名称	编制单位	编制日期	页数	备注
1	一层（1～20/A～D轴放线→砌砖）工序交接单	××项目部	20××年×月×日	1	
2	二层（1～20/A～D轴放线→砌砖）工序交接单	××项目部	20××年×月×日	1	
3	三层（1～20/A～D轴放线→砌砖）工序交接单	××项目部	20××年×月×日	1	
4	四层（1～20/A～D轴放线→砌砖）工序交接单	××项目部	20××年×月×日	1	
5	五层（1～20/A～D轴放线→砌砖）工序交接单	××项目部	20××年×月×日	1	
6	六层（1～20/A～D轴放线→砌砖）工序交接单	××项目部	20××年×月×日	1	

十八、3 构件吊装记录　细目					
工程名称	××市未来城1～7号商住楼				
序号	资料名称	编制单位	编制日期	页数	备注
1	一层1～20/A～D轴过梁构件吊装记录	××项目部	20××年×月×日	1	
2	二层1～20/A～D轴过梁构件吊装记录	××项目部	20××年×月×日	1	
3	三层1～20/A～D轴过梁构件吊装记录	××项目部	20××年×月×日	1	
4	四层1～20/A～D轴过梁构件吊装记录	××项目部	20××年×月×日	1	
5	五层1～20/A～D轴过梁构件吊装记录	××项目部	20××年×月×日	1	
6	六层1～20/A～D轴过梁构件吊装记录	××项目部	20××年×月×日	1	

十九、施工试验记录　分目录					
工程名称	××市未来城1～7号商住楼				
序号	资料名称	编制单位	编制日期	页数	备注
1	一层砂浆坍落度测量记录	××市质量检测中心	20××年×月×日	12	
2	二层砂浆坍落度测量记录	××市质量检测中心	20××年×月×日	12	
3	三层砂浆坍落度测量记录	××市质量检测中心	20××年×月×日	12	
4	四层砂浆坍落度测量记录	××市质量检测中心	20××年×月×日	12	
5	五层砂浆坍落度测量记录	××市质量检测中心	20××年×月×日	12	
6	六层砂浆坍落度测量记录	××市质量检测中心	20××年×月×日	12	

二十、砌体结构子分部工程、分项工程验收资料　分目录					
工程名称	××市未来城 1~7 号商住楼				
序号	资料名称	编制单位	编制日期	页数	备注
1	砌体结构子分部工程质量验收记录	××项目部	20××年×月×日	8	
2	砖砌体分项工程质量验收记录	××项目部	20××年×月×日	7	有细目
3	填充墙砌体分项工程质量验收记录	××项目部	20××年×月×日	1	有细目
4	配筋砖砌体分项工程质量验收记录	××项目部	20××年×月×日	7	有细目

二十、2 砖砌体分项工程质量验收记录　细目				
工程名称	××市未来城 1~7 号商住楼			
序号	施工部位、资料名称	编制日期	页数	备注
1	一层 1~20/A~D 轴砖砌体（混水）工程质量验收记录	20××年×月×日	1	
2	二层 1~20/A~D 轴砖砌体（混水）工程质量验收记录	20××年×月×日	1	
3	三层 1~20/A~D 轴砖砌体（混水）工程质量验收记录	20××年×月×日	1	
4	四层 1~20/A~D 轴砖砌体（混水）工程质量验收记录	20××年×月×日	1	
5	五层 1~20/A~D 轴砖砌体（混水）工程质量验收记录	20××年×月×日	1	
6	六层 1~20/A~D 轴砖砌体（混水）工程质量验收记录	20××年×月×日	1	
7	坡屋面 1~20/A~D 轴砖砌体（混水）工程质量验收记录	20××年×月×日	1	

二十、3 填充墙砌体分项工程质量验收记录　细目				
工程名称	××市未来城 1~7 号商住楼			
序号	施工部位、资料名称	编制日期	页数	备注
1	一层 1~20/A~D 轴填充墙砌体工程质量验收记录	20××年×月×日	1	

二十、4 配筋砖砌体分项工程质量验收记录　细目				
工程名称	××市未来城 1~7 号商住楼			
序号	施工部位、资料名称	编制日期	页数	备注
1	一层 1~20/A~D 轴配筋砌体（混水）工程质量验收记录	20××年×月×日	1	
2	二层 1~20/A~D 轴配筋砌体（混水）工程质量验收记录	20××年×月×日	1	
3	三层 1~20/A~D 轴配筋砌体（混水）工程质量验收记录	20××年×月×日	1	
4	四层 1~20/A~D 轴配筋砌体（混水）工程质量验收记录	20××年×月×日	1	
5	五层 1~20/A~D 轴配筋砌体（混水）工程质量验收记录	20××年×月×日	1	
6	六层 1~20/A~D 轴配筋砌体（混水）工程质量验收记录	20××年×月×日	1	
7	坡屋面 1~20/A~D 轴配筋砌体（混水）工程质量验收记录	20××年×月×日	1	

二十一、其他必须提供的资料或记录　分目录					
工程名称	××市未来城 1~7 号商住楼				
序号	资料名称	编制单位	编制日期	页数	备注
1	质量事故处理记录	××项目部	20××年×月×日	1	

建筑工程施工资料

第三册

名　　称：××市未来城1～7号商住楼
案卷题名：建筑装饰装修工程施工资料

编制单位：××市建筑工程公司
技术主管：×××

编制日期：20××年×月×日起20××年×月×日止
保管期限：长期　　　　　　　密级：
保存档号：××××××

共八册　第三册

建筑装饰装修工程施工资料 目录					
工程名称	××市未来城 1~7 号商住楼				
序号	施工资料名称	编制单位	编制日期	页次	备注
一	装饰装修分部工程质量验收记录	××项目部	20××年×月×日	4	
二	装饰装修分部工程控制资料核查记录	××项目部	20××年×月×日	70	
三	装饰装修工程主要功能抽查记录	××项目部	20××年×月×日	9	
四	装饰装修工程观感质量检查记录	××项目部	20××年×月×日	26	
(一)装饰装修工程施工资料					
五	建筑装饰装修分部工程质量验收记录	××项目部	20××年×月×日	2	有分目录
六	抹灰子分部工程、分项工程验收资料	××项目部	20××年×月×日	14	有分目录
七	门窗子分部工程、分项工程验收资料	××项目部	20××年×月×日	20	有分目录
八	轻质隔墙子分部工程、分项工程验收资料	××项目部	20××年×月×日	7	有分目录
九	饰面板（砖）子分部工程、分项工程验收资料	××项目部	20××年×月×日	8	有分目录
十	涂饰子分部工程、分项工程验收资料	××项目部	20××年×月×日	13	有分目录
十一	细部子分部工程、分项工程验收资料	××项目部	20××年×月×日	13	有分目录
十二	其他必须提供的资料或记录	××项目部	20××年×月×日	2	有分目录
(二)地面子分部工程施工资料					
十三	地面工程图纸、变更记录	××设计院	20××年×月×日	4	有分目录
十四	各层混凝土及砂浆配合比试验报告	××市检测中心	20××年×月×日	2	有分目录
十五	地面素土、灰土基层密实度试验报告	××项目部	20××年×月×日	2	有分目录
十六	各构造层隐蔽工程验收记录	××项目部	20××年×月×日	6	有分目录
十七	有防水要求的地面蓄水试验记录	××项目部	20××年×月×日	6	有分目录
十八	地面子分部工程、分项工程验收资料	××市检测中心	20××年×月×日	20	有分目录
十九	其他必须提供的资料或记录	××项目部	20××年×月×日	6	有分目录

(一)装饰装修工程施工资料

五、建筑装饰装修分部工程质量验收记录 分目录					
工程名称	××市未来城 1~7 号商住楼				
序号	资料名称	编制单位	编制日期	页数	备注
1	建筑装饰装修分部工程质量验收记录	××项目部	20××年×月×日	2	

六、抹灰子分部工程、分项工程验收资料 分目录					
工程名称	××市未来城 1~7 号商住楼				
序号	资料名称	编制单位	编制日期	页数	备注
1	抹灰子分部工程质量验收记录	××项目部	20××年×月×日	2	
2	一般抹灰分项工程质量验收记录	××项目部	20××年×月×日	6	有细目
3	装饰抹灰分项工程质量验收记录	××项目部	20××年×月×日	6	有细目

六、2 一般抹灰分项工程质量验收记录　细目					
工程名称	××市未来城 1～7 号商住楼				
序号	资料名称	编制单位	编制日期	页数	备注
1	六层一般抹灰检验批质量验收记录	××项目部	20××年×月×日	1	
2	五层一般抹灰检验批质量验收记录	××项目部	20××年×月×日	1	
3	四层一般抹灰检验批质量验收记录	××项目部	20××年×月×日	1	
4	三层一般抹灰检验批质量验收记录	××项目部	20××年×月×日	1	
5	二层一般抹灰检验批质量验收记录	××项目部	20××年×月×日	1	
6	一层一般抹灰检验批质量验收记录	××项目部	20××年×月×日	1	

六、3 装饰抹灰分项工程质量验收记录　细目					
工程名称	××市未来城 1～7 号商住楼				
序号	资料名称	编制单位	编制日期	页数	备注
1	六层装饰抹灰检验批质量验收记录	××项目部	20××年×月×日	1	
2	五层装饰抹灰检验批质量验收记录	××项目部	20××年×月×日	1	
3	四层装饰抹灰检验批质量验收记录	××项目部	20××年×月×日	1	
4	三层装饰抹灰检验批质量验收记录	××项目部	20××年×月×日	1	
5	二层装饰抹灰检验批质量验收记录	××项目部	20××年×月×日	1	
6	一层装饰抹灰检验批质量验收记录	××项目部	20××年×月×日	1	

七、门窗子分部工程、分项工程验收资料　分目录					
工程名称	××市未来城 1～7 号商住楼				
序号	资料名称	编制单位	编制日期	页数	备注
1	门窗子分部工程质量验收记录	××项目部	20××年×月×日	1	
2	木门窗制作与安装分项工程质量验收记录	××项目部	20××年×月×日	6	有细目
3	塑料门窗制作与安装分项工程质量验收记录	××项目部	20××年×月×日	6	有细目
4	金属门窗制作与安装分项工程质量验收记录	××项目部	20××年×月×日	1	有细目
5	门窗玻璃安装分项工程质量验收记录	××项目部	20××年×月×日	6	有细目

七、2 木门窗制作与安装分项工程质量验收记录　细目					
工程名称	××市未来城 1～7 号商住楼				
序号	资料名称	编制单位	编制日期	页数	备注
1	六层木门窗制作与安装检验批质量验收记录 01	××项目部	20××年×月×日	1	
2	五层木门窗制作与安装检验批质量验收记录 02	××项目部	20××年×月×日	1	
3	四层木门窗制作与安装检验批质量验收记录 03	××项目部	20××年×月×日	1	
4	三层木门窗制作与安装检验批质量验收记录 04	××项目部	20××年×月×日	1	
5	二层木门窗制作与安装检验批质量验收记录 05	××项目部	20××年×月×日	1	
6	一层木门窗制作与安装检验批质量验收记录 06	××项目部	20××年×月×日	1	

七、3 塑料门窗制作与安装分项工程质量验收记录　细目					
工程名称	××市未来城1～7号商住楼				
序号	资料名称	编制单位	编制日期	页数	备注
1	六层塑料门窗制作与安装检验批质量验收记录01	××项目部	20××年×月×日	1	
2	五层塑料门窗制作与安装检验批质量验收记录02	××项目部	20××年×月×日	1	
3	四层塑料门窗制作与安装检验批质量验收记录03	××项目部	20××年×月×日	1	
4	三层塑料门窗制作与安装检验批质量验收记录04	××项目部	20××年×月×日	1	
5	二层塑料门窗制作与安装检验批质量验收记录05	××项目部	20××年×月×日	1	
6	一层塑料门窗制作与安装检验批质量验收记录06	××项目部	20××年×月×日	1	

七、4 金属门窗制作与安装分项工程质量验收记录　细目					
工程名称	××市未来城1～7号商住楼				
序号	资料名称	编制单位	编制日期	页数	备注
1	一层金属门窗制作与安装检验批质量验收记录	××项目部	20××年×月×日	1	

七、5 门窗玻璃安装分项工程质量验收记录　细目					
工程名称	××市未来城1～7号商住楼				
序号	资料名称	编制单位	编制日期	页数	备注
1	六层门窗玻璃安装检验批质量验收记录	××项目部	20××年×月×日	1	
2	五层门窗玻璃安装检验批质量验收记录	××项目部	20××年×月×日	1	
3	四层门窗玻璃安装检验批质量验收记录	××项目部	20××年×月×日	1	
4	三层门窗玻璃安装检验批质量验收记录	××项目部	20××年×月×日	1	
5	二层门窗玻璃安装检验批质量验收记录	××项目部	20××年×月×日	1	
6	一层门窗玻璃安装检验批质量验收记录	××项目部	20××年×月×日	1	

八、轻质隔墙子分部工程、分项工程验收资料　分目录					
工程名称	××市未来城1～7号商住楼				
序号	资料名称	编制单位	编制日期	页数	备注
1	轻质隔墙子分部工程质量验收记录	××项目部	20××年×月×日	1	
2	玻璃隔墙分项工程质量验收记录	××项目部	20××年×月×日	6	有细目

八、2 玻璃隔墙分项工程质量验收记录　细目					
工程名称	××市未来城1～7号商住楼				
序号	资料名称	编制单位	编制日期	页数	备注
1	六层玻璃隔墙检验批质量验收记录	××项目部	20××年×月×日	1	
2	五层玻璃隔墙检验批质量验收记录	××项目部	20××年×月×日	1	
3	四层玻璃隔墙检验批质量验收记录	××项目部	20××年×月×日	1	
4	三层玻璃隔墙检验批质量验收记录	××项目部	20××年×月×日	1	
5	二层玻璃隔墙检验批质量验收记录	××项目部	20××年×月×日	1	
6	一层玻璃隔墙检验批质量验收记录	××项目部	20××年×月×日	1	

九、饰面板(砖)子分部工程、分项工程验收资料　分目录					
工程名称	××市未来城1～7号商住楼				
序号	资料名称	编制单位	编制日期	页数	备注
1	饰面板（砖）子分部工程质量验收记录	××项目部	20××年×月×日	1	
2	饰面板安装分项工程质量验收记录	××项目部	20××年×月×日	1	有细目
3	饰面砖粘贴分项工程质量验收记录	××项目部	20××年×月×日	6	有细目

九、2 饰面板安装分项工程质量验收记录　细目					
工程名称	××市未来城1～7号商住楼				
序号	资料名称	编制单位	编制日期	页数	备注
1	一层饰面板安装检验批质量验收记录	××项目部	20××年×月×日	1	

九、3 饰面砖粘贴分项工程质量验收记录　细目					
工程名称	××市未来城1～7号商住楼				
序号	资料名称	编制单位	编制日期	页数	备注
1	六层饰面砖粘贴检验批质量验收记录	××项目部	20××年×月×日	1	
2	五层饰面砖粘贴检验批质量验收记录	××项目部	20××年×月×日	1	
3	四层饰面砖粘贴检验批质量验收记录	××项目部	20××年×月×日	1	
4	三层饰面砖粘贴检验批质量验收记录	××项目部	20××年×月×日	1	
5	二层饰面砖粘贴检验批质量验收记录	××项目部	20××年×月×日	1	
6	一层饰面砖粘贴检验批质量验收记录	××项目部	20××年×月×日	1	

十、涂饰子分部工程、分项工程验收资料　分目录					
工程名称	××市未来城1～7号商住楼				
序号	资料名称	编制单位	编制日期	页数	备注
1	涂饰子分部工程质量验收记录	××项目部	20××年×月×日	1	
2	水性涂料涂饰分项工程质量验收记录	××项目部	20××年×月×日	6	有细目
3	溶剂型涂料涂饰分项工程质量验收记录	××项目部	20××年×月×日	6	有细目

十、2 水性涂料涂饰分项工程质量验收记录　细目					
工程名称	××市未来城1～7号商住楼				
序号	资料名称	编制单位	编制日期	页数	备注
1	六层水性涂料涂饰检验批质量验收记录	××项目部	20××年×月×日	1	
2	五层水性涂料涂饰检验批质量验收记录	××项目部	20××年×月×日	1	
3	四层水性涂料涂饰检验批质量验收记录	××项目部	20××年×月×日	1	
4	三层水性涂料涂饰检验批质量验收记录	××项目部	20××年×月×日	1	
5	二层水性涂料涂饰检验批质量验收记录	××项目部	20××年×月×日	1	
6	一层水性涂料涂饰检验批质量验收记录	××项目部	20××年×月×日	1	

十、3 溶剂型涂料涂饰分项工程质量验收记录　细目					
工程名称	××市未来城1~7号商住楼				
序号	资料名称	编制单位	编制日期	页数	备注
1	六层溶剂型涂料涂饰检验批质量验收记录	××项目部	20××年×月×日	1	
2	五层溶剂型涂料涂饰检验批质量验收记录	××项目部	20××年×月×日	1	
3	四层溶剂型涂料涂饰检验批质量验收记录	××项目部	20××年×月×日	1	
4	三层溶剂型涂料涂饰检验批质量验收记录	××项目部	20××年×月×日	1	
5	二层溶剂型涂料涂饰检验批质量验收记录	××项目部	20××年×月×日	1	
6	一层溶剂型涂料涂饰检验批质量验收记录	××项目部	20××年×月×日	1	

十一、细部子分部工程、分项工程验收资料　分目录					
工程名称	××市未来城1~7号商住楼				
序号	资料名称	编制单位	编制日期	页数	备注
1	细部子分部工程质量验收记录	××项目部	20××年×月×日	1	
2	窗帘盒、窗台板和暖气罩制作与安装分项工程质量验收记录	××项目部	20××年×月×日	6	有细目
3	护拦和扶手制作与安装分项工程质量验收记录	××项目部	20××年×月×日	6	有细目

十一、2 窗帘盒、窗台板和暖气罩制作与安装分项工程质量验收记录　细目					
工程名称	××市未来城1~7号商住楼				
序号	资料名称	编制单位	编制日期	页数	备注
1	六层窗帘盒、窗台板和暖气罩制作与安装检验批质量验收记录	××项目部	20××年×月×日	1	
2	五层窗帘盒、窗台板和暖气罩制作与安装检验批质量验收记录	××项目部	20××年×月×日	1	
3	四层窗帘盒、窗台板和暖气罩制作与安装检验批质量验收记录	××项目部	20××年×月×日	1	
4	三层窗帘盒、窗台板和暖气罩制作与安装检验批质量验收记录	××项目部	20××年×月×日	1	
5	二层窗帘盒、窗台板和暖气罩制作与安装检验批质量验收记录	××项目部	20××年×月×日	1	
6	一层窗帘盒、窗台板和暖气罩制作与安装检验批质量验收记录	××项目部	20××年×月×日	1	

十一、3 护拦和扶手制作与安装分项工程质量验收记录　细目					
工程名称	××市未来城1~7号商住楼				
序号	资料名称	编制单位	编制日期	页数	备注
1	六层护拦和扶手制作与安装检验批质量验收记录	××项目部	20××年×月×日	1	
2	五层护拦和扶手制作与安装检验批质量验收记录	××项目部	20××年×月×日	1	

（续）

工程名称	××市未来城 1～7 号商住楼				
序号	资料名称	编制单位	编制日期	页数	备注
3	四层护拦和扶手制作与安装检验批质量验收记录	××项目部	20××年×月×日	1	
4	三层护拦和扶手制作与安装检验批质量验收记录	××项目部	20××年×月×日	1	
5	二层护拦和扶手制作与安装检验批质量验收记录	××项目部	20××年×月×日	1	
6	一层护拦和扶手制作与安装检验批质量验收记录	××项目部	20××年×月×日	1	

十二、其他必须提供的资料或记录　分目录					
工程名称	××市未来城 1～7 号商住楼				
序号	资料名称	编制单位	编制日期	页数	备注
1	新材料、新工艺施工记录	××项目部	20××年×月×日	2	

（二）地面子分部工程施工资料

十三、地面工程图纸、变更记录　分目录					
工程名称	××市未来城 1～7 号商住楼				
序号	资料名称	编制单位	编制日期	页数	备注
1	设计变更单××号	××市建筑设计院	20××年×月×日	1	
2	设计变更单××号	××市建筑设计院	20××年×月×日	1	
3	工程洽商记录××号	××项目部	20××年×月×日	1	
4	工程洽商记录××号	××项目部	20××年×月×日	1	

十四、各层混凝土及砂浆配合比试验报告　分目录					
工程名称	××市未来城 1～7 号商住楼				
序号	资料名称	编制单位	编制日期	页数	备注
1	地面基层混凝土配合比及试块试验报告	××项目部	20××年×月×日	1	
2	地面面层混凝土配合比及试块试验报告	××项目部	20××年×月×日	1	

十五、地面素土、灰土基层密实度试验报告　分目录					
工程名称	××市未来城 1～7 号商住楼				
序号	资料名称	编制单位	编制日期	页数	备注
1	灰土垫层干密度试验报告	××项目部	20××年×月×日	1	
2	地面混凝土垫层试块试验报告	××项目部	20××年×月×日	1	

十六、各构造层隐蔽工程验收记录　分目录					
工程名称	××市未来城 1~7 号商住楼				
序号	资料名称	编制单位	编制日期	页数	备注
1	一层地面灰土垫层隐蔽工程验收记录	××项目部	20××年×月×日	1	
2	二层地面灰土垫层隐蔽工程验收记录	××项目部	20××年×月×日	1	
3	三层地面灰土垫层隐蔽工程验收记录	××项目部	20××年×月×日	1	
4	四层地面灰土垫层隐蔽工程验收记录	××项目部	20××年×月×日	1	
5	五层地面灰土垫层隐蔽工程验收记录	××项目部	20××年×月×日	1	
6	六层地面灰土垫层隐蔽工程验收记录	××项目部	20××年×月×日	1	

十七、有防水要求的地面蓄水试验记录　分目录					
工程名称	××市未来城 1~7 号商住楼				
序号	资料名称	编制单位	编制日期	页数	备注
1	六层厨房、卫生间蓄水试验记录	××项目部	20××年×月×日	1	
2	五层厨房、卫生间蓄水试验记录	××项目部	20××年×月×日	1	
3	四层厨房、卫生间蓄水试验记录	××项目部	20××年×月×日	1	
4	三层厨房、卫生间蓄水试验记录	××项目部	20××年×月×日	1	
5	二层厨房、卫生间蓄水试验记录	××项目部	20××年×月×日	1	
6	一层厨房、卫生间蓄水试验记录	××项目部	20××年×月×日	1	

十八、地面子分部工程、分项工程验收记录　分目录					
工程名称	××市未来城 1~7 号商住楼				
序号	资料名称	编制单位	编制日期	页数	备注
1	地面子分部工程质量验收记录	××项目部	20××年×月×日	1	
2	基层分项工程质量验收记录	××项目部	20××年×月×日	6	有细目
3	水泥混凝土面层分项工程质量验收记录	××项目部	20××年×月×日	6	有细目
4	砖面层分项工程质量验收记录	××项目部	20××年×月×日	6	有细目
5	大理石面层和花岗石面层分项工程质量验收记录	××项目部	20××年×月×日	1	有细目

十八、2 基层分项工程质量验收记录　细目					
工程名称	××市未来城 1~7 号商住楼				
序号	资料名称	编制单位	编制日期	页数	备注
1	六层基层检验批质量验收记录	××项目部	20××年×月×日	1	
2	五层基层检验批质量验收记录	××项目部	20××年×月×日	1	
3	四层基层检验批质量验收记录	××项目部	20××年×月×日	1	
4	三层基层检验批质量验收记录	××项目部	20××年×月×日	1	
5	二层基层检验批质量验收记录	××项目部	20××年×月×日	1	
6	一层基层检验批质量验收记录	××项目部	20××年×月×日	1	

十八、3 水泥混凝土面层分项工程质量验收记录　细目					
工程名称	××市未来城 1～7 号商住楼				
序号	资料名称	编制单位	编制日期	页数	备注
1	六层水泥混凝土面层检验批质量验收记录	××项目部	20××年×月×日	1	
2	五层水泥混凝土面层检验批质量验收记录	××项目部	20××年×月×日	1	
3	四层水泥混凝土面层检验批质量验收记录	××项目部	20××年×月×日	1	
4	三层水泥混凝土面层检验批质量验收记录	××项目部	20××年×月×日	1	
5	二层水泥混凝土面层检验批质量验收记录	××项目部	20××年×月×日	1	
6	一层水泥混凝土面层检验批质量验收记录	××项目部	20××年×月×日	1	

十八、4 砖面层分项工程质量验收记录　细目					
工程名称	××市未来城 1～7 号商住楼				
序号	资料名称	编制单位	编制日期	页数	备注
1	六层砖面层检验批质量验收记录	××项目部	20××年×月×日	1	
2	五层砖面层检验批质量验收记录	××项目部	20××年×月×日	1	
3	四层砖面层检验批质量验收记录	××项目部	20××年×月×日	1	
4	三层砖面层检验批质量验收记录	××项目部	20××年×月×日	1	
5	二层砖面层检验批质量验收记录	××项目部	20××年×月×日	1	
6	一层砖面层检验批质量验收记录	××项目部	20××年×月×日	1	

十八、5 大理石面层和花岗石面层分项工程质量验收记录　细目					
工程名称	××市未来城 1～7 号商住楼				
序号	资料名称	编制单位	编制日期	页数	备注
1	一层大理石面层和花岗石面层检验批质量验收记录	××项目部	20××年×月×日	1	

十九、其他必须提供的资料或记录　分目录					
工程名称	××市未来城 1～7 号商住楼				
序号	资料名称	编制单位	编制日期	页数	备注
1	楼地面坡度检查记录	××项目部	20××年×月×日	1	
2	工序交接单	××项目部	20××年×月×日	1	
3	预检记录	××项目部	20××年×月×日	1	
4	自检互检记录	××项目部	20××年×月×日	1	
5	工程见证取样记录	××项目部	20××年×月×日	2	有细目

十九、5 工程见证取样记录　细目					
工程名称	××市未来城 1～7 号商住楼				
序号	资料名称	编制单位	编制日期	页数	备注
1	地板砖、面砖见证取样记录	××市检测中心	20××年×月×日	1	
2	天然花岗石建筑板材见证取样记录	××市检测中心	20××年×月×日	1	

建筑工程施工资料

第四册

名　　称：××市未来城 1～7 号商住楼
案卷题名：屋面工程施工资料

编制单位：××市建筑工程公司
技术主管：×××

编制日期：20××年×月×日起 20××年×月×日止
保管期限：长期　　　　　　密级：
保存档号：××××××

共八册　第四册

屋面工程施工资料　目录					
工程名称	××市未来城 1～7 号商住楼				
序号	工程资料题名	编制单位	编制日期	页次	备注
一	屋面工程图纸及设计变更资料	××项目部	20××年×月×日	3	有分目录
二	屋面技术交底记录	××项目部	20××年×月×日	5	有分目录
三	隐蔽工程验收记录	××项目部	20××年×月×日	3	有分目录
四	施工试验记录	××项目部	20××年×月×日	11	有分目录
五	卷材防水屋面子分部工程、分项工程验收资料	××项目部	20××年×月×日	3	有分目录
六	瓦屋面子分部工程、分项工程验收资料	××项目部	20××年×月×日	3	有分目录
七	其他必须提供的资料和记录	××项目部	20××年×月×日	1	有分目录

一、屋面工程图纸及设计变更资料　分目录					
工程名称	××市未来城 1～7 号商住楼				
序号	资料名称	编制单位	编制日期	页数	备注
1	图纸会审记录	××市建筑工程公司	20××年×月×日	1	
2	设计变更单××号	××市建筑设计院	20××年×月×日	1	
3	工程洽商记录××号	××项目部	20××年×月×日	1	

二、屋面技术交底记录　分目录					
工程名称	××市未来城 1～7 号商住楼				
序号	资料名称	编制单位	编制日期	页数	备注
1	屋面保温层技术交底	××项目部	20××年×月×日	1	
2	屋面找平层技术交底	××项目部	20××年×月×日	1	
3	屋面防水层技术交底	××项目部	20××年×月×日	1	
4	屋面细部构造技术交底	××项目部	20××年×月×日	1	
5	平瓦屋面技术交底	××项目部	20××年×月×日	1	

三、隐蔽工程验收记录　分目录					
工程名称	××市未来城 1～7 号商住楼				
序号	资料名称	编制单位	编制日期	页数	备注
1	屋面保温层隐蔽工程验收记录	××项目部	20××年×月×日	1	
2	屋面找平层隐蔽工程验收记录	××项目部	20××年×月×日	1	
3	屋面防水层隐蔽工程验收记录	××项目部	20××年×月×日	1	

四、施工试验记录　分目录					
工程名称	××市未来城 1～7 号商住楼				
序号	资料名称	编制单位	编制日期	页数	备注
1	屋面蓄水试验记录	××项目部	20××年×月×日	1	
2	屋面淋水试验记录	××项目部	20××年×月×日	1	
3	屋面坡度检查记录	××项目部	20××年×月×日	1	
4	工序交接单	××项目部	20××年×月×日	2	有细目
5	自检互检记录	××项目部	20××年×月×日	6	有细目

四、4 工序交接单　细目					
工程名称	××市未来城 1～7 号商住楼				
序号	资料名称	编制单位	编制日期	页数	备注
1	（屋面防水层→屋面找平层）工序交接单	××项目部	20××年×月×日	1	
2	（屋面找平层→瓦屋面）工序交接单	××项目部	20××年×月×日	1	

四、5自检互检记录　细目					
工程名称	××市未来城1～7号商住楼				
序号	资料名称	编制单位	编制日期	页数	备注
1	卷材防水屋面检验批自检互检记录	××项目部	20××年×月×日	1	
2	卷材防水层检验批自检互检记录	××项目部	20××年×月×日	1	
3	找平层检验批自检互检记录	××项目部	20××年×月×日	1	
4	瓦屋面检验批自检互检记录	××项目部	20××年×月×日	1	
5	平瓦屋面检验批自检互检记录	××项目部	20××年×月×日	1	
6	细部构造检验批自检互检记录	××项目部	20××年×月×日	1	

五、卷材防水屋面子分部工程、分项工程验收资料　分目录					
工程名称	××市未来城1～7号商住楼				
序号	资料名称	编制单位	编制日期	页数	备注
1	卷材防水屋面子分部工程质量验收记录	××项目部	20××年×月×日	1	
2	卷材防水屋面分项工程质量验收记录	××项目部	20××年×月×日	1	有细目
3	卷材防水屋面找平层分项工程质量验收记录	××项目部	20××年×月×日	1	有细目

五、2卷材防水屋面分项工程质量验收记录　细目				
工程名称	××市未来城1～7号商住楼			
序号	施工部位、资料名称	编制日期	页数	备注
1	卷材防水层检验批质量验收记录 01	20××年×月×日	1	

五、3卷材防水屋面找平层分项工程质量验收记录　细目				
工程名称	××市未来城1～7号商住楼			
序号	施工部位、资料名称	编制日期	页数	备注
1	屋面找平层检验批质量验收记录01	20××年×月×日	1	

六、瓦屋面子分部工程、分项工程验收资料　分目录					
工程名称	××市未来城1～7号商住楼				
序号	资料名称	编制单位	编制日期	页数	备注
1	瓦屋面子分部工程质量验收记录	××项目部	20××年×月×日	1	
2	瓦屋面分项工程质量验收记录	××项目部	20××年×月×日	1	有细目
3	瓦屋面细部构造分项工程质量验收记录	××项目部	20××年×月×日	1	有细目

六、2瓦屋面分项工程质量验收记录　细目				
工程名称	××市未来城1～7号商住楼			
序号	施工部位、资料名称	编制日期	页数	备注
1	平瓦屋面检验批质量验收记录01	20××年×月×日	1	

六、3瓦屋面细部构造分项工程质量验收记录　细目				
工程名称	××市未来城1～7号商住楼			
序号	施工部位、资料名称	编制日期	页数	备注
1	细部构造检验批质量验收记录01	20××年×月×日	1	

七、其他必须提供的资料和记录　分目录					
工程名称	××市未来城1～7号商住楼				
序号	资料名称	编制单位	编制日期	页数	备注
1	新材料、新工艺施工记录	××项目部	20××年×月×日	1	

建 筑 工 程 施 工 资 料

第五册

名　　称：××市未来城 1～7 号商住楼
案卷题名：建筑给水、排水与采暖工程施工资料

编制单位：××市建筑工程公司
技术主管：×××

编制日期：20××年×月×日起 20××年×月×日止
保管期限：长期　　　　　　　　密级：
保存档号：××××××

共八册　第五册

建筑给水、排水与采暖工程施工资料 目录

工程名称	××市未来城1~7号商住楼				
序号	工程资料名称	编制单位	编制日期	页次	备注
一	水暖分部工程概况表	××项目部	20××年×月×日	1	
二	施工现场质量管理记录	××项目部	20××年×月×日	1	
三	建筑给水、排水及采暖分部工程质量验收记录	××项目部	20××年×月×日	1	
四	质量控制资料核查表	××项目部	20××年×月×日	1	
五	安全和功能检测资料核查及主要功能抽查记录	××项目部	20××年×月×日	1	
六	分部工程观感质量检查记录	××项目部	20××年×月×日	1	
七	质量管理资料	××项目部	20××年×月×日	40	有分目录
八	隐蔽工程验收记录	××项目部	20××年×月×日	8	有分目录
九	施工记录	××项目部	20××年×月×日	30	有分目录
十	室内给水系统子分部工程、分项工程质量验收资料	××项目部	20××年×月×日	6	有分目录
十一	室内排水系统子分部工程、分项工程质量验收资料	××项目部	20××年×月×日	8	有分目录
十二	卫生器具安装子分部工程、分项工程质量验收资料	××项目部	20××年×月×日	7	有分目录
十三	室内采暖系统子分部工程、分项工程质量验收资料	××项目部	20××年×月×日	6	有分目录
十四	水暖施工图及设计变更资料	××项目部	20××年×月×日	2	有分目录
十五	其他必须提供的资料或记录	××项目部	20××年×月×日	1	有分目录

七、质量管理资料 分目录

工程名称	××市未来城1~7号商住楼				
序号	资料名称	编制单位	编制日期	页数	备注
1	技术交底记录	××项目部	20××年×月×日	14	有细目
2	预检工程记录	××项目部	20××年×月×日	26	有细目

七、1 技术交底记录 细目

工程名称	××市未来城1~7号商住楼			
序号	施工部位、资料名称	编制日期	页数	备注
1	给水管道及配件安装技术交底	20××年×月×日	2	
2	室内消防系统安装技术交底	20××年×月×日	2	
3	排水管道及配件安装技术交底	20××年×月×日	2	
4	卫生器具给水配件安装技术交底	20××年×月×日	2	
5	卫生器具排水管道安装技术交底	20××年×月×日	2	
6	管道及配件安装技术交底	20××年×月×日	2	
7	散热器安装技术交底	20××年×月×日	2	

七、2 预检工程记录　细目					
工程名称	××市未来城 1～7 号商住楼				
序号	资料名称	编制单位	编制日期	页数	备注
1	一单元消火栓箱预检工程记录	××项目部	20××年×月×日	2	
2	一层顶板结构预留预检工程记录	××项目部	20××年×月×日	2	
3	二层顶板结构预留预检工程记录	××项目部	20××年×月×日	2	
4	三层顶板结构预留预检工程记录	××项目部	20××年×月×日	2	
5	四层顶板结构预留预检工程记录	××项目部	20××年×月×日	2	
6	五层顶板结构预留预检工程记录	××项目部	20××年×月×日	2	
7	六层顶板结构预留预检工程记录	××项目部	20××年×月×日	2	
8	一层室内给水系统管道安装	××项目部	20××年×月×日	2	
9	二层室内给水系统管道安装	××项目部	20××年×月×日	2	
10	三层室内给水系统管道安装	××项目部	20××年×月×日	2	
11	四层室内给水系统管道安装	××项目部	20××年×月×日	2	
12	五层室内给水系统管道安装	××项目部	20××年×月×日	2	
13	六层室内给水系统管道安装	××项目部	20××年×月×日	2	

八、隐蔽工程验收记录　分目录					
工程名称	××市未来城 1～7 号商住楼				
序号	资料名称	编制单位	编制日期	页数	备注
1	一层厨房、卫生间冷热水管墙内暗敷预埋	××项目部	20××年×月×日	1	
2	二层厨房、卫生间冷热水管墙内暗敷预埋	××项目部	20××年×月×日	1	
3	三层厨房、卫生间冷热水管墙内暗敷预埋	××项目部	20××年×月×日	1	
4	四层厨房、卫生间冷热水管墙内暗敷预埋	××项目部	20××年×月×日	1	
5	五层厨房、卫生间冷热水管墙内暗敷预埋	××项目部	20××年×月×日	1	
6	六层厨房、卫生间冷热水管墙内暗敷预埋	××项目部	20××年×月×日	1	
7	屋面水箱预埋止水套管	××项目部	20××年×月×日	1	
8	管道井内管道安装	××项目部	20××年×月×日	1	

九、施工记录　分目录					
工程名称	××市未来城 1～7 号商住楼				
序号	资料名称	编制单位	编制日期	页数	备注
1	工序交接单	××项目部	20××年×月×日	9	有细目
2	自检互检记录	××项目部	20××年×月×日	19	有细目
3	新材料、新工艺施工记录	××项目部	20××年×月×日	2	

九、1 工序交接单　细目					
工程名称	××市未来城 1～7 号商住楼				
序号	资料名称	编制单位	编制日期	页数	备注
1	一单元（管道安装→管道防腐）工序交接单	××项目部	20××年×月×日	1	
2	二单元（管道安装→管道防腐）工序交接单	××项目部	20××年×月×日	1	
3	三单元（管道安装→管道防腐）工序交接单	××项目部	20××年×月×日	1	
4	一单元（管道安装→管道绝热）工序交接单	××项目部	20××年×月×日	1	
5	二单元（管道安装→管道绝热）工序交接单	××项目部	20××年×月×日	1	
6	三单元（管道安装→管道绝热）工序交接单	××项目部	20××年×月×日	1	

（续）

工程名称	××市未来城 1～7 号商住楼				
序号	资料名称	编制单位	编制日期	页数	备注
7	一单元（管道安装→系统水压试验与调试）工序交接单	××项目部	20××年×月×日	1	
8	二单元（管道安装→系统水压试验与调试）工序交接单	××项目部	20××年×月×日	1	
9	三单元（管道安装→系统水压试验与调试）工序交接单	××项目部	20××年×月×日	1	

九、2 自检互检记录 细目					
工程名称	××市未来城 1～7 号商住楼				
序号	资料名称	编制单位	编制日期	页数	备注
1	一单元给水管道及配件安装检验批自检互检记录	××项目部	20××年×月×日	1	
2	二单元给水管道及配件安装检验批自检互检记录	××项目部	20××年×月×日	1	
3	三单元给水管道及配件安装检验批自检互检记录	××项目部	20××年×月×日	1	
4	一层室内消防栓系统安装检验批自检互检记录	××项目部	20××年×月×日	1	
5	一单元排水管道及配件检验批自检互检记录	××项目部	20××年×月×日	1	
6	二单元排水管道及配件检验批自检互检记录	××项目部	20××年×月×日	1	
7	三单元排水管道及配件检验批自检互检记录	××项目部	20××年×月×日	1	
8	一单元雨水管道及配件安装检验批自检互检记录	××项目部	20××年×月×日	1	
9	二单元雨水管道及配件安装检验批自检互检记录	××项目部	20××年×月×日	1	
10	三单元雨水管道及配件安装检验批自检互检记录	××项目部	20××年×月×日	1	
11	一单元卫生器具给水配件安装检验批自检互检记录	××项目部	20××年×月×日	1	
12	二单元卫生器具给水配件安装检验批自检互检记录	××项目部	20××年×月×日	1	
13	三单元卫生器具给水配件安装检验批自检互检记录	××项目部	20××年×月×日	1	
14	一单元卫生器具排水配件安装检验批自检互检记录	××项目部	20××年×月×日	1	
15	二单元卫生器具排水配件安装检验批自检互检记录	××项目部	20××年×月×日	1	
16	三单元卫生器具排水配件安装检验批自检互检记录	××项目部	20××年×月×日	1	
17	一单元管道及配件安装检验批自检互检记录	××项目部	20××年×月×日	1	
18	二单元管道及配件安装检验批自检互检记录	××项目部	20××年×月×日	1	
19	三单元管道及配件安装检验批自检互检记录	××项目部	20××年×月×日	1	

十、室内给水系统子分部工程、分项工程质量验收资料 分目录					
工程名称	××市未来城 1～7 号商住楼				
序号	资料名称	编制单位	编制日期	页数	备注
1	室内给水系统子分部工程质量验收记录	××项目部	20××年×月×日	2	
2	给水管道及配件安装分项工程质量验收记录	××项目部	20××年×月×日	3	有细目
3	室内消火栓系统安装分项工程质量验收记录	××项目部	20××年×月×日	1	有细目

十、2 给水管道及配件安装分项工程质量验收记录　细目					
工程名称	××市未来城 1～7 号商住楼				
序号	资料名称	编制单位	编制日期	页数	备注
1	一单元给水管道及配件安装检验批质量验收记录	××项目部	20××年×月×日	1	
2	二单元给水管道及配件安装检验批质量验收记录	××项目部	20××年×月×日	1	
3	三单元给水管道及配件安装检验批质量验收记录	××项目部	20××年×月×日	1	

十、3 室内消防栓系统安装分项工程质量验收记录　细目					
工程名称	××市未来城 1～7 号商住楼				
序号	资料名称	编制单位	编制日期	页数	备注
1	一层室内消防栓系统安装检验批质量验收记录	××项目部	20××年×月×日	1	

十一、室内排水系统子分部工程、分项工程质量验收资料　分目录					
工程名称	××市未来城 1～7 号商住楼				
序号	资料名称	编制单位	编制日期	页数	备注
1	室内排水系统子分部工程质量验收记录	××项目部	20××年×月×日	2	
2	排水管道及配件安装分项工程质量验收记录	××项目部	20××年×月×日	3	有细目
3	雨水管道及配件安装分项工程质量验收记录	××项目部	20××年×月×日	3	有细目

十一、2 排水管道及配件安装分项工程质量验收记录　细目					
工程名称	××市未来城 1～7 号商住楼				
序号	资料名称	编制单位	编制日期	页数	备注
1	一单元排水管道及配件检验批质量验收记录	××项目部	20××年×月×日	1	
2	二单元排水管道及配件检验批质量验收记录	××项目部	20××年×月×日	1	
3	三单元排水管道及配件检验批质量验收记录	××项目部	20××年×月×日	1	

十一、3 雨水管道及配件安装分项工程质量验收记录　细目					
工程名称	××市未来城 1～7 号商住楼				
序号	资料名称	编制单位	编制日期	页数	备注
1	一单元雨水管道及配件安装检验批质量验收记录	××项目部	20××年×月×日	1	
2	二单元雨水管道及配件安装检验批质量验收记录	××项目部	20××年×月×日	1	
3	三单元雨水管道及配件安装检验批质量验收记录	××项目部	20××年×月×日	1	

十二、卫生器具安装子分部工程、分项工程质量验收资料　分目录					
工程名称	××市未来城 1～7 号商住楼				
序号	资料名称	编制单位	编制日期	页数	备注
1	卫生器具安装子分部工程质量验收记录	××项目部	20××年×月×日	1	
2	卫生器具给水配件安装分项工程质量验收记录	××项目部	20××年×月×日	3	有细目
3	卫生器具排水配件安装分项工程质量验收记录	××项目部	20××年×月×日	3	有细目

十二、2卫生器具给水配件安装分项工程质量验收记录 细目					
工程名称	××市未来城1~7号商住楼				
序号	资料名称	编制单位	编制日期	页数	备注
1	一单元卫生器具给水配件安装检验批质量验收记录	××项目部	20××年×月×日	1	
2	二单元卫生器具给水配件安装检验批质量验收记录	××项目部	20××年×月×日	1	
3	三单元卫生器具给水配件安装检验批质量验收记录	××项目部	20××年×月×日	1	

十二、3卫生器具排水配件安装分项工程质量验收记录 细目					
工程名称	××市未来城1~7号商住楼				
序号	资料名称	编制单位	编制日期	页数	备注
1	一单元卫生器具排水配件安装检验批质量验收记录	××项目部	20××年×月×日	1	
2	二单元卫生器具排水配件安装检验批质量验收记录	××项目部	20××年×月×日	1	
3	三单元卫生器具排水配件安装检验批质量验收记录	××项目部	20××年×月×日	1	

十三、室内采暖系统子分部工程、分项工程质量验收资料 分目录					
工程名称	××市未来城1~7号商住楼				
序号	资料名称	编制单位	编制日期	页数	备注
1	室内采暖系统子分部工程质量验收记录	××项目部	20××年×月×日	2	
2	管道及配件安装分项工程质量验收记录	××项目部	20××年×月×日	3	有细目
3	辅助设备及散热器安装质量验收记录	××项目部	20××年×月×日	1	

十三、2管道及配件安装分项工程质量验收记录 细目					
工程名称	××市未来城1~7号商住楼				
序号	资料名称	编制单位	编制日期	页数	备注
1	一单元管道及配件安装检验批质量验收记录	××项目部	20××年×月×日	1	
2	二单元管道及配件安装检验批质量验收记录	××项目部	20××年×月×日	1	
3	三单元管道及配件安装检验批质量验收记录	××项目部	20××年×月×日	1	

十四、水暖施工图及设计变更资料 分目录					
工程名称	××市未来城1~7号商住楼				
序号	资料名称	编制单位	编制日期	页数	备注
1	设计变更记录1	××项目部	20××年×月×日	1	
2	设计变更记录2	××项目部	20××年×月×日	1	

十五、其他必须提供的资料或记录 分目录					
工程名称	××市未来城1~7号商住楼				
序号	资料名称	编制单位	编制日期	页数	备注
1	新技术、新工艺施工记录	××项目部	20××年×月×日	1	

建 筑 工 程 施 工 资 料

第六册

（略）

名　　称：××市未来城 1～7 号商住楼
案卷题名：建筑电气工程施工资料

编制单位：××市建筑工程公司
技术主管：×××

编制日期：20××年×月×日起 20××年×月×日止
保管期限：长期　　　　　　　　密级：
保存档号：××××××

共八册　第六册

建 筑 工 程 施 工 资 料

第七册

名　　称：××市未来城 1～7 号商住楼
案卷题名：施工物资资料

编制单位：××市建筑工程公司
技术主管：×××

编制日期：20××年×月×日起 20××年×月×日止
保管期限：长期　　　　　　　　　密级：
保存档号：××××××

共八册　第七册

施工物资资料　目录				
工程名称	××市未来城 1～7 号商住楼			
序号	施工部位、资料名称	编制日期	页数	备注
一	建筑与结构工程施工物资资料	20××年×月×日	32	有分目录
二	建筑给水、排水及采暖工程施工物资资料	20××年×月×日	18	有分目录
三	建筑电气工程施工物资资料	20××年×月×日	11	有分目录

一　建筑与结构工程施工物资资料　分目录				
工程名称	××市未来城 1～7 号商住楼			
序号	施工部位、资料名称	编制日期	页数	备注
1	钢筋合格证、试验报告汇总表	20××年×月×日	1	
2	钢筋焊接接头合格证、试验报告汇总表	20××年×月×日	1	
3	焊条、焊剂合格证及试验报告汇总表	20××年×月×日	1	
4	半成品钢筋合格证汇总表	20××年×月×日	1	
5	水泥合格证、试验报告汇总表	20××年×月×日	1	
6	预拌混凝土合格证、试验报告汇总表	20××年×月×日	1	
7	混凝土外加剂合格证、试验报告汇总表	20××年×月×日	1	
8	碱含量测试试验报告汇总表	20××年×月×日	1	
9	预制混凝土构件出厂合格证汇总表	20××年×月×日	1	
10	砂子试验报告汇总表	20××年×月×日	1	
11	石子试验报告汇总表	20××年×月×日	1	
12	多孔砖、粘土砖合格证试验报告汇总表	20××年×月×日	1	
13	蒸压粉煤灰加气混凝土砌块合格证、试验报告汇总表	20××年×月×日	1	
14	粉煤灰合格证、试验报告汇总表	20××年×月×日	1	
15	防水材料出厂合格证、试验报告汇总表	20××年×月×日	1	
16	聚苯乙烯泡沫板合格证、检测报告汇总表	20××年×月×日	1	
17	油漆、涂料合格证及试验报告汇总表	20××年×月×日	1	
18	门窗合格证汇总表	20××年×月×日	1	
19	玻璃合格证汇总表	20××年×月×日	1	
20	密封膏合格证汇总表	20××年×月×日	1	
21	地板砖、面砖合格证及试验报告汇总表	20××年×月×日	1	
22	硬聚氯乙烯塑料雨水管合格证、检测报告汇总表	20××年×月×日	1	
23	混凝土界面处理剂合格证	20××年×月×日	1	
24	××市质量检测中心资质认证合格证	20××年×月×日	1	
25	水质分析报告书	20××年×月×日	1	
26	混凝土膨胀剂检测报告	20××年×月×日	1	
27	隔热用聚苯乙烯泡沫塑料检测报告	20××年×月×日	1	
28	SBS 改性沥青防水卷材检验报告	20××年×月×日	1	
29	粉煤灰检测报告	20××年×月×日	1	
30	天然花岗石建筑板材检测报告	20××年×月×日	1	
31	外加剂性能检测报告	20××年×月×日	1	
32	门窗抗风压性能、空气渗透性能、雨水渗透性能检测报告	20××年×月×日	1	

二　建筑给水、排水及采暖工程施工物资资料　分目录				
工程名称	××市未来城1～7号商住楼			
序号	施工部位、资料名称	编制日期	页数	备注
1	PP-R给水管材合格证汇总表	20××年×月×日	1	
2	排水管材UPVC合格证汇总表	20××年×月×日	1	
3	散热器合格证汇总表	20××年×月×日	1	
4	阀门、水龙头合格证汇总表	20××年×月×日	1	
5	铸铁排水管合格证汇总表	20××年×月×日	1	
6	水表LXS-20E合格证汇总表	20××年×月×日	1	
7	PEX采暖管材合格证汇总表	20××年×月×日	1	
8	焊接钢管合格证汇总表	20××年×月×日	1	
9	陶瓷产品合格证汇总表	20××年×月×日	1	
10	消防产品合格证汇总表	20××年×月×日	1	
11	通用阀门耐压密封试验	20××年×月×日	1	
12	水表计量检定证书	20××年×月×日	1	
13	焊接钢管、热镀锌焊接钢管准用证	20××年×月×日	1	
14	建筑排水用硬聚氯乙烯塑料管准用证	20××年×月×日	1	
15	铸铁管产品证书	20××年×月×日	1	
16	球阀检验报告	20××年×月×日	1	
17	绝热材料的产品质量合格证、检测报告	20××年×月×日	2	

三　建筑电气工程施工物资资料　分目录				
工程名称	××市未来城1～7号商住楼			
序号	施工部位、资料名称	编制日期	页数	备注
1	电线合格证汇总表	20××年×月×日	1	
2	阻燃管合格证汇总表	20××年×月×日	1	
3	灯具合格证汇总表	20××年×月×日	1	
4	照明配电箱合格证汇总表	20××年×月×日	1	
5	开关、插座合格证汇总表	20××年×月×日	1	
6	漏电断路器合格证汇总表	20××年×月×日	1	
7	接线盒合格证汇总表	20××年×月×日	1	
8	开关箱、插座箱、配电箱合格证汇总表	20××年×月×日	1	
9	低压配电柜、动力及照明配电箱生产许可证、检验报告、CCC认证及证书复印件	20××年×月×日	1	
10	照明灯具、开关、插座及附件CCC认证及证书复印件	20××年×月×日	1	
11	电线生产许可证、CCC认证及证书复印件	20××年×月×日	1	

建 筑 工 程 施 工 资 料

第八册

名　　称：××市未来城1～7号商住楼
案卷题名：建设工程竣工验收与备案资料

编制单位：××市建筑工程公司
技术主管：×××

编制日期：20××年×月×日起 20××年×月×日止
保管期限：长期　　　　　　　　密级：
保存档号：××××××

共八册　第八册

建设工程竣工验收与备案资料 目录					
工程名称	××市未来城1～7号商住楼				
序号	工程资料题名	编制单位	编制日期	页次	备注
1	工程概况表	××项目部	20××年×月×日	1	
2	单位（子单位）工程质量竣工验收记录	××项目部	20××年×月×日	1	
3	单位（子单位）工程质量控制资料核查记录	××项目部	20××年×月×日	1	
4	单位（子单位）工程安全和功能检验资料核查及主要功能抽查记录	××项目部	20××年×月×日	2	
5	单位（子单位）工程观感质量检查记录	××项目部	20××年×月×日	1	
6	建设工程竣工报告	××项目部	20××年×月×日	6	
7	工程质量保修书	××项目部	20××年×月×日	5	
8	工程整改文件	××项目部	20××年×月×日	2	
9	工程款拨付证明文件	××项目部	20××年×月×日	10	
10	建设工程竣工验收备案证明书	××项目部	20××年×月×日	1	
11	合格文件（勘察、设计、施工图审查机构）	勘察设计单位	20××年×月×日	1	建设单位办理
12	认可、准许文件（规划、公安消防、环保、档案）	××项目部	20××年×月×日	1	建设单位办理
13	工程质量保证书	××项目部	20××年×月×日	5	建设单位办理
14	质量保证、安全、功能及抽查资料	××项目部	20××年×月×日	3	建设单位办理
15	工程监理资料	××监理公司	20××年×月×日	1	建设单位办理
16	验收监督通知书	××市质量监督站	20××年×月×日	2	建设单位办理
17	工程开工、施工、竣工录音、录像、照片、光盘等资料	××项目部	20××年×月×日	16	
18	竣工图	××项目部	20××年×月×日	32	
19	竣工报告	××项目部	20××年×月×日	2	建设单位上报
20	竣工验收报告	××项目部	20××年×月×日	1	建设单位上报
21	监理评估报告	××监理公司	20××年×月×日	3	建设单位上报
22	竣工验收备案表	××市建设局	20××年×月×日	1	建设单位上报

参 考 文 献

[1] 吴松勤．建筑工程管理文件资料形成及常用表式[M]．北京：中国建筑工业出版社，2008．

[2] 北京土木建筑学会．建筑工程监理资料[M]．北京：经济科学出版社，2003．

[3] 吴锡桐．建筑工程资料员手册[M]．上海：同济大学出版社，2005．

[4] 吕宗斌．建筑工程技术资料管理[M]．武汉：武汉理工大学出版社，2005．

[5] 中华人民共和国建设部．GB/T 50328—2001 建设工程文件归档整理规范[S]．北京：中国建筑工业出版社，2002．

[6] 中华人民共和国建设部．GB 50300—2001 建筑工程施工质量验收统一标准[S]．北京：中国建筑工业出版社，2002．

[7] 中华人民共和国建设部．GB 50319—2000 建设工程监理规范[S]．北京：中国建筑工业出版社，2001．